跨越断裂带

团队多样性与冲突管理

栾茗乔 ◎ 著

企业管理出版社

图书在版编目（CIP）数据

跨越断裂带：团队多样性与冲突管理 / 栾茗乔著.
北京：企业管理出版社，2025.5. -- ISBN 978-7-5164-3138-2
Ⅰ. F272.9
中国国家版本馆 CIP 数据核字第 2024WF1397 号

书　　名：	跨越断裂带：团队多样性与冲突管理
书　　号：	ISBN 978-7-5164-3138-2
作　　者：	栾茗乔
责任编辑：	李雪松　宋可力
出版发行：	企业管理出版社
经　　销：	新华书店
地　　址：	北京市海淀区紫竹院南路 17 号　邮　　编：100048
网　　址：	http://www.emph.cn　电子信箱：emph001@163.com
电　　话：	编辑部（010）68701074　发行部（010）68417763　68414644
印　　刷：	北京厚诚则铭印刷科技有限公司
版　　次：	2025 年 5 月第 1 版
印　　次：	2025 年 5 月第 1 次印刷
开　　本：	710mm×1000mm　1/16
印　　张：	16.75
字　　数：	262 千字
定　　价：	78.00 元

版权所有　翻印必究　·　印装有误　负责调换

前言
PREFACE

　　随着以团队为单元的组织模式日益盛行，如何从团队构成和团队的动态变化过程出发，充分利用团队结构的优势提高团队产出、降低团队损失，成为团队研究的焦点问题。多年来理论界对团队多样性（或称异质性）与团队绩效之间关系的问题进行了广泛探索。然而，团队多样性研究通常只关注团队成员在某方面的单一属性（如年龄、性别、职位），对团队产出的影响，较少从多维度出发立体刻画团队成员的身份特征。欲提高团队多样性研究的解释力度，有必要同时考虑团队成员的多种属性对团队绩效的影响。为解决这一问题，本书从团队断裂带的视角出发，通过对团队构成、团队结构、团队过程和团队产出之间关系的挖掘，总结出影响团队动力的关键要素。团队断裂带是指基于团队成员的一种或多种属性，将团队分为不同子群的假想分割线（Lau 和 Murnighan，1998）。过去的20多年，团队断裂带研究取得了丰硕的成果，但多数研究只围绕基于人口统计特征划分的表层团队断裂带，对基于团队成员性格、态度、价值观划分的深层团队断裂带研究较少。此外，以往研究多关注团队断裂带与团队过程和团队结果的线性相关关系，忽略了可能存在的非线性关系。

　　本书通过对以往文献的回顾和梳理，综合社会分类理论、同性相吸理论、信息决策理论、分类精细化模型、最优差别性理论及跨越分类模型，提出以下研究问题。第一，团队断裂带与团队冲突之间是否存在非线性关系。第二，团队冲突的不对称性是否比团队冲突本身对团队绩效的影响更大。第三，表层和深层团队断裂带的叠加对团队过程的影响如何。第四，团队断裂带被激活后，通过什么机制影响团队绩效。第五，社会网络、社会资本和心理资本能否削弱团队断裂带对团队过程和团队结果的负面效应。

为回答上述问题，本书建立了主效应理论框架，分三个子研究就团队断裂带与团队冲突不对称性的非线性关系、表层和深层团队断裂带的叠加及子群感知的相关问题建立了子模型。为验证各理论模型，采用问卷调查法收集了多轮研究数据。其中，研究1和研究2以学生团队为调查对象，分三轮收集了调查数据。第一轮和第二轮分别收集了来自113个团队的463套有效问卷，第三轮收集了团队绩效档案数据。研究3以实际工作团队为调查对象，分两轮共收集了来自102个团队的589套有效问卷及来自87个团队的团队绩效档案数据。

本书的理论创新聚焦于确认社会分类理论和跨越分类理论的适用范围，解释了以往研究结论不一致的原因。嵌入不同情境，丰富了社会网络和心理资本在团队研究中的应用。本书在研究方法上也在以往研究的基础上进行了创新。在数据处理阶段，将个体层面的数据聚合至团队层面，并运用ICC和Rwg检验对数据聚合的效果进行验证。团队断裂带强度采用FLS法（Thatcher等，2003；Shaw，2004），运用Chung等（2006）开发的SAS MACRO程序进行运算。团队友谊网络采用逐项登记表法收集（Ren等，2015），通过UCINET 6.216计算得出网络密度。在实证分析阶段，综合利用相关分析、回归分析、调节效应分析、图形分析等统计方法，并进行了附条件的间接效应检验，用Hayes（2017）开发的SAS PROCESS分析整合模型的调节中介作用，充分验证了三个子研究提出的假设，得出以下重要结论。

研究 1 建立了以团队成员生源地和本科专业异质性划分的团队断裂带与团队冲突不对称性之间的线性和非线性模型。研究结果证实，团队断裂带与关系冲突之间呈 U 形关系，与关系冲突不对称性呈倒 U 形关系。这一结论表明，团队断裂带与团队过程的关系并不是线性的，而是存在极值点的，在本书中此极值点出现在团队断裂带强度为 0.2 时。然而团队断裂带与任务冲突和任务冲突不对称性的非线性关系并没有得到验证。在线性模型中，团队断裂带与任务冲突呈显著正相关关系，但与任务冲突不对称性无显著相关关系。此外，任务冲突、关系冲突和任务冲突不对称性都会导致团队绩效的降低，但关系冲突不对称性与团队绩效之间无显著相关关系。进一步的研究表明，友谊网络密度可以在团队中充当社交黏合剂的角色，调节团队断裂带与团队冲突之间的关系。调节效应分析的结果显示，友谊网络密度越大，由团队断裂带引发的任务冲突、关系冲突及关系冲突不对称性程度越小。总之，研究 1 部分验证了团队断裂带与团队冲突的非线性关系，也部分验证了团队冲突不对称性的前置因素及其对团队结果的负面影响。

研究 2 区分了表层和深层团队断裂带，验证了团队断裂带的激活过程。以是否被激活作为划分维度，将团队断裂带分为休眠的团队断裂带和激活的团队断裂带。其中，休眠的团队断裂带还可以按照团队成员的不同属性划分为休眠的表层断裂带和休眠的深层断裂带。研究 2 表明，以年龄和性别划分的表层团队断裂带和以时间紧迫性和目标承诺划分的深层团队断裂带都是导致团队断裂带激活的前置因素。不仅如此，表层和深层团队断裂带的叠加更容易造成团队断裂带的激活，因为随着团队成员同质性属性数量的增多，团队成员将更加依赖和认同子群。研究 2 证明，无论表层还是深层，团队断裂带只要处于休眠状态，就不会直接造成团队绩效的降低，但当休眠的团队断裂带被激活，形成对子群的真实感知，就会造成团队绩效的降低。此外，研究2将积极心理学的相关理论引入团队研究，证明团队集体心理资本有助于降低团队断裂带被激活的可能性。

研究3在研究1和研究2的基础上，重点讨论了当团队断裂带被激活以后，通过什么机制影响团队绩效。团队断裂带的激活使团队成员对子群分裂有了共同感知，研究3证明，子群感知除了能够直接影响团队绩效，还可以通过影响交互记忆系统，间接影响团队绩效。交互记忆系统是指可以将团队中的知识进行编码、储存、检索和沟通的系统。团队成员的子群感知抑制了交互记忆系统中专长性、可信性和协调性的发展，从而降低了团队绩效。进一步的研究表明，研究中国情境中现实工作团队的构成，应当将影响团队成员人际交往的"中国式关系"纳入其中。关系感知能够调节子群感知与交互记忆系统之间的负相关关系。如果团队成员都能够意识到关系的重要性，即便团队存在分裂，也不会对交互记忆系统产生负面效应。

综上所述，在团队合作成为当今主流工作模式的背景之下，本书基于多维度划分的团队断裂带，聚焦于团队冲突和子群分裂，探索出团队断裂带对团队过程和团队结果的影响路径。在研究中加入社会网络、社会资本和心理资本的理论思想，挖掘削弱团队断裂带对团队造成消极影响的机制，为企业吸引、留住、管理多元化人才提供实践指导，为应对团队冲突提出了全流程解决方案，为团队多样性和团队断裂带研究做出了新的理论贡献。

目录 CONTENTS

CHAPTER 1　第 1 章　绪　论　　1

1.1　问题的提出与选题意义　　2
1.2　研究目标、研究问题与研究方法　　7
1.3　结构安排　　10
1.4　本书的创新点　　13

CHAPTER 2　第 2 章　文献综述　　17

2.1　关于团队断裂带的经典理论述评　　18
2.2　团队断裂带的文献综述　　23
2.3　团队多样性和子群的文献综述　　34
2.4　团队冲突的文献综述　　37
2.5　研究现状评价及启示　　41
2.6　本章小结　　45

CHAPTER 3　第 3 章　理论分析与研究设计　　47

3.1　相关研究概念界定　　48
3.2　主效应理论框架　　52

3.3 各子研究理论分析　　　　　　　　　　53
3.4 研究设计　　　　　　　　　　　　　　60

CHAPTER 4　第4章　研究1：团队断裂带与团队冲突不对称性的非线性关系研究　　63

4.1 模型1的研究假设　　　　　　　　　64
4.2 模型2的研究假设　　　　　　　　　72
4.3 假设总结　　　　　　　　　　　　　77
4.4 测量工具　　　　　　　　　　　　　78
4.5 问卷预调研　　　　　　　　　　　　80
4.6 实证分析　　　　　　　　　　　　　84
4.7 研究结论　　　　　　　　　　　　　114
4.8 现实意义　　　　　　　　　　　　　121
4.9 本章小结　　　　　　　　　　　　　124

CHAPTER 5　第5章　研究2：表层和深层团队断裂带强度与团队断裂带的激活的关系研究　　125

5.1 研究假设　　　　　　　　　　　　　126
5.2 测量工具　　　　　　　　　　　　　137
5.3 问卷预调研　　　　　　　　　　　　143
5.4 实证分析　　　　　　　　　　　　　150
5.5 研究结论　　　　　　　　　　　　　165
5.6 本章小结　　　　　　　　　　　　　169

CHAPTER 6　第6章　研究3：子群感知与交互记忆系统的关系研究　　171

6.1 研究假设　　　　　　　　　　　　　172

6.2	测量工具	184
6.3	问卷预调研	188
6.4	实证分析	193
6.5	研究结论	208
6.6	本章小结	212

CHAPTER 7 第 7 章 结 论 　　213

7.1	主要结论	214
7.2	管理启示	219
7.3	研究局限性及未来研究方向	223

REFERENCES 参考文献　　227

第1章
CHAPTER 1

绪 论

1.1 问题的提出与选题意义

1.1.1 研究背景

伴随着经济全球化的日益深入，参与国际合作的各方相互借鉴实用技术和管理经验，逐渐形成了发展与共赢的良好态势，也使得国际劳动力市场的格局发生了新的变化（王传荣和钱乃余，2005）。跨国投资和产业转移使各国专业人才在不同国家和地区间的转移变得更加容易，信息技术的飞速发展也对团队合作提出了新的要求。参与合作的团队成员在国籍、宗教信仰、专业、经验、年龄、性别、性格、态度等方面的差异及其对团队结果的影响，引发了学者们对团队多样性问题的关注（Williams 和 O'Reilly，1998）。

在国际合作的过程中，只与来自同一文化背景的同质化团队合作，在很多情况下已不再成为可能（Williams 和 O'Reilly，1998）。不仅如此，团队多样性引发的团队结果及个人行为不但发生在不同文化背景之中，在同一种文化中，团队成员受代际差异、价值观差异等影响，也会表现出不同的行为特征（陈玉明和崔勋，2014；尤佳等，2013）。特别是在移动互联高度发达的今天，网络科技改变了团队成员之间的沟通方式和频率，在信息获取愈加丰富的同时，面对面的交流和情感沟通却大大减少了。因此，在研究团队多样性问题时，必须综合考虑代际差异和移动互联时代背景给多样性问题带来的全新挑战。

从团队多样性带来的结果来看，以往研究结论存在不一致性（Thatcher 和 Patel，2012）。虽然有少数学者认为，团队多样性能够促进组织学习（Gibson 和 Vermeulen，2003）、激发团队创造力（Bezrukova 等，2009），但大多数研究发现，团队多样性容易引发团队冲突（Cronin 和 Weingart，2007）、提高员工离职率（Liao、Chuang 和 Joshi，2008）、减少团队成员间的互助行为、降低团队成员心理安全程度（Edmondson，1999），进而影响团队绩效（Jehn 和 Mannix，2001）。以往研究结论的不一致，一方面源于研究者对多样性概念的不同理解，从而选择了不同的前因变量（徐细雄等，2005）；另一方面还受团队发展进程和团队环境不同的影响。基于此，Lau 和 Murnighan（1998）提出了综合考察团队成员众多特征（包括潜在特征）的全新视角——团队断裂带（Team Fault lines）。团队断裂带视角的出现，极大地丰富了多样性研究的动力学分析，有助于重新认识多样性对团队过程和团队效能产生的影响（韩立丰等，2010）。

因此，本书基于团队断裂带的视角和方法，聚焦于团队冲突和子群分裂，通过对比表层断裂带和深层断裂带在团队发展的不同阶段对团队造成的不同影响，探索解决团队冲突和提高团队绩效的途径。此外，试图将社会网络、社会资本和心理资本的相关理论纳入团队研究，深入探讨削弱团队断裂带消极影响的途径，充分发挥多样性的积极作用，避免因团队成员在年龄、性别、专业、生源地甚至价值观和态度方面的差异造成团队成员间的偏见和沟通不畅，为吸引、留住、管理多元化人才提供实践指导，同时为拓展多样性研究做出理论贡献。

1.1.2 研究意义

1. 现实意义

从团队多样性的微观视角出发，本书深入探讨了团队成员多样性造成团队冲突和子群分裂的动态过程，进而尝试将微观层面的研究结论扩展到中观和宏观层面，探讨团队多样性问题对企业绩效带来的影响，为更好地分析当前全球一体化局势中人力资本的作用提供启示。

从微观层面看，费孝通（1998）先生曾在《乡土中国》中描述，中国人的社会关系像投入水中的石头在水面上激起的一圈圈波纹，使关系表现出亲疏远近的不同特点。与西方人相比，中国人更喜欢划分清晰的"圈内—圈外"边界。这样的划分不但导致团体子群之间冲突的发生，也增加了团队成员的负面情绪，影响个人满意度和安全感（Lau 和 Murnigham，1998）。出生于 20 世纪 90 年代的新生代员工正处于就业高峰期，他们所经历的独生子女政策、改革开放、全球经济一体化，以及东西方文化的冲突与融合的成长环境，造就了他们注重平等和公平、漠视权威、享受自主工作、拒绝不舒适的沟通等特点（侯烜方等，2014），这使得传统文化符号中"中国式关系"的作用受到挑战。因此，基于中国背景的团队研究很可能得出与西方研究截然不同的结论，这也是论文试图深入探讨的现实主题。

从中观层面看，各行业中均普遍存在团队内分化成多个"非正式群体"的现象。例如，在家族企业中，由血缘的亲疏构成的家族断裂带（Familiness Fault Lines）将企业成员划分为局内人（Insider）和局外人（Outsider）（Minichilli 等，2010）。合资企业高管团队成员往往由于国籍、语言、宗教信仰等因素形成不同的派系，影响企业绩效（Li 和 Hambrick，2005）。企业并购也会导致原来的团队无法接受合并后的新主体，影响合并后主体的凝聚力（谢小云等，2012）。

从宏观层面看，2008年国际金融危机以来，中国经济面临前所未有的挑战。中国企业在"一带一路"倡议和"走出去"战略的引领下，不断深化企业国际化进程。而中国企业面临的全球化和多样化管理问题也越来越突出，不可避免地与来自不同国家、宗教信仰不同、具备不同专业知识背景的国际组织和个人开展合作。为了更好地指导人才多元化管理实践，提高多样性管理效率，有必要对组织多样性的相关问题做更深入的研究。

2. 理论意义

以往对于团队构成的研究大多关注团队成员某一种属性的特征和分布，而不能将多种属性整合起来，探讨多种属性的共同作用对团队过程和团队结果的影响。本书试图通过文献梳理，厘清团队断裂带理论发展的始末，通过对比以往研究的理论模型和基于不同假设得出的研究结论，整合研究思路，进一步丰富和扩展团队断裂带理论。具体来说，包括以下四个方面。

第一，整合多种理论框架，探索团队互动的新机制。传统团队研究多基于社会分类理论（Tajfel，1971）、同性相吸范式（Byrne 等，1971）和信息决策理论（Milliken 和 Martins，1996），侧重于捕捉团队成员间的相似性（Similarity）。而后发展出来的分类精细化模型（Van Knippenberg 等，2004）、最优差别性理论（Brewer，1991）和跨越分类模型（Sawyer 等，2006）在原有理论的基础上细化了团队断裂带划分的动机及对团队过程和团队结果的不同影响。本书试图根据团队的不同属性和所需完成的不同任务，探讨以上各理论的适用性。例如，当团队断裂带程度较强时，团队成员倾向于分化成两个不同的子群，此时社会分类理论和同性相吸范式可以用来解释团队成员将彼此分为群内人和群外人的现象。但是当团队断裂带程度处于中等水平时，可以用跨越分类模型解释群内成员与群外成员的互动动机。因此，本书试图整合不同理论在团队管理中发挥的不同作用，更加清晰完整地刻画团队特征，探索团队内子群体的互动机制和团队的进化机制。

本书通过建立团队断裂带与团队冲突的非线性模型，探讨团队构成（Team Composition）与团队过程和团队结果之间的非线性关系。多数研究认为团队断裂带与团队过程或团队结果的关系是线性的（Thatcher 和 Patel，2012），但本书认为，团队断裂带在团队中发挥的作用应该是动态的，并且该动态过程可能是非线性的。其一，团队断裂带可能随时间的推移而不断增强。在团队建立之初，团队成员因对人员和任务不熟悉，并不会出现将团队分裂为不同子群的明显动机，但随着对彼此特点的了解及对团队任务实施的不同见解，团队分裂的动机和程度可能会不断增强。基于此，本书对团队断裂带的形成及作用机制进行了动态考察。其二，建立团队断裂带与团队冲突之间关系的非线性模型有助于对以往研究结论的不一致性做出解释。本书的一个重要理论意义在于创建了"团队断裂带－团队冲突"及"团队断裂带－团队冲突不对称性"的非线性模型，并发现了团队断裂带强度的极值点和极值区间。在该极值点，不同子群成员间存在交叉，具备跨子群属性的团队成员能够通过在子群间的自由流动促进子群间的沟通，从而增加团队成员对团队冲突的感知一致性，减少团队断裂带对团队冲突和团队绩效的消极影响。

第二，基于共享心智模型、群内共识和集体认知的相关理论（Jehn，Rispens 和 Thatcher，2010），探讨团队冲突不对称性的前置因素及影响结果。以往关于团队冲突的研究多关注所有团队成员对团队冲突的平均感知，但不同团队成员对冲突是否具有不同感知则通常被忽略（Jehn，Rispens 和 Thatcher，2010）。以往有关团队冲突的研究隐含一个前提假设，即认为所有团队成员对团队冲突的感知都是一致的，因此团队成员间关于本团队中是否存在冲突及冲突的程度的问题，在以往研究中并没有得到回答。例如，当某些团队成员认为整个团队充斥着强烈的冲突时，另外一些成员可能认为团队气氛非常和谐。因此，除了研究团队冲突的平均值对团队结果的影响外，有必要深入探究团队冲突不对称性是否比冲突本身对团队带来更大影响的问题。通过建立"团队断裂带－团队冲突不对称性"的非线性模型，本书扩展了组织冲突的理论基础，丰富了共有心智模型、群内共识和集体认知等理论在团队冲突领域的应用。

第三，通过对团队断裂带的不同分类，探讨团队断裂带的分类依据及对团队过程和团队结果的影响。Lau 和 Murnighan（1998）的研究表明，团队断裂带的产生可能基于团队成员在人口统计特征方面的差异，也有可能基于团队成员的性格、态度或价值观方面的差异。而本书将团队断裂带分为基于团队成员的生源地和本科专业差异形成的表层团队断裂带及基于团队成员对时间紧迫性和目标承诺的感知差异形成的深层团队断裂带，探究不同属性的团队断裂带对团队过程带来的不同影响。不仅如此，本书还将表层断裂带和深层断裂带叠加起来，探讨叠加后团队成员对团队分裂的总体感知会增加还是减少。本书回应了一些学者对细化团队断裂带分类的期待（Ren，2008；Harrison 等，2002），为丰富团队断裂带分类的理论基础提供了证据。

通过对不同层次团队断裂带激活过程的研究，本书探讨触发子群分裂的机制。以往关于团队断裂带的激活与团队产出关系的研究没有得出一致结论。一方面，一些学者认为团队断裂带不需要被激活就能够对团队冲突、团队功能等造成直接影响（Thatcher、Jehn 和 Zanutto，2003；

Molleman，2005）。另一方面，Jehn 和 Bezrukova（2010）认为休眠的断裂带对团队过程不构成直接影响，只有团队断裂带被激活，才会造成团队冲突或结盟，并降低团队绩效和个人满意度。本书试图研究，团队断裂带对团队绩效的影响是否需要经历激活过程，以及激活过程发生的机制。此外，还试图探讨哪些因素可以减缓团队断裂带被激活的可能性。以往研究多关注触发团队分裂为真实子群的"触发器"，本书试图探究是否存在另外一些因素（如积极团队心理）能够灭活团队断裂带造成的负面影响。这一模型的建立为消除子群间偏见和促进团队融合提供了新的视角。

第四，在团队研究中融合社会网络、社会资本、心理资本等理论，扩展相关理论的应用场景。在探讨团队构成（团队断裂带）和团队分裂（子群感知）对团队造成的影响时，如果忽略了造成团队成员间偏见的潜在机制就有可能得出具有误导性的结论。鉴于此，本书将社会网络、社会资本、心理资本等理论应用到团队研究中来，探讨团队成员在友谊网络密度、集体心理资本和关系感知等方面的差异对团队冲突、子群分裂和团队交互记忆系统的影响。

1.2 研究目标、研究问题与研究方法

1.2.1 研究目标与研究问题

本书共确立了四个研究目标。目标1：明确团队研究中相关理论的适用性，解释以往研究结论不一致的原因。目标2：系统考察团队断裂带对团队过程及团队绩效的影响，选取对团队绩效具有重要影响的理论变量，构建基于团队断裂带视角的理论框架。目标3：分析团队构成的动态变化，考察团队成员在不同时期对团队分裂和团队冲突等问题的感知变化，总结出团队分裂的动力学发展规律。目标4：综合分析研究结果，为促进企业管理人员优化管理资源配置、提高团队凝聚力和创新能力、管理多元化人才提出建议，最终达到提高企业绩效的目的。

基于研究目标的提出和文献的梳理，提出了以下研究问题。问题1：团队断裂带与团队冲突之间是否存在非线性关系？问题2：冲突不对称性是否比冲突本身对团队的影响更大？问题3：表层和深层团队断裂带叠加如何影响团队过程？问题4：团队断裂带被激活后，通过什么机制影响团队绩效？问题5：社会网络、社会资本、心理资本能否削弱团队断裂带来的负面结果？研究目标与研究问题的对应关系如图1-1所示。

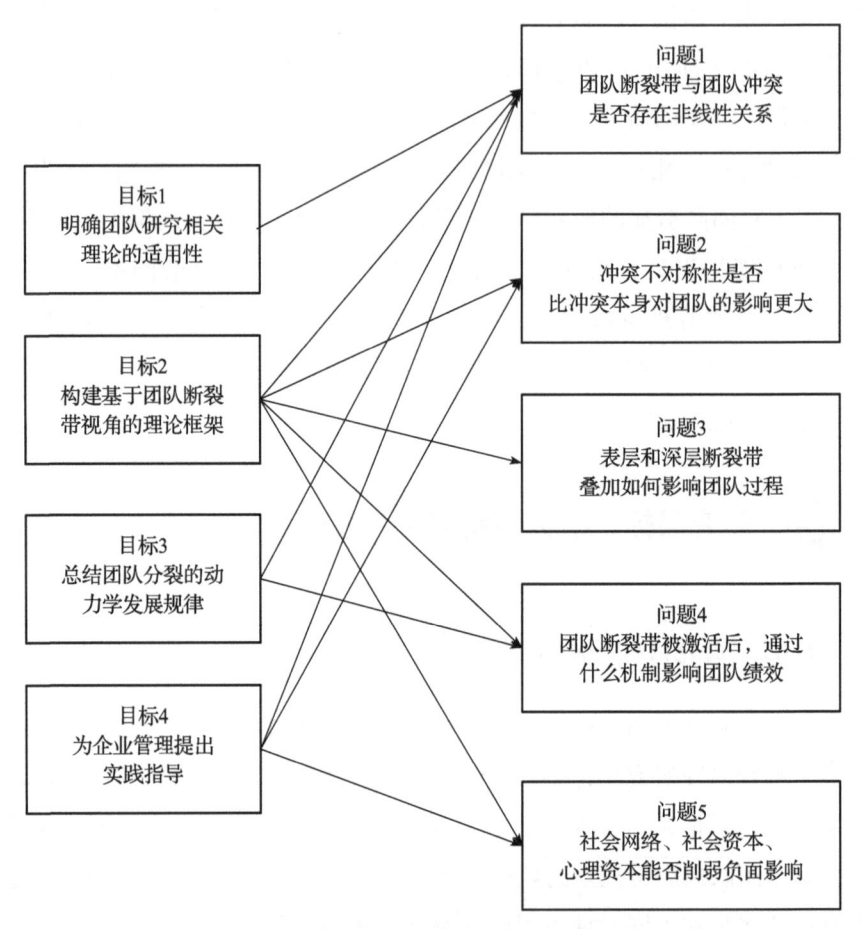

图 1-1　研究目标与研究问题的对应关系

具体来说，需要验证不同的团队形态对冲突的不同影响，明确在团队断裂带程度不同的情况下，是否适用不同的理论（通过回答问题1完成目标 1）。选取团队冲突和团队断裂带的激活（子群感知）等理论变量，分析变量间的关系，构建基于团队断裂带视角的理论框架（通过回答问题 1～5 完成目标 2）。加入时间变量，研究团队断裂带从休眠到激活的过程，总结团队发展的动力学规律（通过回答问题 1 和问题 4 完成目标 3）。最后，通过对团队冲突、团队社会网络、团队心理资本、中国式关系等问题的研究，为企业管理提供实践指导（通过回答问题 1、2 和 5 完成目标 4）。

1.2.2　研究方法

本书对国内外相关文献进行了梳理，对前人的理论观点进行了归纳总结，并建立了较为完善的团队断裂带与团队过程及团队结果之间关系的理论框架。再根据已有成果和理论框架与现实情况对照，将主要来源于国外的理论与我国的国情和管理实践进行比较，找出已有成果的待完善之处或在中国特色环境下的改进之处，提出理论创新，完善多样性问题的解决方法。在具体研究中，将组织行为学与社会心理学的理论相结合，深入分析了多种维度划分的团队断裂带对团队冲突和子群感知的影响，以及这些影响作用于团队结果的理论机制。通过大量的文献研究和逻辑推理，在已有成果的基础上对研究内容提出研究假设和研究模型，当定量研究对假设和模型证明或证伪后，再对数据分析结果进行定性的逻辑分析、归纳主要结论、提出管理启示。

基于现代计量经济学的研究方法，对提出的研究假设进行实证分析，通过假设提出、模型设计、数据收集、统计与实证检验，验证假说的合理性，得出研究结论。借鉴以往组织行为学的研究结果，采用问卷调查方法测量团队多样性和断裂带强度、任务冲突、关系冲突、友谊网络密度、时间紧迫性、目标承诺、心理资本、团队断裂带的激活（或子群感知）、交互记忆系统、关系感知等变量。调查问卷中量表的选择和设计主要基于国外相关的成熟研究，使用标准的量表回译程序，结合中文语境和国内现实情况，对问卷进行加工和完善。在小规模预调研阶段，采用 KMO 检验、巴特利特球形检验、探索性因子分析等方法检验问卷的信效度。在正式调研阶段，分多轮收集问卷，避免同源偏差问题。

综合应用经典的统计分析方法对数据进行分析。使用SAS 9.4统计软件，测量了各变量的CITC（Corrected Item Total Correlation，表示单个测试项目与整个测试量表得分之间的相关性）和Cronbach's α系数，使用EQS 6.3统计软件进行了验证性因子分析。由于涉及从个体层面向群体层面的跨层次研究，计算了组内一致度（R_{wg}）、组内相关度（ICC1）及团队平均数信度（ICC2）来判断个体层次向群体层次的聚合程度。在测量感知断裂带的强度时，采用Thatcher，Jehn和Zanutto（2003）介绍的FLS法，并通过Shaw（2004）的步骤进行操作，最后用Chung，Shaw和Jackson（2006）开发的SAS MACRO程序，运算出最终结果。团队层面的统计分析方法包括描述性统计分析、相关分析、回归分析、简单斜率分析、被调节的中介作用分析等。

1.3 结构安排

1.3.1 技术路线

本书的技术路线图如图1-2所示。

本书的技术路线本着提出问题、分析问题、解决问题的原则。首先从现象出发，从团队多样性和团队断裂带引发的问题下手，提出团队多样性是否能够引发团队冲突、子群分裂、团队绩效降低等问题。为了回答这些问题，通过文献梳理，回顾团队研究中的理论基础与核心变量的概念界定、维度、测量、前置因素、效用等，并对相关文献做出述评。根据文献综述工作所取得的思路，整合以往研究存在的问题和疏漏，构建本书的整体理论框架。由于涉及的变量较多，将整体理论框架分成三个子研究。研究1试图回答团队断裂带与团队冲突及团队冲突不对称性之间是否具有非线性关系的问题。研究2试图回答团队断裂带按照表层断裂带和深层断裂带的分类，分别对团队

第1章 绪 论

| 提出问题 | 分析问题 | 解决问题 |

研究目标
现象：以团队为单位的合作模式日益盛行，团队成员多样性问题日益成为研究热点。

问题：团队多样性是否引发团队冲突、子群分裂，降低团队绩效？

文献综述
- 经典理论回顾
- 核心变量综述
- 研究现状评价

研究设计
- 整合问题
- 构建理论框架

子研究
- 研究一：团队断裂带与团队冲突的非线性关系研究
- 研究二：表层和深层团队断裂带强度与团队断裂带的激活的关系研究
- 研究三：子群感知与交互记忆系统的关系研究

问卷设计
- 确定测量工具
- 预调研

实证分析
- 正式问卷调研与数据处理
- 信效度检验
- Rwg/ICC检验
- 描述性统计分析
- 回归分析
- 简单斜率分析
- 被调节的中介作用分析

结论
- 验证研究目标
- 回答研究问题
- 提出管理启示

图 1-2 本书的技术路线图

· 11 ·

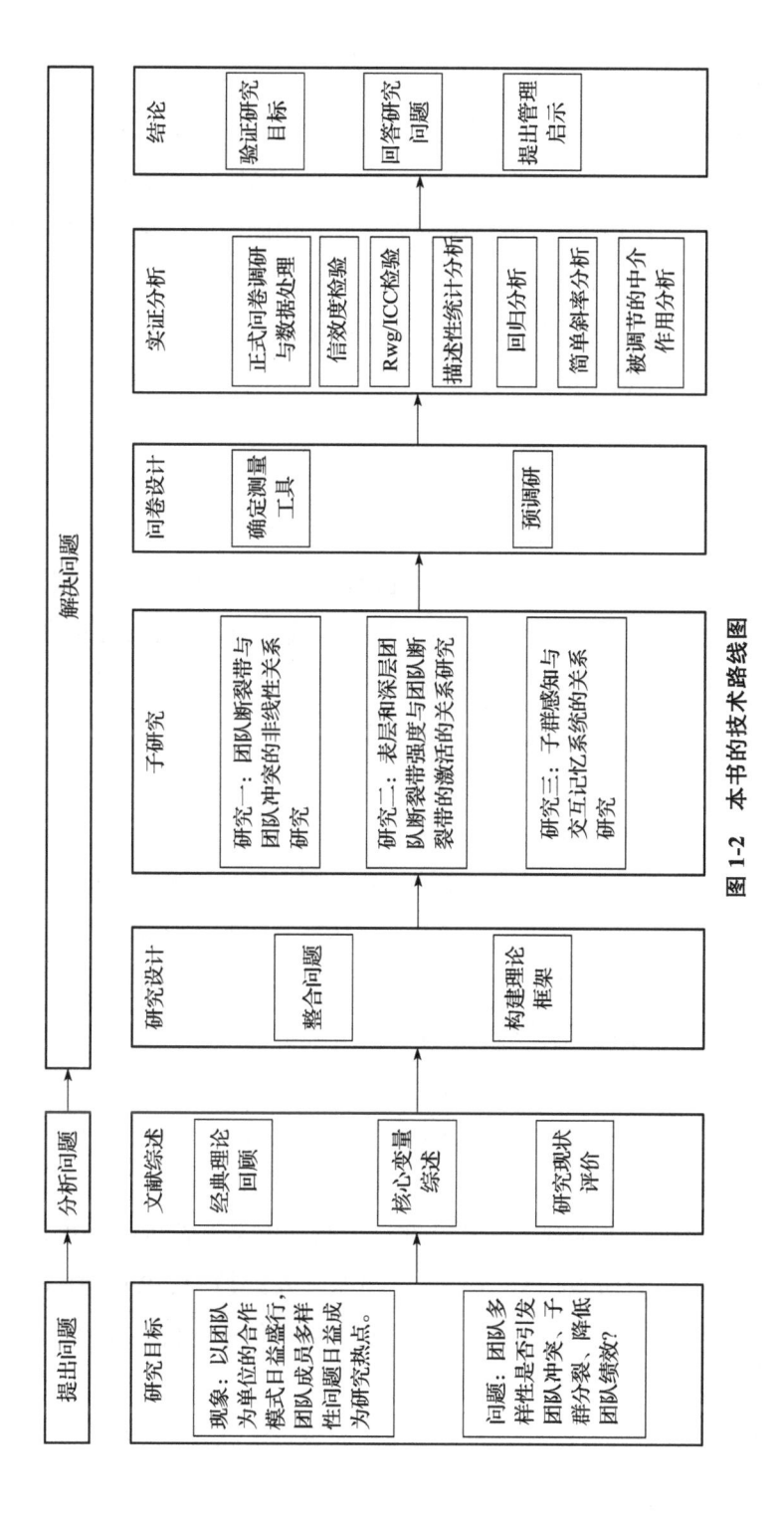

断裂带的激活造成什么样的影响，同时探究表层和深层团队断裂带的叠加对团队团裂带激活的作用机理。研究3试图回答团队断裂带激活以后，所形成的子群感知对团队绩效的影响机制是否通过交互记忆系统完成。

确定了三个子研究的具体模型之后，采用问卷调查法，进行小规模预调研。确定了研究中涉及的各变量的量表内容之后，再进行正式问卷的调研。通过一系列数据整理和统计，分别验证三个子研究的理论模型，完成研究目标，得出最终结论。

1.3.2 研究内容

根据研究的技术路线，将本书正文分为七章。

第1章，绪论。对现实背景和理论背景进行概述，阐明研究意义、提出研究目标、研究问题、研究方法、技术路线、研究内容及研究的创新点。

第2章，文献综述。通过文献研究法，回顾关于团队断裂带和团队冲突的相关研究，梳理团队研究的理论基础、各变量的概念、维度、测量方法、前置因素、对团队过程和团队结果的影响等内容，最后提出文献述评，找到新的研究方向。

第3章，理论分析与研究设计。界定核心变量的概念，建立主效应理论框架。但由于涉及的变量较多，将整体理论框架拆分为三个子框架，通过三个子研究分别验证。每个子研究都是整体框架的一部分，但每个子研究本身都是独立完整的研究。三个子研究能够分类、整合，形成相互配合的有机整体。

第4章，研究1：团队断裂带与团队冲突的非线性关系研究。通过理论分析提出研究假设，并用实证分析法验证假设。研究方法采用问卷调查，经过预调研确定有关任务冲突、关系冲突和友谊网络密度的正式问卷。在实证分析阶段综合运用信度检验、效度检验、Rwg和ICC检验、描述性统计分析、相关分析、回归分析、简单斜率分析、被调节的中介效应分析等统计方法，得出研究结论。

第5章，研究2：表层和深层团队断裂带强度与团队断裂带的激活的关系研究。通过理论分析提出研究假设，并用实证分析方法验证假设，得出相应结论，研究方法同研究1，在此不再赘述。

第6章，研究3：子群感知与交互记忆系统的关系研究。通过理论分析提出研究假设，并用实证分析方法验证假设，得出相应结论，研究方法同研究1，在此不再赘述。

第4、5、6章构成了一个完整的逻辑链。第4章从表层团队断裂带出发，研究其对团队冲突及团队冲突不对称性的影响，以及友谊网络密度的调节作用。第5章在第4章的基础之上，不仅研究表层团队断裂带，还加入了深层团队断裂带及表层与深层团队断裂带的叠加，探讨不同维度的团队断裂带对团队断裂带激活的影响，以及团队集体心理资本的调节作用。第6章在第4、5章研究的基础之上，重点研究团队断裂带激活以后，对团队绩效影响的机制，以交互记忆系统作为中介变量，以关系感知作为调节变量。

第7章，结论。总结三个子研究的研究结论和管理启示，并对研究的局限性和未来研究方向进行总结和展望。

1.4 本书的创新点

第一，建立了"团队断裂带-团队冲突"及"团队断裂带-团队冲突不对称性"的非线性模型，发现了团队断裂带强度与关系冲突及与关系冲突不对称性之间关系的极值点。不同于以往大多数研究，认为团队断裂带与团队过程和团队结果仅存在线性关系（Jehn等，1997；Pelled，1996），本书建立的非线性模型表明，团队断裂带强度不同意味着团队结构不同，适用的理论不同，对团队冲突和团队绩效的影响机制也不同。当团队断裂带强度较低时，团队成员展现出非常多元化的属性，由于团队成员不理解其他人的思维和行为模式，造成团队冲突的加剧，但与此同时，团队冲突不对称程度较低，意味着团队成员对团队中存在的团队冲突的程度具有相同感知。然而当团队断裂带处于中等水平时，出现了游走于不同子群间的团队成员。根据跨越分类理论，身份的交叉带来信息的交叉，这也是本书的主要创新点，即验证了团队断裂带与关系冲突和关系冲突不对称性之间存在极值点。在此极值点，团队冲突程度最低，但团队冲突不对称性的程度最高。而随着团队断裂带强度不断增强，当团队成员逐渐分化为两个不同子群时，根据社会分类理论和社会认同理论，此时团队冲突的程度较高，但团队冲突不对称性的程度较低。

不仅如此，Chi 等（2009）和 Chen 等（2017）是为数不多的用实证方法验证团队断裂带与团队绩效之间的非线性关系的人，但他们的研究并没有探讨形成二者关系的中介机制。本书首先建立了"团队断裂带强度－团队冲突－团队绩效"及"团队断裂带强度－团队冲突不对称性－团队绩效"的非线性理论框架，阐明团队断裂带是通过与团队冲突之间的 U 形关系及与团队冲突不对称性之间的倒 U 形关系间接影响团队绩效的。本书建立的理论模型融合了跨越分类理论和社会分类理论在团队断裂带研究中的应用，对断裂带理论的发展具有重要的理论意义和创新价值。

第二，挖掘了团队冲突不对称性对团队过程和团队结果的影响及成因，解释了关于"冲突的冲突"的问题。Jehn、Rispens 和 Thatcher（2010）的研究首次验证了团队冲突不对称性对团队绩效的影响，认为团队成员对冲突的感知存在冲突（也就是"冲突的冲突"）。但在他们的研究中，是将团队冲突不对称性作为自变量，讨论在个体层面和团队层面团队成员对冲突感知的不一致性对团队绩效的负面影响，并没有对造成团队冲突不对称性的前置因素做深入研究。为回应他们提出的未来研究方向，本书首次提出将团队断裂带作为团队冲突不对称性的前置因素的相关假设，并通过实证分析验证了相关假设。得出的结论为团队冲突的研究提供了新的视角。在研究团队冲突时，首先应当明确团队成员对冲突的感知是否相同，如果不同，是由什么原因导致的。将感知差异的概念融入团队冲突的研究，探究关于"冲突的冲突"，是本书的又一特色及创新点。

第三，叠加了用于划分团队断裂带的表层和深层属性。以往研究多探究以人口统计特征为代表的表层团队断裂带对团队过程和团队结果的影响，也有一些研究探讨基于团队成员性格、态度和价值观差异形成的深层团队断裂带对团队过程和团队结果的影响，但将表层和深层团队断裂带叠加起来，综合研究多重属性的团队断裂带的研究并不多见（Phillips 和 Loyd，2006；Ren，2008）。研究 2 得出的结论证明，表层和深层断裂带的叠加更容易导致团队断裂带的激活。由于错误归因，团队成员可能把深层异质性带来的团队问题归咎于表层异质性，导致被表层断裂带分割的双方加剧了对彼此的偏见和刻板印象，加剧了团队发生分裂的可能性。

第四，嵌入不同情境，验证了削弱团队断裂带负面影响的调节因素，强调影响团队断裂带对团队过程和团队结果的间接因素，尤其是能够抑制团队断裂带激活的积极因素。在研究 1 和研究 2 以学生团队为调查对象的研究中，探究了影响团队和谐的因素。除了团队成员在专业背景、出生地、年龄、性别、时间紧迫性和目标承诺之间的差异以外，还从社会网络和积极心理学的角度出发，探索了团队成员的社交网络结构、团队氛围及团队成员的态度对团队分裂的间接影响。此外，在以工作团队作为调查对象的研究 3 中，探究了团队成员在关注团队本身属性的同时，团队成员的互动模式受比团队氛围更高层次的社会和文化因素的支配情况。以上三个研究都证实了 Joshi 和 Roh（2009）的观点，在团队研究中加入个体层面、团队层面和组织外层面的情境因素，将更好地回答团队在什么时候（When）、在哪里（Where）和怎样（How）受团队断裂带的影响，为削弱团队断裂带的负面影响开辟了新的思路。

第 2 章
CHAPTER 2

文献综述

有关团队断裂带的研究一般出现在组织多样性、团队研究、群体行为等研究中。管理学范围内研究团队断裂带的文献分布在组织行为学和心理学两大领域的期刊上。因此，文献检索范围主要集中在这两大领域的权威期刊，如 *Academy of Management Journal*，*Academy of Management Review*，*Administrative Science Quarterly*，*Strategic Management Journal* 和 *Journal of Applied Psychology* 等。因为研究问题的核心概念包括"断裂带""子群""多样性""异质性""团队冲突"等，所以，搜索的关键词为 "Fault Lines" "Subgroups" "Diversity" "Heterogeneity" "Conflict" 等。中文期刊的搜索工作主要集中在 CSSCI 期刊上，去掉了关于代理冲突，渠道冲突，工作家庭冲突，角色冲突等主题，将文献梳理聚焦在组织研究的范畴内。

2.1 关于团队断裂带的经典理论述评

在组织面临经济、社会和技术挑战时，团队的功能起着至关重要的作用。团队面临的一个关键性挑战是最大化团队能力，最小化过程损失。过去四十年，关于团队的研究多关注团队多样性；自 1998 年 Lau 和 Murnighan（1998）提出团队断裂带的概念以来，学者们开始关注基于团队成员的多种属性划分的团队断裂带对团队产生的影响。随着基于断裂带的团队分裂问题引起更多学者的兴趣，本书回顾了团队多样性、团队断裂带及子群分裂的理论基础，并对团队断裂带的未来研究方向做出述评。需要说明的是，团队断裂带的概念从团队多样性发展而来，而且团队断裂带形成以后，有可能造成子群分裂。因此，对团队断裂带的文献回顾应当包含团队多样性和子群的相关研究。

Williams 和 O'Reilly（1998）回顾了 1958 年至 1998 年关于多样性的大量研究，认为最被广泛接受的两种理论分别是社会分类理论（Tajfel, 1971）和信息决策理论（Milliken 和 Martins, 1996）。随着研究的深入，社会分类理论发展出了同性相吸范式、分类精细化模型、最优差别性理论和跨越分类模型等（见图 2-1）。不同理论之间既有交叉，又有独特性，不可彼此替代（见表 2-1）。

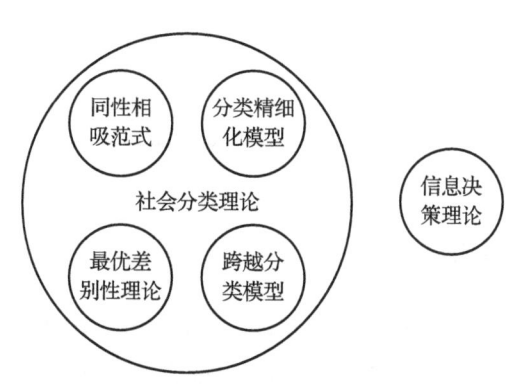

图 2-1　团队断裂带各经典理论的关系

表 2-1　团队研究的理论基础

理论基础	基本逻辑	对团体过程的影响	举例
社会分类理论	自尊需要→社交伙伴→自我归类→定义局内人或局外人	负	信息扭曲 冲突 不合作 交流障碍 党派之争
同性相吸范式	相似背景→分享共同价值观→强化互动	负	高离职率 低满意度 低参与度
分类精细化模型	集合了社会分类理论和信息决策理论	正（精细化） 负（分类）	促进团队整合（精细化） 差异化加剧（分类）
最优差别性理论	团队成员在独特性和相似性之间寻求平衡	负	跨群歧视
跨越分类模型	跨子群的同质性特征→降低团队分裂→提高团队功能	正	降低冲突 促进信息细化 减少协调成本

续表

理论基础	基本逻辑	对团体过程的影响	举例
信息决策理论	寻求外部信息	正	创造力 技能和能力提升 创新 解决复杂问题

2.1.1 社会分类理论

社会分类理论（Social Categorization Theory）由英国学者 Tajfel 等人（1971）提出，后经 Turner 等人（1987）的完善，加入了社会认同（Social Identity）和自我分类（Self-categorization）的思想，揭示了群集行为的内在心理机制。社会分类理论的基本逻辑是，个体为了保护自尊心，会趋于通过与同伴的比较来为自己归类，通过比较年龄、种族、职位、宗教信仰等显著特征，找到与自己在社会认同方面具有相似性的伙伴。当自我归类形成以后，个体会确立所属群组的独特性，进而认为其他群组的成员不具有吸引力（Tajfel 等，1971），形成局内人（In-group）和局外人（Out-group）的划分。社会分类带来的结果非常明显，即使是因极其琐碎的规则判定的归类，也会导致个体对局外人产生不信任、不诚实、不愿合作的倾向（Williams 和 O'Reilly，1998）。社会分类在团队冲突起到至关重要的作用（Jehn 等，2010），子群内成员倾向于互相给予更高评价，对于子群外成员倾向于给予更低评价，导致冲突的发生。

2.1.2 社会分类理论的发展

随着社会分类理论的发展，近年来学者们提出了同性相吸范式、分类精细化模型、最优差别性理论、跨越分类模型等新的理论和范式。

1. 同性相吸范式

同性相吸范式（Similarity/Attraction Paradigm）从心理学角度出发

(Ancona 和 Caldwell，1992），强调团队成员人口特征的相似性可能引发彼此态度和价值观的认知相似性，使成员间更愿意分享共同的价值观，从而提高彼此的吸引力和喜爱程度。拥有相似背景的成员有着共同的生活经历和价值观，互动过程更快捷、更容易。同性相吸会积极强化个体抱持的态度和价值观，使团队成员很难容忍他人与自己存在的感知差异。Byrne 等（1971）的实验表明，在自由选择的情形下，当个体可以不受限制地与任何人进行互动时，大部分人都有非常强的意愿选择一个与自己相似的人（Williams 和 O'Reilly，1998）。

社会分类理论和同性相吸范式的基本假设具有一致性，能够在一定程度上解释成员间共同态度和价值观的循环促进过程。基于同性相吸原则，McGuire（1985）发现，在科研机构中，明显年长或年轻的成员较其他人而言更容易离职。Tsui 和 O'Reilly（1989）还发现，同一批进入公司的成员更容易保持互动和分享彼此经历，而与其他批次进入公司的人保持距离。而团队异质性通常导致团队过程和团队结果的损失，包括积极态度丧失、沟通频率减少、离职率上升等，而且异质性程度越高，团队损失越大（Chatman 等，1998；Williams 和 O'Reilly，1998）。

2. 分类精细化模型

分类精细化模型（Categorization-elaboration Model，CEM）强调类别的显著性对团队的重要影响（Van Knippenberg 和 Van Ginkel，2010）。团队成员可以用来分类的属性非常广泛，但有些类别的重要性要高于其他类别。例如，年龄和性别的差异都可以将团队成员划分为不同子群。但在某些团队中，代沟可能让团队成员忽略了性别的差异，在这样的团队中，年龄的分类比性别的分类对团队结果的影响更大。分类精细化模型中的比较适配（Comparative Fit）、规范适配（Normative Fit）和认知可达性（Cognitive Accessibility）决定了类别的重要性和分类的程度。第一，比较适配是指分类差异能在多大程度上反映出子群内部的同质性和子群间的异质性，如果分类形成的结果显示子群内部的同质性较高，而子群间的异质性较高，就证明团队分类的比较适配值较高。第二，规范适配反映分类在多大程度上对个体有价值和意义。第三，认知可达性反映分类在多大程度上可以很容易地被追溯和激活（Van Knippenberg 和 Van Ginkel，2010）。应用到团队断裂带的研究，分类精细化模型的关注点在于从子群间和子群内的不同角度解释团队断裂带对团队过程和团队结果的作用（Thatcher 和 Patel，2012）。

3. 最优差别性理论

最优差别性理论（Optimal Distinctiveness Theory，ODT）描述了团队成员在独特性和相似性之间寻求平衡的倾向（Brewer，1991）。最优差别性理论认为社会认同的形成是个体在趋同于他人和与他人保持差别之间不断取舍而得到的结果。根据这一理论，个体既不愿意表现得极为个性化，也不愿意表现得太包容。同分类精细化理论类似，最优差别性理论也强调断裂带的形成是源于子群内和子群间的动态差异，强调团队断裂带可能引发跨群歧视（Leonardelli 等，2010）。

4. 跨越分类模型

跨越分类模型（Cross-categorization Model）是指跨子群的同质性特征能够降低断裂带的强度（Sawyer 等，2006）。如果某种属性同时存在于不同的子群中，团队成员将不会感到子群间存在强烈的团队断裂带；但如果跨子群间没有同一种属性存在，团队成员感知到的子群分裂程度将更大。例如，以性别区分的子群 A 和子群 B，如果两个子群中分别有一名团队成员是亚洲人，那么种族就可以充当一个跨子群的共同属性，使团队断裂程度缩小。

2.1.3 信息决策理论

信息决策理论（Information/Decision Theory）最早由 Byrne（1971）提出，其基本假设是，相比于同质性的团队，身处多样化团队的成员更有机会接触到更多信息。与前两种理论的角度不同，信息决策理论认为团队构成的多样性会对团队和个体产生积极影响，增加团队内知识传播的广度和深度，从而激发团队创造力（Gibson 和 Vermeulen，2003）。Bezrukova，

Jehn，Zanutto 和 Thatcher（2009）的研究表明，团队成员专业知识和技能的多样性将有益于提高团队技能、增加团队交流、提出新的观点、解决困难问题等。谢小云和张倩（2011）认为，多样化团队在履行任务过程中表现出的知识和技能多元化，对团队做出科学决策极具价值，可以避免群体思维和极化（Polarization）的产生。

综上，团队断裂带形成的驱动力在于团队成员潜在属性的组合。以上理论都是以子群内相似性和子群间差异性为前提，从不同角度阐明团队断裂带对团队进程的影响机制，因此在团队断裂带研究中需要考虑不同属性的组合和不同维度的分类，以判断适用何种理论。

2.2 团队断裂带的文献综述

2.2.1 团队断裂带的特点

断裂带（或称为"断层线"，Fault Lines），是一个地理专有名词，旨在描述地壳中存在的裂缝。在没有外力的状态下，断层保持沉睡状态达数年，而一旦出现地震或其他突然爆裂，断层就会被激活。断裂带的概念最早由 Lau 和 Murnighan（1998）引入团队行为研究，是指那些被假想出来的分割线将团体（组）分裂成子群。团队断裂带可能是基于人口特征划分的，包括性别、年龄、种族、职业等，也可能是基于团队成员深层属性划分的，包括价值观、性格特征、态度等（Lau 和 Murnighan，1998）。借用团队"断裂带"这一比喻至组织行为学领域，团队断裂带体现出以下特点：第一，团队成员的诸多特征维度，就好比地理学科中或深或浅的分层；第二，无外力作用时，团队断裂带不会被人注意；第三，强烈的团队断裂带会引发团队冲突或破裂（Lau 和 Murnighan，1998）。Lau 和 Murnighan（1998）指出，在团队形成初期，团队断裂带是基于人口统计特征等显性属性形成的，随着团队进化，团队成员更多细微的、深层的特征逐渐凸显，成为团队断裂带形成的新源泉。断裂带在无外力的情况下处于休眠状态，一旦被激活，就很可能形成结盟、冲突，并进一步导致团队成员满意度下降，团队绩效降低（Jehn 和 Bezrukova，2010）。有关断裂带的激活过程，Jehn 和 Bezrukova（2010）提出，如果断裂带在团队形成早期被激活，其强度会随时间推移而不断自我加强，但如果断裂带在团队形成之初未被激活，随着团队成员的社交互动增加，断裂带被激活的可能性就越来越小，而且可能永远沉睡下去。因此，将"断裂带"这一名词运用到组织行为学领域，虽然具有一定局限性，但这一比喻既形象又能够明确地体现出团队构成的动态变化，有利于研究者归纳总结团队多样性的特点。Lau 和 Murnighan（1998）还研究了断裂带的形成与团队子群的规模、职位、权力的关系。但 Lau 和 Murnighan（1998）的研究仅限于基于人口特征的表层断裂带，并未对深层断裂带进行深入研究。尽管如此，他们的研究仍被后人称为具有里程碑意义，以团队进化的动态视角深入讨论了团队子群的形成过程及变化规律。

2.2.2 团队断裂带的维度

1. 社会断裂带和信息断裂带

Bezrukova 等（2009）提出可将团队断裂带分为社会断裂带（Social-based Fault Lines）和信息断裂带（Information-based Fault Lines）。社会断裂带强调团队成员的社会属性，如种族、国籍、性别、年龄等。社会属性的差异并不直接与任务相关，但会因自我归类、偏见及刻板印象形成特定的感知和行为。信息断裂带则主要以任务或工作属性划分，如教育经历、工作年限等，其形成机制与信息决策理论所倡导的知识转移相符。社会断裂带会引发紧张情绪和个人攻击，对团队绩效产生负面影响。信息断裂带则视他人与自己的差异为有价值的信息来源，使不同信息背景的团队成员更愿意自由表达意见，游走于不同子群之间，促进团队融合和团队绩效的提升。

2. 表层断裂带和深层断裂带

另外一种对团队断裂带的划分与团队多样性的划分维度类似，将团队断裂带划分为表层断裂带与深层断裂带。表层断裂带主要针对因人口特征差异形成的团队子群，深层断裂带主要针对因价值观、态度、性格等差异形成的团队子群。以主观意愿划分的团队子群往往造成对团队绩效的负面影响（Shemla等，2016）。

3. 休眠的断裂带和激活的断裂带

根据团队断裂带的发展程度，可以分为休眠的断裂带（Dormant Fault Lines）和激活的断裂带（Activated Fault Lines）。休眠断裂带是基于一系列团队成员的属性确定的潜在断裂带，而激活的断裂带是指基于休眠的断裂带，团队成员实际感知到团队分为不同子群的情况。休眠和激活的断裂带的划分，类似于团队多样性中客观多样性和感知多样性的划分（Thatcher 和 Patel，2012）。已有研究证明，团队断裂带对团队结果的影响并不需要激活的过程（Chrobot-Mason等，2009），也有研究表明，休眠的断裂带和激活的断裂带之间高度正相关（Jehn 和 Bezrukova，2010）。还有一些研究表明，团队断裂带必须依靠激活作为对团队产出的触发器（Rink 和 Jehn，2010）。Chrobot-Mason等（2009）总结了导致团队断裂带激活的五种形式，分别为区别对待、不同价值观、同化吸收、羞辱和简单接触。另外一些基于实验的研究探索了不需要触发就能激活的团队断裂带的情形，例如由虚假人格反馈（Homan等，2008）或信念（Homan等，2010）导致的团队断裂带，不需要外力的介入也能导致团队断裂带的激活。

4. 分离、多样化、不对等的断裂带

从团队构成的形态出发，可以将团队断裂带的形态划分为分离（Separation）、多样化（Variety）和不对等（Disparity）（Harrison 和 Klein，2007）。如图 2-2 所示，团队断裂带的分离是指团队成员因职位、观点（特别是价值观、信念、态度）等方面的不一致分为两个阵营；团队断裂带的多样化是指团队成员因资源、知识、经历等区别展现出彼此不同但又难以划分界限的团队形态；团队断裂带的不对等是指团队成员因职位或权利差异形成的断裂带。

团队分离　　　团队多样化　　　团队不对等

图 2-2　团队断裂带的形态

5. 强断裂带和弱断裂带

团队断裂带还可以按照强度的不同进行维度划分。如果一个团队可以按其属性分为两个子群，当子群内具有完全同质性，而子群间具有严格的异质性，这表明这一团队的断裂程度极强。例如，一个团队由四人组成，其中两人是年轻的女秘书，而另两人是年长的男工程师，那么这个团队存在一条明显的以性别和职位划分的团队断裂带。相反，如果团队成员的特征随机混合，则会形成相对较弱的团队断裂带。例如，一个团队由四人组成，分别为年轻的女秘书、年轻的男工程师、年长的女会计师、年长的男销售经理，这个团队具有相对较弱的团队断裂带。

6. 远距离断裂带和近距离断裂带

团队断裂带的维度划分还可根据团队断裂带的距离区分为远距离断裂带和近距离断裂带。"距离"这一概念被广泛地应用于社会学、心理学和组织行为学之中。例如，从社交距离（Social Distance）的视角来看，团队成员倾向于共享某一种模式，视某些团队成员与自己有更近的距离，而视另外一些团队成员与自己有更远的距离，这种模式将团队成员构建为一个等级体系，隐含了因距离导致的社会差异，扩大了社交障碍（Bezrukova 等，2009）。在组织行为学中，仅仅依照强度来区分团队类别是远远不够的，因为强度仅捕捉到一个群体内有多少个人口统计特征相一致，或者一个群体如何清晰地分裂成两个相当对立的子群。这一方法并没有充分考虑子群之间的分歧程度，也即团队断裂带的距离（Bezrukova 等，2009）。例如，年龄分别在 25 岁和 50 岁的两个团队子群距离要比年龄分别在 25 岁和 21 岁的两个团队子群距离大。因此，虽然同样是以年龄划分团队断裂带，远距离断裂带划分的子群之间更容易产生冲突（Bezrukova 等，2009），而近距离断裂带划分的子群之间可能并不会对团队过程和团队结果造成显著负面影响。

2.2.3 团队断裂带的测量

团队断裂带测度研究经历了从定性到定量的发展过程。Lau 和 Murnighan（1998）的早期研究从定性角度对团队断裂带的强弱进行了描述，以证明团队断裂带强度与异质性（多样性）强度测量结果的差异，阐述了团队异质性测度与团队断裂带测度的不同之处。Lau 和 Murnighan（1998）根据子群内团队成员一致特征的数量，以及子群的可能划分方式来定性描述团队断裂带的强度。子群内成员相同特征的数量一定，子群的划分方式越少，团队断裂带强度就越强；或者，子群划分方式一定的情况下，子群内成员相同特征数量越多，团队断裂带强度也越强。

表 2-2 列举了 7 个虚拟的团队，每个团队由 4 名队员组成，按照种族、性别、年龄、工作内容或岗位 4 个不同的人口统计特征区分为不同的团队形态。这些人口统计特征按照不同的组合方式，可以将队员划分为不同的子群。由下表可知，团队多样性的强弱与团队断裂带的强度并非一一对应。例如，第 3 组的团队多样性非常低，但是这一组的团队断裂带却非常强。按照 4 种人口统计特征的任意一种，都可以将队员划分为泾渭分明的两个子群，这 4 种人口特征可以完全对齐，而且仅存在一种组合方式。由此可见，研究单一维度的团队多样性与多维度的团队断裂带可能产生截然不同的结果，这也证明将多种维度的属性放在一起研究，对团队研究具有创新性和必要性。

表 2-2 团队多样性与团队断裂带的比较

组号	队员 A	队员 B	队员 C	队员 D	多样性	断裂带强度
1	白色人种 男 20 岁 销售	白色人种 男 20 岁 销售	白色人种 男 20 岁 销售	白色人种 男 20 岁 销售	无	无

续表

组号	队员A	队员B	队员C	队员D	多样性	断裂带强度
2	白色人种 男 20岁 销售	白色人种 女 30岁 销售	黄色人种 女 25岁 销售	黄色人种 男 20岁 销售	非常低	弱 1种对齐 3种方式
3	白色人种 男 50岁 工厂经理	白色人种 男 55岁 工厂经理	黑色人种 女 31岁 文员	黑色人种 女 35岁 文员	低	非常强 4种对齐 1种方式
4	白色人种 男 50岁 工厂经理	白色人种 女 31岁 文员	黑色人种 男 55岁 文员	黑色人种 女 35岁 工厂经理	低	弱 1种对齐 4种方式
5	白色人种 男 60岁 工厂经理	黄色人种 女 30岁 人力资源经理	白色人种 女 58岁 工厂经理	黑色人种 男 35岁 人力资源经理	中等	强 3种对齐 2种方式
6	白色人种 男 65岁 工厂经理	白色人种 女 35岁 工厂经理	黄色人种 女 59岁 会计	黑色人种 男 25岁 技术员	中等	弱 2种对齐 2种方式
7	白色人种 男 60岁 工厂经理	黑色人种 女 20岁 工厂经理	黑色人种 男 40岁 秘书	黄色人种 女 30岁 销售	高	弱 1种对齐 4种方式

在计算团队断裂带的强度时，Lau 和 Murnighan（1998）采用的方法是区分团队断裂带的对齐数量和组合方式。其中，团队断裂带的对齐方式是指有几种属性可以"对齐"（Align），而组合方式是指按照属性划分有多少种形成子群的可能性。第 1 组中，所有队员的人口统计特征都完全相同，因此不存在团队多样性和团队断裂带。这样的团队更容易建立稳固的内部社会网络，也更容易形成相同的行为模式（Tsui 和 O'Reilly，1989）。第 2 组的团队多样性非常低，因为 4 名队员年龄相近、职务相同，但是按照种族和性别还是可以将团队划分为两种形态（AB 和 CD，或者 AD 和 BC）。第 3 组中，4 种属性都可以对齐，即属于白色人种的子群同时都是男性，年龄都是 50 多岁，职务都是工厂经理；而属于黑色人种的子群同时都是女性，年龄都是 30 多岁，职务都是文员；并且这一组只有 1 种组合方式，则可以判断这一组的团队断裂带强度非常强，两个团队子群间存在相当大的子群间冲突的风险。第 4 组的多样性与第 3 组相同，但由于第 4 组只有一种对齐方式，且有 4 种构成子群的可能性，因而第 4 组的团队断裂带强度低于第 3 组。第 5 组和第 6 组都有中等程度的多样性，种族和职务可分别分为 3 类，性别分为两类，年龄分布差距也较大，但由于第 5 组在种族、年龄、职务 3 个属性上都能够对齐，而第 6 组只在种族和职务上可以部分对齐（队员 A 和队员 B），则第 5 组的团队断裂带强度较强，而第 6 组的团队断裂带强度较弱。第 7 组具有非常高的多样性，除性别之外无其他相似之处，因此不存在明显的团队断裂带。相比之下，第 7 组中的队员 B 和队员 C 属于相同种族，队员 A 和队员 B 具有相似的职务。这种相似性有可能将队员分为不同的子群，但可能性相对较小。

以上总结了 Lau 和 Murnighan（1998）测定团队断裂带强度的方法，但此方法无法精确的算出团队断裂带的数值，仍属于定性分析。如果团队成员人数较多且要分析的属性也较多时，运用此方法计算团队断裂带强度将会非常困难，也无法保证准确性。尽管如此，Lau 等人的研究开创了团队断裂带研究的先河，创造性地将多种属性放在一起研究，具有里程碑式的意义。

随后，更多研究者发展出定量测量团队断裂带的方法，主要包括 FAU 模型（Thatcher 等，2003）和 FLS 模型（Shaw，2004）两类。Thatcher 等（2003）的 FAU 模型的本质是在团队断裂带最强的划分方式下，用构成最强团队断裂带特征的变差的平方和除以全部可能构成断裂带的特征的变差的平方和来计算变量 Fau（谢小云等，2012）。根据 Thatcher 等（2003）的定义，假设一个团队有 n 名团队成员，需要测量的多样性属性有 p 种。那么可以将这一团队分为两个团队子群的总数是

$$\text{Fau} = \left(\frac{\sum_{j=1}^{p} \sum_{k=1}^{2} n_k^g (\overline{X}_{\cdot jk} - \overline{X}_{\cdot j \cdot})^2}{\sum_{j=1}^{p} \sum_{k=1}^{2} \sum_{i=1}^{n_k^g} (\overline{X}_{ijk} - \overline{X}_{\cdot j \cdot})^2} \right) \quad g = 1, 2, \cdots, S \quad (2\text{-}1)$$

$S=2^{n-1}-1$，计算公式见（2-1）。

此后，Zanutto 等（2011）提出的团队断裂带距离采用欧几里得距离计算方法，在考虑子群内同质性的同时，加入子群间的差异性，合理测量团队断裂带的差别程度。但以上两种方法均存在一定的局限性。其一，研究人员没有区别团队成员不同特征的重要程度，对如何选择特征变量提出挑战。其二，二分法无法反应特征变量的动态性，与团队断裂带的内涵不符。其三，FAU 法仅适用于计算规模较小的团队断裂带，对于超过 6 人的团队不具有操作性优势（范合君和杜博，2015）。

除 FAU 法以外，Shaw（2004）提出的 FLS 模型也是计算团队断裂带的主流方法。其步骤如下：第一步，选取引起团队断裂带形成的特征；第二步，对所选特征进行分类，将连续变量（如年龄）转换为分类变量；第三步，度量子群内部特征同质性指数（IA）；第四步，度量子群间的特征异质性指数（CGAI）；第五步，将 IA 与 CGAI 相结合，通过公式计算出每一个特征团队断裂带的强度。最后，对所有特征的 FLS 取算术平均值，得到所有特征的 FLS 均值。FLS 模型的缺陷也在于计算过程极为繁琐，如果不借助计算机软件（如 SAS macro），不适用于同时计算多个特征变量。

对于团队断裂带的计算，近年来学者们开始探索新的计算方法，包括基于 LCCA（Latent Class Cluster Analysis）的断裂带（Barkema 和 Shvyrkov，2007）、ASW 断裂带（Meyer 和 Glenz，2013）、SGA（Carton 和 Cummings，2013）等。总之，应当结合研究情境和研究对象的属性选择合适的计算方法，更加准确地衡量团队断裂带。

2.2.4 团队断裂带的效用分析

以往多数研究探索了团队断裂带对团队绩效、团队满意度、团队冲突、团队凝聚力等的影响（Harrison 和 Klein，2007；Jackson、Joshi 和 Erhardt，2003；Joshi 和 Roh，2009；Milliken 和 Martins，1996；Van Knippenberg 和 Schippers，2007；Williams 和 O'Reilly，1998）。由于团队断裂带导致团队成员将时间和精力放在处理分歧上，难以将注意力放在实现团队共同目标上（Li 和 Hambrick，2005），多数研究认为团队断裂带对团队结果存在消极影响。也有部分研究表明，团队断裂带可能促进团队创新（Vander Vegt 和 Gerben，2003），还有一些研究表明，团队断裂带与团队产出之间呈非线性关系或没有关系（Chen 等，2017）。

1. 与团队结果负相关

基于社会分类理论及同性相吸范式的基本假设，团队多样性与断裂带往往为团队绩效带来消极影响。Jehn 等（1999）的研究表明，价值观多样性造成成员对资源分配和奖赏制度的不同意见。例如，在职责和资源分配方面，重视团队有效性（Effectiveness）的成员更可能与重视效率（Efficiency）的成员产生分歧。因目标和价值观不同，团队成员容易造成关系冲突、任务冲突和过程冲突，从而降低员工满意度与留职意愿。Bezrukova 等（2009）的实证研究表明，团队断裂带会在团队内催生陈规旧习及偏见。需要指出的是，团队结果除包含团队绩效以外，还包括士气、团队承诺、团队创新、团队满意度等。如果团队断裂带不能提高团队的创造力，而是造成与任务履行无关的人身攻击或歧视，团队士气将会大大降低，团队成员因产生自我怀疑，对团队的忠诚度也将受到极大影响（Jehn 等，1999）。

2. 与团队结果正相关

基于信息决策理论的基本假设，团队成员多样性与断裂带虽然会造成团队冲突，但只要不涉及私人恩怨，团队冲突的出现能够避免团队极化，有利于团队做出更明智的决策（Jehn 等，1999）。Lau 和 Murnighan（2005）的进一步研究指出，弱断裂带对子群间沟通具有积极作用。Homan 等（2007）通过实证研究证明，若团队成员能够看到团队断裂带的价值，断裂带就会对团队绩效产生正向作用。还有一些研究表明，团队成员从子群中获得的社交支持和强烈连接（Ties）将使他们对子群的满意度溢出至整个团队，提高团队成员对整个团队的满意度（Bezrukova、Spell 和 Perry，2010）。

3. 与团队结果呈非线性关系

基于跨越分类模型，Chen 等（2017）的研究表明，团队断裂带与团队绩效呈倒 U 形关系。当团队成员的属性既有重叠又有差异时，团队呈现出中等程度的断裂带。团队成员属性的交叉将有利于降低子群间的心理距离，跨越子群间的界限，拓展信息接收的空间，克服团队故障，解决团队冲突，提高团队绩效。但当团队断裂带程度较低时，团队展现出多样化的形态，团队成员间无法形成统一意见，导致团队绩效降低。当团队断裂带较高时，团队分裂为两个不同子群，团队成员的注意力将放在处理子群间的紧张关系上面，影响团队绩效。

4. 与团队结果之间关系不显著

有相当一部分团队成员视多样性而不见（I know we are different, but it's ok），认为多样性的存在是常态。因为即便是从同质性角度测量团队成员的特质，也很难找出完全相同的两个人。周建和李小青（2012）的研究从中国国情出发，基于高阶梯队和团队断裂带理论的双重视角，考察董事会认知异质性总量和结构对企业创新战略的影响。结果表明，董事会成员行业背景异质性与断裂带对创新战略没有显著影响。Ren（2008）的研究表明，基于文化价值观的团队断裂带并不会对团队凝聚力或团队冲突产生负面影响，而且基于文化价值观和表层或深层属性叠加的断裂带也不会对团队结果产生负面影响。因为团队成员可能以团队共同目标为驱动力，从而淡化了文化背景的差异，并且团队成员的个人成就往往取决于团队生产力和团队效率。因此团队成员将依靠彼此在知识和经验上的差异性更好地完成共同目标。这一结果表明，以往研究者可能高估了团队断裂带对团队结果的影响。

从以上文献回顾可以看出，以往关于团队断裂带与团队结果之间关系的研究并没有得到一致的结论，原因可能在于团队所处的情境不同。因此，有必要将情境因素纳入团队研究的范畴。

2.2.5 情境因素对团队断裂带的影响

最新研究更多关注情境因素（Contextual Factors）的影响，而不再仅仅局限于断裂带对于团队结果的主效应上。情境（Context）是指对多元化组织的绩效设定限制和机会的特殊环境（Joshi 和 Roh，2009）。在全面理解多样性对团队产生的影响时，产业环境、组织环境、群体环境都是不能忽视的因素。Joshi 和 Roh（2009）通过整合该领域过去 15 年的研究成果，发现仅仅考虑各种多样性之间的关系并不能得到实质性的结果。但是加入情境因素之后，所得结论的显著性提高了数倍。情境因素确定了研究中关于什么时候（When）、哪里（Where）和怎样（How）的问题，例如组织文化（Ren 和 Gray，2009）、任务复杂程度（Bezrukova 等，2009）、团队认同感和领导风格（Ng 和 Sears，2012）等。

Thatcher 和 Patel（2012）将团队研究中的情境因素分为团队特征和团队断裂带与团队结果的调节变量两个方面。

第一，团队特征（包括团队规模、子群规模的平均性、子群数量等）对团队断裂带具有重要影响（Thatcher 和 Patel，2012）。例如，如果团队规模过于庞大，就很难形成内部同质性高的子群，Thatcher 和 Patel（2012）的研究表明团队规模与断裂带强度之间呈倒 U 形关系。另外，子群规模是否平均也是影响团队结果的重要原因。如果子群规模不平均，就会产生子群间权利、资源和能力分配不均（Lau 和 Murnigham，1998）。

此外，Shaw（2004）的研究表明子群数量越多，所形成的团队断裂带越弱。Polzer等（2006）研究了由地理隔绝形成的子群数量与团队冲突之间的关系，结果表明，子群数量为两个时，对团队冲突影响最大；子群数量为三个时，对团队冲突和信任的影响比两个时小；当团队分裂为六个子群时，冲突最小、信任程度最高。

第二，实证研究中的调节变量，作为情境因素的重要组成部分，对解释团队断裂带对团队结果造成的不一致影响起到关键作用。涉及个人信念或特点的调节变量包括对团队成员过去经历的开放程度（Openness to Past Experience）（Homan等，2008）和亲多样性的观念（Prodiversity）等（Homan等，2008）。涉及团队层面的调节变量包括任务相互依赖性、资源可得性、团队年限、任务常规性等（Joshi和Roh，2009）。对于组织层面或组织外（Extra-organizational）层面的调节变量在团队研究中发挥的作用，以往研究比较少见，但Luan、Ren和Hao（2019）的研究表明，在儒家思想的影响下，中国式关系在子群感知和交互记忆系统之间起到正向调节作用。Richard等（2019）的研究表明，动态多变的外界环境能够正向调节高管团队中的断裂带与战略变革之间的关系。

2.3 团队多样性和子群的文献综述

2.3.1 团队多样性的文献综述

团队多样性（有些学者称为异质性）是指反映团队成员在客观或主观上存在差异程度的特征（Van Knippenberg和Schippers，2006）。从团队成员的社会属性出发来考察团队成员之间的差异性及其对团队发展进程和团队产出的影响，是团队多样性研究的主要视角（徐细雄等，2005）。团队成员的社会属性包括团队成员的年龄、性别、种族、受教育程度、文化背景、职业、工作年限等。团队成员在这些方面构成的多样性影响着团队的稳定性、创新能力、竞争能力及团队结构和团队绩效等团队结果。依据不同的研究视角，学者们将团队多样性的维度划分为表层多样性、深层多样性、客观多样性与感知多样性。表层多样性（Surface-level Diversity）是指团队成员人口统计特征的多样性，包括年龄、性别、民族、种族、职业（Lau 和 Murnighan，1998）、受教育程度、工作经验（Bezrukova 等，2009）、本科专业、本科学院（Li and Hambrick，2005）等。深层多样性（Deep-level Diversity）是指团队成员在性格、态度、价值观方面的差异。客观多样性（Objective Diversity）强调团队成员真实存在的差异性及其散布程度（Williams 和 O'Reilly，1998）。感知多样性（Perceived Diversity）强调团队成员对差异的意识（Shemla 等，2016）。考虑到成员对感知存在很大差异，他们在对现实做出反应时，实际上是基于感知到的事实，而不是基于现实本身（Homan 等，2008），因此不同的人对客观多样性的反应程度也不尽相同。

这四个维度代表了团队多样性经典的维度划分，从现实和认知的角度出发，可以将多样性分为客观表层多样性、客观深层多样性、感知表层多样性和感知深层多样性。假设在一个团队中，年龄的差别客观存在，但团队成员并没有感知到此差异，这种现象就称之为具有客观表层多样性，但不具有感知表层多样性。又如，假定一个团队中，年龄相仿的团队成员在价值观方面存在明显差异，而且这种差异能够被团队成员感知到，这种现象就称之为不具有客观表层多样性，但具有感知深层多样性。

感知多样性不像客观多样性那样能够一眼看出，却对团队和个人有着更为深远的影响。有一篇综述将感知多样性分为三类，即"感知到的个人与团队间的差异""感知到的团队分裂"和"感知到的团队异质性"（Shemla 等，2016）。从社会分类视角出发，"感知到的个人与团队的差异"使个体成员感觉他们与团队不同，例如他们与别人相比具有更高（或更低）的学历或不同的专业背景。这种感知容易导致员工的高离职率（Liao 等，2008）和低满意度（Cunningham，2007）。基于断裂带理论，个体成员用他们分裂成小团体的程度来衡量感知多样性（Jehn 等，2010）。这种认知导致成员产生负向情绪和负向行为模式，例如冲突（Thatcher Jehn 和 Zanutto，2003）或结盟（Van Knippenberg 等，2007）。第三个焦点"感知到的团队异质性"，将团队整体看作一个由多种不同的个体组成的群体。前两种分类都对团队造成不利影响，而"感知到的群体异质性"给团队和个人带来的影响则有可能消极，也有可能积极（Homan 等，2008）。这种结果的不一致源于情境因素的出现，例如时间（Harrison 等，2002），获得信息的异质性（Homan 等，2008）和团队有效性（Shemla 等，2016）。Harrison 等（2002）的研究表明，时间是调节团队多样性的主要机制。在团队建成初期，团队成员会以某些特征为自己归类，划分客观多样性。而随着团队逐渐成熟，客观多样性对团队带来的影响逐渐减小，而基于性格、态度、价值观等因素构成的感知深层差异逐渐增强，成为影响团队绩效和社会融合（Social Integration）的主要因素。

2.3.2 子群的文献综述

子群的形成与团队断裂带息息相关（Lau 和 Murnighan，1998）。断裂带理论为子群分裂提供了最初的理论基础，但团队断裂带的存在并不意味着子群一定会分裂。团队断裂带是团队本身的属性，而不是团队过程，但子群分裂是建立在团队断裂带"激活"的基础之上的，因此子群分裂代表一个团队过程。换句话说，子群是团队断裂的一种结果。

团队断裂带的激活导致团队分裂为不同子群。根据团队断裂带的不同属性，可以将子群分为不同维度。Carton 和 Cummings（2012）将子群分为基于身份的、基于资源的和基于知识的。基于身份的子群可以通过团队成员在价值观或社会关系方面进行划分。基于资源的子群可以通过权利或公平感等方式划分。基于知识的子群可以通过团队成员对信息的处理方式或心理模型进行划分（Carton 和 Cummings，2012）。综上所述，团队多样性、团队断裂带和子群的维度侧重点不同但又相互依存。团队多样性的维度决定了团队断裂带的划分方式，团队断裂带的维度又决定了子群的维度和每个子群的规模。

2.4 团队冲突的文献综述

团队冲突是指团队成员因在团队的目标或利益等方面互不相容或互相排斥，从而产生的心理或行为上的矛盾（Jehn 和 Mannix，2001）。Jehn 等学者在团队冲突方面的研究卓有成效，发表了一系列关于团队冲突的文章。Jehn（1995）通过对 105 个工作组和管理团队的研究，分析了团队冲突的形成过程及团队冲突对绩效的影响。他们的研究表明，组织中的冲突不可避免，但并不是所有冲突都对组织有效性有负面效应。例如，在履行非常规（Non-routine）任务时，冲突与团队绩效呈倒 U 形关系，轻微程度的冲突将导致团队绩效降低，中高程度的冲突将导致团队绩效的提升，但严重程度的冲突则会导致团队绩效的显著下降，即高于轻微冲突时的绩效，但低于中高程度冲突时的最优绩效。

2.4.1 团队冲突的维度

Jehn 和 Mannix（2001）将团队冲突分为三类，即关系冲突、任务冲突和过程冲突。关系冲突是指团队中人际间的不相融，主要体现在情绪因素上，例如紧张和恐惧。关系冲突涉及个人事务（Personal Affairs），包括团队成员之间的不喜欢、厌恶、沮丧和愤怒。任务冲突主要涉及在履行团队任务时表现出的不同观点和意见。任务冲突在发生时可能引发激烈争吵，甚至伴随情绪失控。过程冲突是指在关于如何完成任务方面表现出的分歧，冲突点主要集中于资源和职责的分配。以往研究表明，关系冲突对个体和团队绩效有害，并减少未来再次合作的可能性（Jehn，1995）。由关系冲突引发的情绪紧张会分散团队成员的注意力，造成工作效率下降。相比之下，中等程度的任务冲突对团队绩效有利。当任务属性复杂时，团队绩效可能会受益于多方观点的激烈碰撞。过程冲突是三类冲突中研究相对较少的类型。过程冲突伴随团队士气的下降，最终导致生产力下降。过程冲突的基本逻辑是，当团队成员就"谁该做什么"发生争论时，成员们表现出对规则的不满，并产生强烈的退出意愿。过程冲突干扰任务完成质量，Jehn（1995）的研究表明，对任务指派不满的员工，通常不能有效地履行职责。

2.4.2 团队冲突的理论基础

Böhm 等（2018）总结了团队冲突的理论基础，包括现实群体冲突理论、社会认同理论、整合威胁理论、有界广义互惠理论和狭义利他共同进化理论，解释了团队冲突影响感知（如刻板偏见）、情绪（如恐惧或愤恨）和行为（如歧视或进攻）的原因。这些理论侧重点不同，但都蕴含着团队成员对内群的积极偏见及对外群的消极偏见。

1. 现实群体冲突理论

现实群体冲突理论（Realistic Group Conflict Theory）认为，团队成员间的偏见和歧视是对不同群组间有限资源竞争的结果，这些资源包括金钱、权利、社会地位等（Sherif，1966）。该理论认为，当群体间存在不相容的目标时，会产生消极的相互依赖关系，进而引发对稀缺资源的零和博弈式争夺。相反，如果群体间的相互依赖关系是积极的（例如，当不同群组需要共同完成一项任务来达到一个更高的目标），那么群体间将不会产生冲突。因此，现实群体冲突理论是从实际需要出发，从外部和现实的因素来确定组群间冲突的原因。

2. 社会认同理论

如前文所述，社会认同理论认为，只要个体将某些人归类为群外人，就会产生偏见和歧视，继而导致冲突的发生（Tajfel 和 Turner，1979）。与现实群体冲突理论不同，社会认同理论（Social Identity Theory）认为对资源的争夺并不是导致群体间冲突的原因，只要团队中存在明显的分类，即使群体间没有消极的相互依赖性，也会产生对内群的积极偏见和对外群的消极偏见。

3. 整合威胁理论

整合威胁理论（Integrated Threat Theory）认为，结构因素（如稀缺资源的分配）和心理因素（如社会分类）都会形成团队冲突（Stephan 和

Stephan，2013）。该理论的焦点在于，导致团队间冲突的关键因素是团队成员感知到的威胁。威胁既可以来自个体，也可以源自群体间。个体威胁源自对个体所拥有的资源或身份安全的担忧，群体间的威胁源自对整个团队的自由或信念遭到破坏而产生的紧张和忧虑。相较于现实群体冲突理论和社会认同理论，整合威胁理论为判断群体间冲突提供了一个更宽泛的视角。该理论既强调现实威胁，也强调系统威胁（例如对团队士气、价值观、规范、态度、自尊的威胁），认为群体间冲突行为的发生是结构因素和心理因素的共同作用的结果（Böhm 等，2018）。

4. 有界广义互惠理论

以往基于实验的研究表明，社会认同理论所预测的结果未必发生，社会认同理论认为内群和外群的分类会导致群体间的偏见和歧视，但实际上，群体间的冲突往往以内群偏爱（In-group Favoritism）的形式出现（Böhm 等，2018）。有界广义互惠理论（Theory of Bounded Generalized Reciprocity）理论强调，团队成员对内群的信任感程度越高，越能促进内群成员之间的合作。内群成员合作的可能性越大，越能保持内群的声誉，长此以往，内群成员会将合作模式扩展到整个团队，使团队整体受益。Yamagishi 等（1999）认为，社群是一个盛装期待的容器，在这个容器内，个体期望自然而然地与内群成员建立互利互惠的关系，但对从外群获得利益不抱有过高的期待。

5. 狭义利他共同进化理论

狭义利他共同进化理论对（the Co-evolutionary Theory of Parochial Altruism）解释了为何人类如此容易对外群产生歧视（De Dreu 等，2014）。该理论指出，个体愿意付出高昂的代价以换取内群的成功，只要个体行动能够使内群获益并能使外群付出代价，内群成员就愿意采取行动，而无须获得内群的回报。

综上所述，近些年来心理学家和社会学家探索了在团队冲突中个体反应的差异性及其对团队冲突的影响。有些研究验证了个体参与团队冲突对内群带来的好处和对外群带来的坏处（Abbink 等，2012），另一些研究发现，团队冲突发生的结果是"损人不利己"（De Dreu 等，2010）。还有观点认为，团队冲突的动因更多的来自结构性因素而不是性格因素（如利他主义或狭隘主义）（De Dreu 等，2016）。研究者可以通过上述五种理论找到冲突发生的原因，以便管理冲突，减少团队冲突对团队产出带来的消极影响。

2.4.3 团队冲突的效用分析

以往关于团队断裂带与团队冲突的关系研究表明，团队成员属性的差异性导致团队断裂带的形成，由团队断裂带造成的不信任、厌恶和刻板偏见又会导致团队冲突的发生。Li 和 Hambrick（2005）的研究表明，团队断裂带的强度与任务冲突和关系冲突显著正相关，关系冲突的产生又会进一步降低行为一致性和团队绩效。Jehn 和 Bezrukova（2010）的研究同样表明，经过消极归类过程，由团队断裂带激活形成的子群间将面临沮丧、不适、敌意和紧张，由此导致团队冲突的上升。因此，团队断裂带是团队冲突的重要前置因素。

De Dreu 和 Weingart（2003）的元分析研究表明，团队冲突与团队满意度呈负相关关系，而且关系冲突对团队满意度的影响超过任务冲突，因为关系冲突涉及人际交往和情绪，会使团队成员表现出更加激烈的消极反应。这一结论也间接证明任务冲突与关系冲突是两个相对独立的冲突维度。此外，De Dreu 和 Weingart（2003）假设关系冲突与团队绩效呈负相关关系，而任务冲突应当与团队绩效呈正相关关系，因为任务冲突为任务完成提供了更加精细的信息加工过程，但研究结论与假设相反，即任务冲突和关系冲突都与团队绩效呈负相关关系。相反，另一些研究表明一定程度的冲突可能给团队结果带来好处，例如创造力和发散性思维（Carnevale 和 Probst，1998）。

在对过程冲突进行动态研究时，Jehn（1999）的研究表明，早期下达任务指令的清晰度尤其重要。因此，如果在任务制定过程中，不限制团队成员表达意见，一旦任务目标经大家讨论得到认同，中期发生过程冲突的可能性就会减小。但随着任务截止日期的临近，团队需要通过整合信息，重新布置任务以达成目标，团队成员压力再次加大，团队将会再度陷入激烈的过程冲突。在对关系冲突进行动态分析时发现，关系冲突无论发生在任务完成的哪一个阶段，都会对团队绩效产生负面效应。关系效应会随着团队成员熟悉程度上升而得到改善，当团队成员更倾向于分享信息时，关系冲突会自动解除。在对任务冲突进行动态分析时发现，在任务识别阶段，应当鼓励任务冲突以做出更高质量的决策。但达成共识以后，任务冲突的持续发生将会分散团队成员注意力，尤其在任务执行的中点，团队成员对最初任务达成的共识产生怀疑的程度最高。但这一重要时刻的任务冲突是必要且合理的，有利于团队成员完整梳理问题，依据任务完成前段经验做出最优决策。因此，对于一个对任务完成度要求较高的团队，中间时刻的任务冲突有利于任务更好地完成。

此外，过往研究潜藏着一个缺陷，即假设所有团队成员对冲突的感知程度都相同，而忽略了团队成员对冲突的不同感知或团队冲突的不对称性。例如，Jehn、Rispens 和 Thatcher（2010）的研究表明，团队冲突的不对称性导致团队绩效和团队创造力的降低。在个人层面上，对团队冲突感知强烈的个体对团队和个人的绩效满意度均低于对团队冲突感知不强烈的个体。团队冲突不对称的研究模型是对团队冲突研究的进一步拓展，对解释团队成员的动机和团队满意度起到关键作用，也是本书将要重点讨论的内容。

2.5 研究现状评价及启示

2.5.1 对团队断裂带研究的现状评价及启示

自 Lau 和 Murnigham（1998）提出团队断裂带理论以来，学者们在子群互动的情境下反复验证了此理论。依据社会分类理论、社会识别理论和同性相吸理论，多数研究认为团队内一旦产生了子群，团队成员就会倾向于对内群成员做出积极评价，而对外群成员产生偏见和敌意，为了谋求内群的利益，内外群之间会产生激烈的冲突，从而对团队过程和团队结果造成负面影响。然而，基于信息决策理论、分类精细化模型和跨越归类模型，仍有少数研究认为团队断裂带的形成并不会对团队结果造成负面影响，或认为团队断裂带对团队过程的影响并非线性的（Gibson 和 Vermeulen，2003），这也是本书试图详细探讨的问题。

关于团队断裂带与团队产出之间关系的研究，应当进一步细分团队断裂带划分的属性。除多数研究采用的基于人口统计特征划分的断裂带，还应当将团队成员的深层心理因素（如性格、态度、价值观等）纳入考量。还应该将基于人口统计特征形成的表层团队断裂带与基于团队成员深层心理因素差异形成的深层团队断裂带结合起来，验证其对团队结果的影响。Cunningham（2015）的研究叠加了表层断裂带（用性别和国籍划分）和深层断裂带（用积极人格和权力距离划分），结果表明，表层和深层团队断裂带的叠加并不会对交互记忆系统和团队绩效产生显著的影响。因此，在小规模团队中同时考虑多种多样性对团队的影响，可能并不是捕捉团队断裂带强度的最佳策略，因为随着团队断裂带属性的增多，研究者将更难划分出清晰的子群界限。因此可能需要通过实验法，人为控制团队断裂带的强度（Rico 等，2007）。另外一种可能是，即便表层和深层的团队断裂带能够被清晰划分，可能因为其未被激活，而未对团队产出造成影响。关于子群的划分基础，应当区分休眠或激活的情形，一方面，休眠的断裂带形成的潜在子群可能需要被激活（或被团队成员感知）才能对团队产生影响；另一方面，休眠的断裂带可能并不需要激活也可以对团队产生影响。这样势必会增加研究的难度，因为单轮的实验研究将很难捕捉团队的动态变化，研究者可能需要长期的跟踪调查。

综上所述，多数研究表明，团队断裂带对团队结果起到的作用不容忽视，但目前的研究在理论基础、研究对象的选择、研究方法等方面仍存在一定缺陷。进一步细化团队断裂带和团队子群的划分方法对丰富和发展团队断裂带理论具有重要的价值和意义。

2.5.2 对团队断裂带影响因素研究的现状评价及启示

在团队断裂带与团队结果的关系探索中，越来越多的研究开始寻找连接二者之间的调节变量。影响团队断裂带效用的因素包括团队的属性、任务的属性、团队成员间关系的属性等。

首先，工作团队和学生团队面临的压力和任务不同，需要团队成员承担的职责也不同，区分不同的团队属性和任务目标将有助于研究者回答以往研究结论不一致的问题。因此，本书将分别调研工作团队和学生团队的断裂带情况，试图探究在不同团队任务下，团队形态的演进过程有何异同。

其次，多数研究假定团队仅仅是团队成员共同完成任务的载体，对团队性格的研究相对较少。团队成员的心智状态会使所在团队形成不同的团队性格。例如，如果每个团队成员都有较高的心理资本，就会在整个团队中形成较高的集体心理资本，在面对逆境时，与集体心理资本较低的团队相比，将更有可能克服困难，取得成功。特别是当团队出现断裂带或明显子群时，积极的团队性格将有助于团队成员克服个体差异性造成的交流障碍，取得更好的团队绩效。

最后，以往关于社会网络的研究多关注企业高管与外部环境（例如政府、客户、供应商）之间的关系，较少研究关注社会网络在封闭小群体内的效用。借助社会网络的进化，可以探究团队断裂带的进化问题。社会网络的进化可以更微观地洞察子群形成的原因，团队成员如何从二元、三元甚至更多维度选择子群也将帮助研究者发现团队断裂带发展的过程。社会网络也能够更深入地解释子群是如何通过特定规范来限制跨群能动性的（Thatcher 和 Patel，2012）。未来的研究可以尝试引入社会网络领域的相关理论，考察团队成员间、子群间及子群内部团队成员的社交模式对弥合或增大团队裂缝的影响。

此外，深入研究团队断裂带对组织、团队和个人造成的影响，还应当探索不同文化背景下子群关系的独特价值。费孝通曾指出，中国社会人与人之间的关系犹如投入水中的石头在水面上激起的一圈圈波纹，表现出远近亲疏的关系。与西方文化关注个人主义和独立个体相比，中国人更愿意将团队或人群划分为内群和外群，形成非正式的小圈子（谢小云等，2012）。但中国的关系型社会可能通过互惠互利和情感约束，让原本分裂的团队变为统一的整体，提高团队和谐程度，增强团队绩效。因此，将团队研究嵌入中国情境很可能得出与西方研究不同的结论，这也是本书试图将关系感知嵌入团队研究的动机和原因。

2.5.3 对团队冲突的现状评价及启示

团队冲突的早期研究关注冲突对团队绩效和团队成员满意度的消极影响，但近20年间，越来越多的研究开始关注团队冲突的前置因素和团队冲突类别的划分（如任务冲突、关系冲突、过程冲突）(Jehn, 1995)，认为不同类别的团队冲突对团队结果有着不同的影响。多数研究认为关系冲突并不会为团队带来积极影响，但有关任务冲突的研究并未得出一致结论。例如，Jehn（1995）认为，在履行非常规性任务时，一定程度的任务冲突可能有益于团队有效性和团队创新。De Dreu 和 Weingart（2003）总结了以往团队冲突研究所使用的研究方法和研究对象，表明大部分研究使用Jehn（1995）开发的量表测量任务冲突和关系冲突，被调查团队需要完成的任务属性包括计划—生产型任务、决策型任务、项目型任务和混合型任务。De Dreu 和 Weingart（2003）研究了任务冲突和关系冲突之间的相互作用，表明无论何种类型的团队冲突都会对团队绩效和团队成员满意度造成负面影响，但当任务冲突和关系冲突的相关性较弱时，任务冲突对团队绩效的负面影响较小。

以往研究未得出一致性的结论，其中一个重要原因在于，这些研究大多假设团队中的每一个体对团队冲突的感知程度都处在同一水平。然而事实上，团队成员生理和心理上的异质性决定了个体对团队冲突的感知程度也存在差异，造成团队成员对冲突的感知具有不对称性，但有关此问题的研究往往被忽略。Jehn 等（2010）的研究表明，关注团队冲突不对称性对深入了解团队共识、共享心智模型和集体感知具有重要意义。但 Jehn

等（2010）的研究没有区分任务冲突不对称性和关系冲突不对称性对团队结果造成的不同差异，并且呼吁更多学者关注任务冲突不对称性对团队创新能力的影响和关系冲突不对称性对团队氛围的负面影响。此外，Jehn等（2010）的研究并没有对造成团队冲突不对称性的前置因素进行分析。这也是本书试图考察团队断裂带与团队冲突不对称性之间的非线性关系的主要原因。

2.6 本章小结

本章对团队断裂带和团队冲突的概念、理论基础、测量方法、维度、前置因素及效用等进行了梳理和分析。首先，系统梳理了团队断裂带研究的经典理论，分析了社会分类理论、同性相吸范式、分类精细化模型、最优差别性理论、跨越分类模型和信息决策理论的基本逻辑、理论间的关系和前人对各理论的应用。接着，对团队断裂带的特点、维度、测量、效用分析等进行了综述。最后，对团队冲突的维度、理论基础、效用分析进行了综述。整理发现，已有的大量研究验证了团队断裂带对团队过程和团队结果的重要作用，但以往研究多关注以人口统计特征划分的断裂带对团队的影响，但有关深层团队断裂带的研究相对较少，有关团队断裂带的激活和灭活的研究也相对较少。而关于团队冲突的研究，现有文献大多集中探讨团队平均冲突对团队绩效和团队成员满意度的影响，较少关注团队冲突不对称性问题。可以看出，尽管基于多样性视角的团队研究已取得了丰硕的成果，但有关团队断裂带和团队冲突的研究并未得到一致性的结论，因此，需要结合心理学和社会学领域的相关研究，得出更具说服力的结论。综上所述，通过理论分析和文献回顾，发现了以往研究的不足之处，并为本书理论框架的设计提供了清晰的思路。本书将整合团队断裂带形成和发展的过程，通过引入社会资本、社会网络、心理资本、交互记忆系统等理论变量，探究在特定情境下团队断裂带对团队冲突和团队绩效的不同影响，找出以往研究结论不一致的原因，为团队研究做出新的理论贡献。

第3章
CHAPTER 3

理论分析与研究设计

基于社会分类理论及信息决策理论在团队断裂带领域的相关研究，本章提出研究设计的总体架构和实现路径。根据前文提出的研究问题，对相关研究概念进行界定，以基于不同维度的团队断裂带为切入点，构建理论模型，并对其合理性和可靠性进行论证。

3.1 相关研究概念界定

3.1.1 团队构成的相关概念

1. 团队

团队（或群体）是指一组由 3 人或 3 人以上的个体构成的集合，在这个集合中，个体之间具有频繁的互动，共同为组织提供产品、计划、决策或服务（Devine 等，1999）。从严格意义上来讲，"群体"（Group）与"团队"（Team）是有区别的，但在近 20 年的组织行为学研究中，主流学术期刊和研究者并不刻意区分这二者的区别，并且在同一篇文献中经常出现二者同时使用的情况。为使全文表述更清晰且具有统一性，本书统一采用"团队"这一表述方式。团队成员具有特定的角色，通过合作完成共同目标。从团队的功能和构成区分，可以将团队分为高管团队、自治团队、半自治团队、质量圈（Quality Circles）、研发团队等（Devine 等，1999）。从团队生产的产品和履行的责任区分，可以将团队分为生产团队和项目团队。生产团队主要负责产品的实际制造，或多或少涉及一些体力劳动；项目团队是指处理信息的团队，包括完成策划、创造、选择、决策等任务的团队。从项目延续的时间来看，可以将团队分为临时团队和长期团队（Devine 等，1999）。

2. 团队动力

团队动力是指推动团队朝着目标或使命前进的驱动力（Eckes，2003）。

以往研究多探讨静态的团队构成或结构对团队结果的影响,忽略了团队的动态变化(汪金爱和李丹蒙,2017)。Eckes(2003)指出,大部分团队失灵都源于团队动力不足,包括未能指定团队领导者、没有建立清晰的责任和角色、没有讨论每名团队成员能为团队带来什么、未能就如何达成一致意见建立规则等。因此,想要提高和改善团队动力,就要整合团队构成、团队结构、团队过程及团队结果之间的关系。其中,团队构成是指团队成员具备的属性,包括表层的(由团队成员人口统计特征决定的)属性,也包括深层的(由团队成员性格、态度、价值观等因素决定的)属性。团队结构衡量团队是否存在断裂带,以及断裂带如何划分团队成员。团队过程主要包括团队冲突、团队凝聚力等。团队结果(或团队产出)包括团队绩效、团队成员满意度、离职意愿等。团队动力学将构成团队的核心要素整合至同一理论框架中,认为团队构成和团队结构既能够作为输入变量影响团队过程和团队结果,也会受输出变量的影响而不断变化(汪金爱和李丹蒙,2017)。

3. 团队多样性

团队多样性是指反映团队成员在客观或主观上存在差异程度的特征(Van Knippenberg 和 Schippers,2006)。

4. 团队断裂带

团队断裂带是指那些被假想出来的将团队分裂成子群的分割线(Lau 和 Murnighan,1998)。

5. 多维度团队断裂带

团队断裂带是多种团队多样性的集合,根据构成团队断裂带的属性的不同,可以将团队断裂带划分为不同的维度,包括社会断裂带和信息断裂带,分离、多样化、不对等的断裂带,强断裂带和弱断裂带,远距离断裂带和近距离断裂带等。本书判别团队断裂带的维度分为表层断裂带和深层断裂带,以及休眠的断裂带和激活的断裂带,休眠的断裂带又可分为休眠的表层断裂带和休眠的深层断裂带。

6. 子群

根据 Carton 和 Cummings(2012)对子群(Subgroup)的定义,一系

列两个或两个以上的团队成员如果满足以下两个特点，就认为该团队形成了子群分裂。第一，形成子群的成员必须属于同一个团队（例如同一个项目组或同一个研究团队），在该团队中，团队成员清楚地知悉所有成员的身份和团队任务。第二，在整个团队都存在一定程度的相互依赖性的前提下，如果团队中的子组成员（A Subset）以某一种独特的形式彼此依赖，那么由这些成员构成的子组被称认定为子群。例如，如果在一个团队中，一部分人的互动方式有别于其他团队成员，通过共享相同的文化价值观、稀缺资源、知识壁垒而区别于其他团队成员，这部分人就被称为一个子群。

7. 子群感知

子群感知是指团队成员对团队内部分裂成为的子群体的认知（Shemla 等，2016）。

3.1.2　团队冲突的相关概念

1. 团队冲突

团队冲突是指团队成员在个体层面、子群层面或团队层面表现出的不相容、观点不一致、意见分歧或矛盾（Jehn，1995；Jehn 和 Bendersky，2003）。团队冲突通常分为任务冲突和关系冲突（Jehn 和 Mannix，2001）。其中，任务冲突是指团队成员因对履行团队任务的不同观点和意见而产生的冲突。关系冲突是指团队成员因人际关系的不相容导致的冲突（Jehn 和 Mannix，2001）。

2. 团队冲突不对称性

团队冲突对称性（Group Conflict Symmetry）是指全体团队成员对团队冲突的感知处于相同水平，相对应的，团队冲突不对称性（Group Conflict Asymmetry）是指团队成员对团队中存在的冲突的感知处于不同水平。

3.1.3　社会网络、心理资本、关系、交互记忆系统的相关概念

1. 社会网络

社会网络是指一组包括节点（Nodes）和连接节点之间的关系（Ties）

的集合（Brass 等，2004）。社会网络中的节点也即行动者，可以是个体，也可以是团队或组织。社会网络中的节点嵌入在相互关系中，为行动者的行为提供机会和限制。（Brass 等，2004）。更具体的，团队社会网络是指团队内部成员之间或团队内部成员与团队外部成员之间形成的关系网络（Oh 等，2006）。

2. 心理资本

心理资本是一个高阶概念，是一个人的积极心理要素的集合，具体表现为符合积极组织行为标准的心理状态。心理资本的核心要素包括：①拥有自信和自我效能感，在承担具有挑战性任务时能够做出必要努力；②乐观，对现在或未来的成功有积极的归因；③充满希望，一直坚持目标，实时调整方案和路径以取得成功；④坚韧，自我恢复能力强（Luthans 等，2007；仲理峰，2007；甄美荣，2012）。心理资本不同于人力资本和社会资本，强调一种对个体的发展和效率有积极影响的心理状态，这种心理状态继而会对团队绩效和组织绩效产生积极的影响。将个体层面的心理资本聚集到团队层面，就会形成团队集体心理资本（Walumbwa 等，2011）。

3. 关系

关系是指人们彼此之间建立联系以获得利益或帮助的社会交易（Dunning 和 Kim，2007；Park 和 Luo，2001）。关系根植于儒家学派，定义了中国人的社会哲学和阶级结构（Park 和 Luo，2001）。关系深植于中国社会的人际关系模式，强调人们倾向于从非正式的互动中互换利益（Dunning 和 Kim，2007）。关系的建立是指彼此独立的个体或群体间建立的一种能够双向流动的个人或社会交易（Lin，2011）。关系感知则是个体对关系重要性的感知。

4. 交互记忆系统

交互记忆系统（Transactive Memory System，TMS）是指团队成员对来自不同知识领域的信息进行编码、储存、检索和交流等知识性劳动而形成的协作分工系统（Wegner，1987）。交互记忆系统强调知识的分布及团队成员对知识分布的认知（Lewis，2003）。在交互记忆系统中，个体的记忆系统会逐渐融入团队的记忆系统，从而形成不同于个体的团队意识。交互记忆系统要求个体不仅要掌握一定的专业知识，还需要知道在团队中谁拥有什么知识（Who Knows What）。交互记忆系统通过累积个体的知识，使每个团队成员都能够分享整个团队的知识，而自己只需要了解其中一部分知识。

3.2 主效应理论框架

Ilgen等（2005）提出的IMOI（Input-Mediator-Output-input）模型提供了检验团队有效性的方法。IMOI模型由传统的IPO（Input-Process-Outcome）框架扩展而来（Cunningham，2015），整合了团队的嵌套性（Nested Nature）（将个体嵌套进团队，再将团队嵌套进组织），并包含了团队的情境性（Episodic Nature）。IMOI模型从团队输入出发，移动至中介变量和团队产出，再回到团队输入，形成下一轮团队动态变化的开端，刻画了一个循环往复的团队演进流程。其中，团队输入是指能够促进或限制团队成员互动的因素，团队输入将直接影响中介变量并间接影响团队产出。团队输入可能是来自不同层面的因素，包括个体层面的因素（如团队成员的性格、态度、价值观、能力等），团队层面的因素（如任务结构等）或组织层面的因素（如组织环境复杂性等）。中介变量包括团队过程和团队表现状态（Emergent States）。团队过程是指团队成员通过认知、语言和行为将团队输入转化为团队输出的过程。团队表现状态是团队经验的产物，会随着团队情境、输入、过程和输出动态变化，包括冲突、凝聚力、共享心智模型等。团队产出是由一个或多个团队成员所从事的团队活动形成的结果，包括团队绩效、团队满意度、承诺和团队生存能力（Cunningham，2015）。

基于IMOI模型，为回答第1章提出的研究问题，本章建立了主效应理论框架，如图3-1所示。前因变量从团队断裂带出发，探讨团队断裂带对任务冲突、关系冲突、任务冲突不对称性、关系冲突不对称性的影响。当团队断裂带激活以后，在团队成员中间形成子群感知，此时探讨子群感知对交互记忆系统的影响。以上所有变量都直接或间接影响团队绩效。

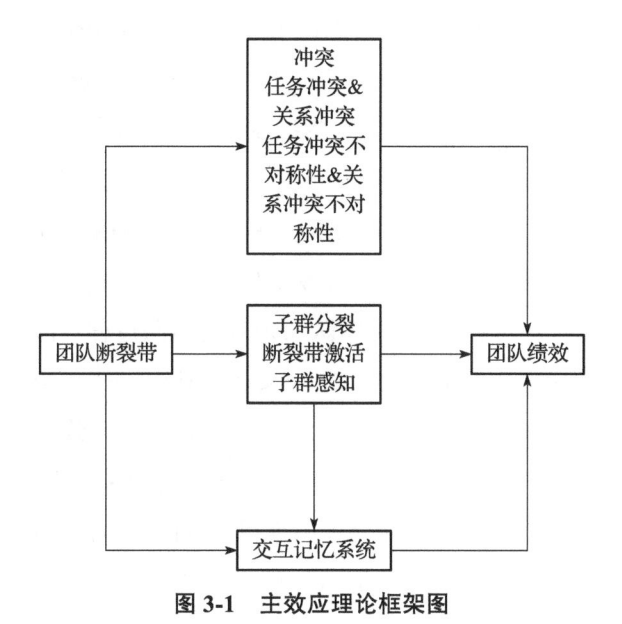

图 3-1 主效应理论框架图

3.3 各子研究理论分析

为了检验主效应理论框架，设计了三个子研究，每个子研究各有侧重地探讨了团队断裂带对团队过程和团队结果的影响。以下将详细分析各子研究涉及的理论基础，并阐述相关构念间的内在联系。

3.3.1 研究1的理论分析

对于企业管理者和团队领导者来说，管理团队多样性引发的问题不容忽视。团队断裂带作为衡量团队结构的重要指标，与团队互动方式和团队结果有密切关系（Chung 等，2015；Lau 和 Murnighan，2005；Li 和 Hambrick，2005；Thatcher 等，2003）。先前一些实证研究证明，基于社会分类理论和社会认同理论，团队断裂带能够促使团队成员依照自身与他人的相似属性进行分类，因此得出团队断裂带与团队绩效之间存在负相关关系的结论（Li 和 Hambrick，2005；Rico 等，2007；Thatcher 和 Patel，2011）。尽管如此，基于分类精细化模型（Categorization-elaboration Model，CEM）（Van Knippenberg 等，2004），另一些研究得出了团队断裂带与团队结果间存在正相关关系的结论（Thatcher 等，2003）。Richard 等（2019）研究了高管团队断裂带对决策的影响，认为基于关系的断裂带（年龄、性别、受教育程度等）与决策改变呈负相关关系；基于任务的断裂带（职业背景、任职年限等）与决策改变呈正相关关系。

先前研究的不一致性反映出团队断裂带与团队过程和团队结果之间可能存在非线性关系。从跨越分类（Cross-categorization）的角度出发（Chen 等，2017），可以在一定程度上解释先前研究结果不一致的原因。跨越分类理论认为，跨越子群的行为能够减少子群间的距离或差异（Bezrukova 等，2009）。因此，团队断裂带处于中等程度的团队可能通过子群的交叉，使更多信息在不同子群间流动，减少团队过程的损失。

此外，除了探究团队断裂带与团队结果的直接关系，先前大量研究试图找出影响团队结果的中介机制，如满意度、团队冲突、团队凝聚力、信任和尊重等（Harrison 和 Klein，2007；Jackson 等，2003；Joshi 和 Roh，2009；Milliken 和 Martins，1996；Van Knippenberg 和 Schippers，2007；Williams 和 O'Reilly，1998）。研究 1 关注团队冲突中最常见的两个类别（任务冲突和关系冲突），试图探究不同类别的团队冲突在团队断裂带与团队绩效之间发挥的作用。

冲突可能导致负面的团队过程，例如破坏团队中的协调、合作或凝聚力（Brewer，1995）。De Dreu 和 Weingart（2003）的元分析表明，基于认知加工过程，冲突会增加认知负荷，阻碍复杂思考和信息加工的能力，对团队结果产生负面影响。与团队冲突相伴的是团队成员感受到的威胁和紧张气氛，这些负面情绪将阻碍团队成员处理复杂信息的能力。不仅如此，团队冲突会缩小团队成员的注意力范围，使团队不和谐，影响团队承诺、凝聚力和满意度（Dreu 和 Weingart，2003）。

因此，基于团队断裂带和团队冲突的各自特点，研究 1 认为不同程度的团队断裂将对团队冲突产生不同影响。综合跨越分类理论、社会分类理论和社会认同理论，当团队断裂带程度较低时，团队多样性较为明显，此时团队冲突程度也较高；但当团队断裂带处于中等程度时，团队成员可能同时归属于不同子群，在不同子群间充当连接者的角色，此时团队冲突程度也将比较低。但当团队断裂带程度较高时，团队分裂为两个势均力敌的子群，团队冲突较高，且主要体现为子群间的冲突，而非子群内部的冲突。研究1还将团队冲突不对称性引入模型，认为不同的团队断裂带强度将导致不同的团队冲突不对称性程度。团队冲突不对称性的观点认为，影响团队功能的不仅是团队冲突本身，而是团队成员对冲突感知的不一致性。过去的研究假设团队中的每一个成员对冲突的看法都是一致的（Jehn和Chatman，2000）。这种假设忽略了团队成员对于冲突的不同感知。例如，团队中有些成员认为所在团队有较大程度的冲突，而另外一个团队成员认为团队中没有冲突。依据团队断裂带程度的不同，可以将团队断裂带分为高、中、低三种类别。综合社会分类理论和社会认同理论，研究1判断，不同强度的团队断裂带会对团队冲突不对称性产生不同的影响。

另外，Joshi和Roh（2009）提出团队研究必须嵌入相应的情境（Group Context）才能得出更精确的结论，因此在模型中加入调节变量有助于增加研究的完整性。先前的研究表明，团队成员对过往经历的开放性（Homan等，2008）、子群差异的显著性（Homan等，2008）、多样性信念的接受程度（Homan等，2008）、上级识别（Jehn和Bezrukova，2010）、社交信息交换（Jehn等，2008）、认知整合（Cronin，2011）等因素都能够调节团队断裂带与团队过程或团队结果之间的关系。由于研究对象来自某研究型大学MBA学生团队，学生之间的相处模式是决定团队冲突和团队冲突不对称性的重要因素。社会网络理论由社会资本理论（Social Capital Theory）衍生而出（Reagans和Zuckerman，2001），社会网络中的节点也即行动者，可以是个体，也可以是团队或组织。社会网络中的节点嵌入相互关系，为行动者的行为带来机会或限制。社会网络理论为解释组织结果的差异提供了新的角度（Brass等，2004）。研究1将友谊网络密度作为调节变量，试图探究友谊网络密度能够在多大程度上削弱团队断裂带与团队冲突、团队冲突不对称性之间的非线性关系，使曲线更加平滑。

3.3.2 研究 2 的理论分析

以往研究将休眠断裂带被团队成员实际感知到的过程称为团队断裂带的激活（the Activation of Dormant Fault Lines）（Jehn 和 Bezrukova，2010；Lau 和 Murnighan，1998），但以往研究多关注基于表层特征划分的潜在断裂带（Surface-level Fault Lines），忽略了基于团队成员深层特征划分的潜在断裂带及其激活过程。Harrison 等（2002）将团队多样性分为表层和深层两类，认为随着团队的发展，深层多样性将对团队产生更深远的影响。例如，Wang 等（2019）的研究发现，在文化多元化团队中，表层多样性与团队创新不存在显著相关关系，但深层多样性则对团队创新有正向效应。Bell（2007）的元分析研究了信念、性格等深层特征的组合对团队绩效的重要影响。Emich 和 Vicent（2020）的研究表明，团队成员情绪状态的异质性与团队创造力之间存在直接相关关系。团队成员开心或生气的情绪都能够促进团队创造力的提升，但紧张或害怕的情绪将抑制创造性思维的产生。因此，将团队断裂带划分成不同类别，分别研究其对团队产出的影响具有重要的理论和现实意义。

由于处于休眠状态的断裂带直到被激活才能被团队成员感知到，学者们开始研究引起断裂带激活的因素（Jehn 和 Bezrukova，2010）。例如，Homan 等（2008）提出，团队的奖励机制有可能激活原本休眠的断裂带，使获得不同奖励的团队成员分裂成不同的子群。此外，团队的权利配置（Entitlements Configuration）也可能作为"激活器"（Activator），触发子群的实际形成（Jehn 和 Bezrukova，2010）。

然而，以往研究更多关注哪些因素能够触发断裂带的激活，却忽视了能够抑制断裂带激活的因素，从而防止整个团队分裂为不同子群（Van Der Kamp 等，2012）。此前有研究表明，相对于休眠的断裂带，被激活的断裂带往往对团队结果产生更大的负面影响（Jehn 和 Bezrukova，

2010）。因此，找到能够预防断裂带激活的因素至关重要（Cronin 等，2011）。Boyraz（2016）的研究表明，在国际虚拟团队（GVT）中，沟通氛围的心理安全能够调节休眠的断裂带与激活的断裂带之间的关系。基于此，从"积极心理学"的角度出发，研究 2 提出，团队集体心理资本（Team Collective Psychological Capital or PsyCap）可以作为"灭活器"（Deactivator），降低休眠的断裂带被激活的可能性。心理资本代表了一个人基于积极的努力和毅力，对环境和成功概率做出的积极评价（Luthans 等，2007）。与人力资本和社会资本的概念相类似，心理资本的概念也源自经济资本，强调如何投入和利用资源以获得未来收益。人力资本关注的是"你知道什么"的问题，社会资本关注的是"你认识谁"的问题，心理资本关注的是"你是谁"和"你将变成谁"的问题（Luthans 等，2006）。心理资本是基于状态的（State-like），可以通过管理和训练获得，因此与性格、情绪等构念具有显著区别。例如，严谨性或自尊是基于特征的（Trait-like），积极导向的变量却相对稳定，不容易被管理或改变。这是心理资本与其他衡量个体差异的变量的本质区别（Luthans 等，2005）。围绕团队层面的研究，研究 2 旨在探究团队成员的集体心理资本在何种程度上能够有效抑制休眠断裂带的激活。

3.3.3 研究 3 的理论分析

先前关于子群感知的研究表明，子群感知将损害团队过程及团队结果（Carton 和 Cummings，2012；Cronin 等，2011；Jehn 和 Bezrukova，2010；Shen 等，2016）。例如，子群感知对情感整合的"自我强化"效应会降低队友之间的信任、尊重和喜爱，从而进一步强化子群分裂（Carton 和 Cummings，2013）。Shen 等（2016）进一步指出，子群感知还会使子群置于焦虑、紧张、敌意的情绪之中。总体而言，子群感知对团队有效性具有破坏性效应（Cronin 等，2011；Jehn 和 Bezrukova，2010）。

除了子群感知和团队结果之间的直接关系外，学者们也研究了不同中介变量的重要作用。Jehn 和 Bezrukova（2010）研究了结盟（Coalition）

和团队冲突在子群感知与团队成员满意度及团队绩效之间的中介作用。Pearsall等（2008）阐明了情绪冲突在子群感知与团队创造力之间的中介作用。最近，学者们开始关注交互记忆系统在子群感知与团队绩效之间起到的中介机制。Shen等（2016）提出，在远距离团队或虚拟团队中，交互记忆系统能够中介子群感知对团队绩效的影响。此外，Seong等（2015）的研究还揭示了团队成员对团队匹配度的感知（Perception of Group-level Fit）如何影响交互记忆系统和团队绩效之间的关系。以往的研究强调了探究子群感知对团队结果的影响时，应当重视中介变量的作用，而交互记忆系统，恰恰是能够解释子群感知作用于团队绩效机理的重要因素。

从知识管理的角度来说，组织可以被看作是一个处理信息的系统。在这个系统中，信息可以被集合、解释、编码，以帮助组织做出决策（Tushman和Nadler，1978）。团队作为组织中负责信息处理的子单元（Sub-unit），在知识生产过程中需兼具处理信息和协调问题的能力（Tushman和Nadler，1978）。交互记忆系统理论的基本观点是，处在同一组织环境中的人们会产生一种根据彼此的专业知识来分配责任的隐形协作模式。因此，每个个体需要承载的信息负荷得以减轻，而整个组织的信息总量却远超个体信息量的总和（Brandon和Hollingshead，2004）。交互记忆系统在团队中的工作原理是，当团队成员意识到其他团队成员的专业知识领域时，就会将这类专业知识的责任（或显性或隐性）分配给该成员。随着时间的推移，各类专业知识在团队成员间变得更加专业化或更加"分化"，这也是将知识职责委托给不同成员的结果（Wegner，1987）。与此同时，团队成员对于"谁知道什么"的共享观念也会随之增加。交互记忆系统的基本功能是为团队成员提供知识库，以便让团队中的知识能够被顺利分配。但随着团队发展，团队成员的异质性使团队分裂为不同子群，子群感知阻碍团队交互记忆系统的发展，导致团队中的经验和知识不能被团队成员充分利用，最终导致团队绩效的降低。

除中介变量以外，近年来学者们发现不同的调节变量对子群在团队中的作用也有着不同影响，如上级认同（Bezrukova 等，2009；Homan 等，2008；Jehn 和 Bezrukova，2010）、认知整合（Cronin 等，2011）、任务和目标结构（Meyer 等，2014）等。根据 Joshi 和 Roh（2009）的研究，情境因素（Contextual Factors）规定了特定的限制因素和机会，将会增强或减弱团队多样性与团队绩效之间的直接关系。尽管如此，已有文献中关于子群感知在特定组织情境下的研究还并不充分（Joshi 和 Roh，2009）。很多关于多样性的研究都建立在组织内部关系具有同质性（Homophily）的基本假设之上，或认为组织内部关系由正式社会结构组成，很少考虑团队中真实存在的非正式社会结构（Ren 等，2015）。事实证明，团队内部呈现的非正式网络联系在方式和强度上并不相同，对团队结果造成的影响也不尽相同。例如，团队子群间拥有不同类型的网络连接，而不同的网络连接会激活或灭活原本休眠的断裂带，从而导致相反的团队结果（Ren 等，2015）。具体来说，"架起友谊连接"（Bridging Friendship Ties）可以减轻团队子群对团队绩效的影响，而"打破敌意连接"（Breaching Animosity Ties）则会增强团队子群对团队绩效的影响。这些发现支持了这样一个前提，即跨子群的友谊和延伸性的联系与更加积极的外群态度具有显著的正向关系（Turner 等，2008）。基于以上发现，研究 3 试图从概念上整合社会整合理论（Social Integration Theory）和社会网络理论（Social Network Theory），并通过实证研究验证多种因素对团队动态的共同影响。

鉴于原有研究没有考虑在特定社会中组织外的情境因素（Extraorgani Zational Contextual Factors）在子群中的作用（Joshi 和 Roh，2009），Roberson 等（2017）建议，应当增加对文化因素的理解并从中获得更多思路。因此，研究 3 关注中国情境，将关系感知作为重要的组织外情境因素，探索其对团队过程和团队产出的影响。对关系的深刻理解有助于定义和确认人与人之间的社会网络结构。

从理论上讲，关系的概念基于社会资本理论（Social Capital Theory）（Park 和 Luo，2001）。Bourdieu（1986）将社会资本定义为人们通过持续集聚社交资源而与彼此建立起来的一种互惠关系。在社会资本理论的框架下，一系列的节点（Nodes）（如个体、团队或组织）被一系列的社会关系连接在一起，连接的前提建立在节点之间的义务、信任及某些节点的优势社会地位上。人们常常将中国关系与西方的社会网络（Social Network）作对比，社会网络强调的是对等的价值交换，而中国式关系常常将不对等的各方利益交换联系在一起，例如，地位低的一方向地位高的一方寻求帮助。而且，关系强调"面子"和"人情"的重要性，而西方的社会网络则强调情感依附（Emotional Attachments）（Park 和 Luo，2001）。

与社会资本理论的观点一致的是资源依赖理论（Resource Dependence Theory）（Salancik 和 Pfeffer，1978），该理论可以用来解释关系的激活现象。某一孤立的节点是不可能依靠自身力量获取全部所需资源的，这导致节点之间必须努力建立关系以换取或获得更多资源。在团队研究中，既然多样性团队能够为人们的交换提供更多资源，那么关系可能会影响团队中资源的流动，从而影响团队的功能（Park 和 Luo，2001）。

综上所述，三个子研究既可以看作独立的研究，章节之间也存在交叉的逻辑关系。

3.4 研究设计

各子研究的关联如图 3-2 所示。

首先，从团队断裂带的核心概念出发，将团队断裂带分为表层断裂带和深层断裂带。研究 1 主要探讨以团队成员专业背景和生源地多样性划分的表层团队断裂带对团队冲突的影响。团队冲突可以分为任务冲突和关系冲突，还可以进一步细分为任务冲突平均值、关系冲突平均值、任务冲突不对称性和关系冲突不对称性，研究 1 将分别验证团队断裂带与上述变量的关系。同时，研究 1 还将验证友谊网络密度的调节效应。

第 3 章 理论分析与研究设计

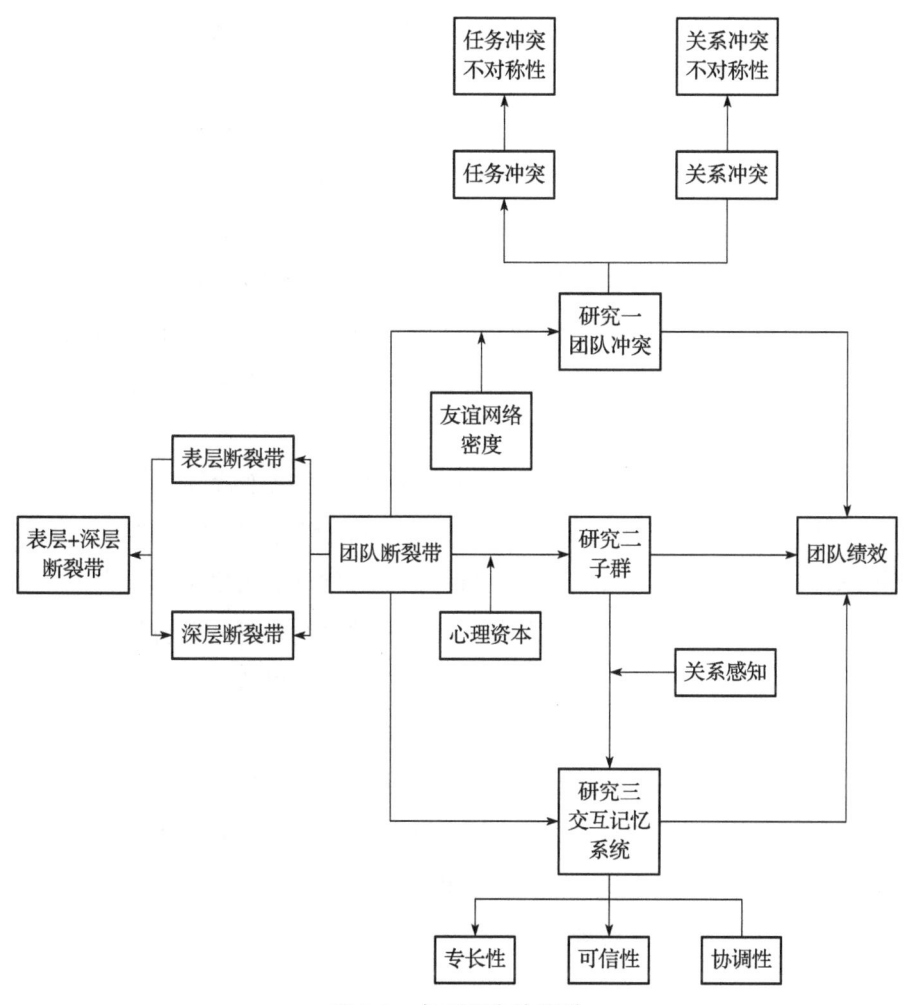

图 3-2 各子研究的关联

其次，团队断裂带不仅影响团队冲突，还有可能形成团队断裂带的激活，由此引入了研究 2。研究 2 在研究 1 的基础上，将团队断裂带划分为基于团队成员年龄和性别的表层断裂带，以及基于时间紧迫性和目标承诺的深层断裂带，探讨表层、深层、表层＋深层团队断裂带对团队断裂带的激活是否具有不同影响。研究 2 引入团队集体心理资本作为调节变量。

最后，如果团队断裂带已经被激活，也就意味着团队成员对整个团队的分裂有了共同感知，此时应当探讨分裂以后各子群间的互动关系，因此

· 61 ·

引入了研究 3。研究 3 将交互记忆系统作为中介变量，将关系感知作为调节变量。

3 个子研究的研究对象都来自需要共同完成任务的团队。其中，研究 1 和研究 2 的研究对象为某研究型大学 MBA 学生组成的临时团队，研究 3 的研究对象为某中央企业的实际工作团队。学生团队的优势在于所需完成的团队任务比较明确，团队规模较容易控制。但使用学生团队作为研究对象所得的研究结论可能并不能够反映实际工作团队的真实情况，因此有必要将研究对象扩展至稳定的实际工作团队。通过二者的对比，以期得出更具说服力的结论。

研究方法采用实证分析方法，通过对研究对象进行问卷调研，采集团队构成、团队冲突、团队关系等数据，综合运用 SAS、SPSS、EQS、UCINET 等统计软件对数据进行分析。在正式问卷分发之前，首先进行预调研，初步检测调研问卷内容的信效度，剔除载荷较低的部分题项。正式问卷采用多轮问卷调研，并与档案资料总结而成的结果变量相结合，避免同源误差。

综上所述，本书从现象出发，提出研究目标和研究问题，通过文献综述和理论分析建立理论框架，以团队断裂带为切入点，探讨团队构成对团队冲突和团队绩效的影响。加入社会网络、心理资本等构念，探讨在不同情境下团队的动力学发展规律。

第4章
CHAPTER 4

研究1：团队断裂带与团队冲突不对称性的非线性关系研究

| 跨越断裂带：团队多样性与冲突管理

　　团队断裂带和团队冲突是团队研究中的两个重要问题，以往研究多探究二者之间的线性关系，但对其非线性关系的研究相对较少。同时，以往关于团队冲突的研究较多，但关于团队冲突不对称性的研究较少。因此，研究 1 建立了团队断裂带与团队冲突之间的非线性关系模型（模型 1）（见图 4-1）及团队断裂带与团队冲突不对称性之间的非线性关系模型（模型 2）（见图 4-2）。不仅如此，还探讨了友谊网络密度对团队断裂带与团队冲突之间关系的调节作用。

4.1　模型 1 的研究假设

　　研究 1 验证了从团队断裂带到团队冲突的发展路径，强调团队断裂带与团队冲突之间的关系并非线性正向，而是呈 U 形曲线。其次，将社会网络融合在团队研究之中，认为友谊网络能够削弱团队断裂带与团队冲突之间的关系，使团队气氛更和谐。基于以上分析，本节提出了团队断裂带强度、团队冲突、友谊网络密度和团队绩效之间可能存在的关系（见图 4-1）。

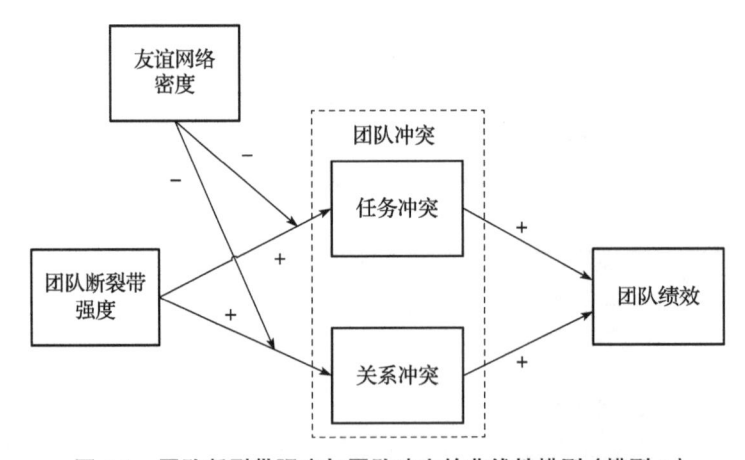

图 4-1　团队断裂带强度与团队冲突的非线性模型（模型 1）

4.1.1 团队断裂带与团队冲突的关系

团队断裂带与团队冲突之间有着密切的关系。先前研究证明，团队断裂带程度越大，团队冲突程度越大（Jehn 等，1997；Pelled 1996）。Mitchell 等（2019）的研究表明，任务冲突能够正向调节感知断裂带与团队有效性之间的关系。但 Lau 和 Murnighan（1998）推断团队断裂带与团队冲突之间的关系可能是非线性的。Ancona 和 Caldwell（1992）认为当团队成员可以跨子群交流时，团队绩效将得到改善。因此，当团队断裂带处于中等强度时，某些团队成员可能同时归属于两个不同的潜在子群。换句话说，当团队断裂带处于中等水平时，团队成员并非分为两个明显的子群，团队成员间的特征在不同潜在子群中存在交叉，可以自由穿梭于团队断裂带的两边。这些团队成员作为跨边界者（边界的扳手，Boundary Spanner）将不同潜在子群的裂缝弥合起来。因此，当团队断裂带处于中等水平时，任务冲突和关系冲突发生的可能性都比较小。相对应的，当团队断裂带处于较低水平时，团队成员的多样性较为突出，彼此没有相交的属性和特征，不容易理解其他人的行为模式，容易造成团队集体冲突。而当团队断裂带程度较高时，团队逐渐形成两个对立子群的分裂态势，发生任务冲突和关系冲突的可能性都较大。因此提出以下假设。

假设 1a：团队断裂带强度与任务冲突呈 U 形关系，即当团队断裂带强度较低或较高时，任务冲突程度较高；而当团队断裂带处于中等强度时，任务冲突程度较低。

假设 1b：团队断裂带强度与关系冲突呈 U 形关系，即当团队断裂带强度较低或较高时，关系冲突程度较高；而当团队断裂带处于中等强度时，关系冲突程度较低。

4.1.2 友谊网络密度对团队断裂带与团队冲突之间关系的调节作用

1. 团队社会网络的特征和维度

团队社会网络是指团队内部成员之间或团队内部成员与团队外部成员

之间形成的关系网络（Oh 等，2006）。团队社会网络的前置因素包括团队成员间的社交连接、功能连接、组织过程和控制机制等。而作为团队社会网络的构成，个体间的社会网络则由个体的相似性、性格、所处的组织结构和组织环境等因素决定（Brass 等，2004）。团队成员间的二元连接（如团队成员 A 与团队成员 B 的点对点连接）不仅代表团队成员间的私人连接，同时也代表其所在的团队之间的连接。团队间社会网络的建立往往决定于某些关键团队成员之间的连接，如团队领导（Knoke，2001）。另外，依照资源依赖理论，拥有互补性资源的团队之间更有可能建立社交连接。总之，建立团队网络连接的通道既包括个体层面的，也包括团队层面和组织层面的，正确识别社会网络建立的途径有助于研究者解释团队网络连接的动态过程。

团队社会网络按照不同类别进行划分，可以分为正式和非正式的团队社会网络。根据社会网络性质的不同，彭伟、金丹丹和朱晴雯（2017）将团队社会网络划分为工具性网络和情感性网络。正式的工具性网络联系假设团队内部社会关系受法律、社会潮流和任务分配的限制，这种假设并不能反映团队中真实存在的社会结构。非正式的团队社会网络则主要包括团队成员间通过向彼此寻求意见或建立关系而形成的网络连接（Ren、Gray 和 Harrison，2015）。

以往研究表明，跨子群的社会网络能够为团队成员提供独特的见解、促进冲突的解决、提高团队绩效（Gray 等，2005）。但社会网络传达的信息既可以是正面的，也可以是负面的，不同类别的社会网络连接对组织和团队的影响也不尽相同（Labianca 等，1998；Park 等，2020）。Ren 等（2015）将连接不同子群间的社会网络连接分为友谊网络连接（Friendship Network Ties）和敌对网络连接（Animosity Network Ties）。两种不同的社会网络将会作为触发器，激活或灭活团队团裂带对团队过程和团队结果的影响（Ren 等，2015）。

其一，友谊网络连接是指能够在不同子群间传达积极情感的网络连接。团队成员需要友谊网络来获取支持、归属感和身份认同（Krackhards

等，2003）。友谊网络连接影响个人态度、努力及与组织内其他成员的依附关系（Balkundi 和 Harrison，2006）。Nelson（1989）的研究表明不同团队之间的网络连接有助于减少团队间的冲突。Gray 等（2005）表明如果团队中存在维系子群间关系的中间人（Brokers），那么子群间的不同观点将有助于团队形成积极的集体心理，提高团队绩效。子群间成员通过架起友谊桥梁能够促进不同子群间的沟通，改变固有偏见，促进团队成员对整个团队信任度的提升（Krackhards 等，2003）。

因此，友谊网络连接不仅有益于建立友谊关系的团队成员，还能将彼此的关系模式传播至整个团队，增大整个团队的友谊网络密度。如果分别归属于不同子群的两个团队成员是好朋友关系，他们很可能向彼此传达有关自己子群的正面信息，从而有助于打破对对方子群的固有偏见。随着友谊网络连接的增多，子群成员将接收更多关于另一子群的积极信息，促使子群间的相互理解和融合（Labianca 等，1998）。

其二，敌对网络连接被定义为子群成员间消极的人际关系。虽然敌对网络连接也会增加子群间的连接，但此"连接"将作为子群间成员的负面情绪催化剂，使子群间的分裂进一步扩大（Ren、Gray 和 Harrison，2015）。社会认同理论和断裂带理论认为，当团队断裂带将团队分裂为不同子群时，即使子群间从来没有出现过摩擦，不同子群也会对彼此产生负面偏见（Lau 和 Murnighan，1998）。Labianca 和 Brass（2006）强调，团队成员间的消极互动比积极互动带来的影响更大，因此敌对网络连接将增加子群间的冲突。作为结果，敌对网络连接将作为团队断裂带激活的触发器，导致团队分裂，进而降低团队绩效。

与友谊网络连接的传播性类似，敌对网络连接在团队中也具有传播性，不同子群间的某两个团队成员之间的敌对情绪将传播到整个团队，使子群分裂的程度不断扩大。例如，当子群 A 中的某一团队成员对子群 B 持有负面偏见时，为寻求认同，该成员将从子群 B 中寻找一个攻击对象，该对象通常是同样对子群 A 也持有极大负面偏见的人。子群 A 与子群 B 中的这两名团队成员所形成的敌对关系也将很快传播至整个团队，不仅加深了子群间的固有偏见,还引发了更多的子群间摩擦(Ren、Gray 和 Harrison,2015)。因此,敌对网络连接作为团队社会网络的消极形式,会加剧团队断裂带对团队绩效的负面影响(Ren、Gray 和 Harrison,2015)。

2. 团队社会网络的效用分析

团队社会网络的结构是团队绩效、满意度和团队学习的决定性因素之一。此前研究表明,网络密度或网络"封闭性"(Closure)有助于促进群体认同(Portes 和 Sensenbrenner,1993),并能在交换意见和集体行动的基础上提升互信水平(Coleman,1988)。另外一些研究则表明团队社会网络与团队结果呈非线性关系。例如,Magni 等(2012)的研究表明,团队内部网络的封闭性(Internal Closure)与团队知识利用(Knowledge Use)呈 U 形关系。当内部网络连接数较少时,团队成员间的互动有限,对团队内部产生的偏见也较少,因此团队成员倾向于从团队外部获取信息。但当内部网络连接数处于中等水平时,团队成员获取信息的途径一部分来自团队内部,一部分来自团队外部,团队成员容易失去对团队的信任,增加对团队的偏见。此时团队成员对团队内部信息的使用表现出很低的意愿。但当团队内部网络的封闭性较高时,团队成员能够通过频繁互动而形成团队集体智慧,因此团队成员对团队内部信息的使用将更加高效。与此同时,过分相信团队内部信息也会导致团队成员低估外部信息的有效性,不利于团队知识的更新。陈莞和张佳瑶(2016)的研究表明,基于社会网络理论,高管团队的社会资本对企业创新有正向调节作用。

团队成员的社会网络来自团队内部与团队外部的互动,同时受团队内部形态的影响。当团队因成员的多样性导致断裂带形成或子群分裂时,增加对团队成员社会网络的了解将有助于解释团队分裂对团队结果的影响。团队断裂带的一个前提假设是,团队成员的互动模式与团队断裂带的划分具有同质性(Homophily)(Mollica 等,2003),认为团队断裂带划分形成的团队结构(Team Structure)就代表了团队成员的社会结构(Social

Structure）（Reagans 和 Zucherman，2001）。虽然团队结构在一定程度上能够促进网络连接的发展，但有时团队成员的互动模式与团队断裂带的划分并不具有同质性（Ren、Gray 和 Harrison，2015）。有些团队成员虽然从人口统计特征上看应当归属于某个子群，但这并不影响其与其他子群的某些成员建立联系。尽管从团队层面看，子群和子群之间可能处于相对分离的状态，但子群中的部分成员仍然愿意与另一子群的某些成员保持联系。团队成员在完成共同任务或必须相互依赖才能完成任务时，所形成的任务承诺就可能促使团队成员跨越子群的界限（Gaertner 等，2000），增加彼此的熟悉程度（Harrison 等，2003）。这就意味着，子群间的网络连接（Network Ties）将改变团队断裂带对团队过程和团队结果的影响程度。

友谊网络是团队成员之间跨越子群的、积极的、基于情感表达的团队内部非正式社会网络（Ren 等，2015）。友谊网络可以将团队中的不同子群连接起来，促进跨子群团队成员的沟通，促使各子群成员提出各自想法，促进子群间冲突的解决，并提高团队绩效（Gray 等，2005）。龙静（2015）的研究表明，创业团队内、外部社会网络对企业创新有积极作用。因此，结合研究1所处的团队情境，友谊网络密度将对团队冲突发挥重要作用。团队断裂带使团队成员产生内群偏爱，导致团队成员更倾向于将内部人和外部人进行区分（Farh 等，1998）。团队成员可能通过将团队划分为内部成员和外部成员来瓦解团队，并阻碍外部团队成员进入。但是，友谊网络可能通过增加协调和相互信任，将不同子群连接起来。也就是说，重视友谊的团队更有可能通过非正式关系建立子群之间的联系，促进社会交往的流动（Yeung 和 Tung，1996）。通过友谊的延伸，子群间能够获得彼此所需的社会资源和有价值的信息（Moses，2007），增加相互依赖和协作（Park 和 Luo，2001），提高解决问题的效率（Kotabe 等，2003），提高决策质量（Peng 和 Luo，2000）。

团队断裂带可能与团队冲突存在正相关关系，但友谊网络可能会减轻这种影响。第一，友谊使人们能够在同一个群体中共生，并保持一种相对亲密的连接（Daniel M. Wegner 等，1991）。第二，团队中不发生冲突的前提是团队成员之间有效的沟通（Lewis，2004），而友谊网络为驱动团队成员建立跨子群的联系提供了途径和桥梁。在社会网络联系较强的团队中，会有更多信息跨子群流动，从而促进团队有效沟通和团队的知识转化（Huber 和 Lewis，2010）。

先前的研究验证了社会网络与团队冲突之间存在的密切关系。例如，Labianca 等（1998）的研究表明，仅仅依靠跨子群关系并不能改变团队成员对子群间冲突的感知（Team Members' Perception of Intragroup Conflict），但内群与外群成员接触的频率与团队成员对团队冲突的感知呈正相关关系。Labianca 等（1998）的研究同时表明，团队成员间的好朋友连接数（Good Friend Ties）与团队冲突感知没有显著的相关关系，但团队成员间的消极关系连接数（Negative Relationship Ties）却与团队冲突感知有显著正向关系。Krackhardt 和 Kilduff（1990）的研究表明，当内群成员与外群成员是好朋友关系时，团队成员感知到的团队冲突将会有所下降。当内群成员没有来自外群的好朋友时，只能依赖群内的好朋友的信息来做决策。这会导致群体决策的极化更加严重，团队冲突程度会因群内好朋友的影响而产生放大效应。反过来讲，当团队冲突被放大以后，内群成员又会转而向群内的好朋友寻求确认团队中的冲突问题，导致团队冲突进一步放大。因此，研究 1 认为，友谊网络密度虽然不是团队冲突产生或消灭的直接原因，但会削弱团队冲突的程度。

就任务冲突而言，团队成员间的友谊网络密度越大，团队内共享信息越充分，从而减少摩擦和误解，促进对任务步骤和内容达成共识，减少任务冲突的发生（Curşeu 等，2012）。就关系冲突而言，团队成员间的友谊网络密度会促进团队成员间的信任和凝聚力，而信任和凝聚力恰恰是减少团队成员间攻击行为的重要因素。因此，友谊网络密度的增加将增进团队成员间社交融合度，使团队成员感受到团队中积极乐观的情绪气氛，减少关系冲突的发生（Curşeu 等，2012）。戴勇等（2011）的研究表明，团队内部网络对知识流动和知识创新具有积极作用。因此，研究 1 认为友谊网络会减轻团队断裂带对团队冲突造成的正向影响。当团队成员因某些人口统计特征将自己和他人划分为不同子群时，友谊网络对团队成员的互动方式起着关键性的调节作用。因此提出以下假设。

假设 2a：友谊网络密度负向调节团队断裂带强度与任务冲突之间的关系，即当友谊网络密度越高时，团队断裂带强度与任务冲突之间的 U 形曲线越平滑；而当友谊网络密度越低时，团队断裂带强度与任务冲突之间的 U 形曲线越陡峭。

假设 2b：友谊网络密度负向调节团队断裂带强度与关系冲突之间的关系，即当友谊网络密度越高时，团队断裂带强度与关系冲突之间的 U 形曲线越平滑；而当友谊网络密度越低时，团队断裂带强度与关系冲突之间的 U 形曲线越陡峭。

4.1.3 团队冲突与团队绩效的关系

先前关于团队冲突的研究证实，团队冲突引发紧张、敌对、注意力分散等状况，从而导致团队绩效和满意度降低（Brown，1983；Wall 和 Callister，1995）。也有一些研究认为程度较低的冲突有利于团队成员在面对复杂任务时从不同角度创造性地思考问题（Deutsch，1973）。当没有冲突时，团队有可能意识不到效率低下的问题。但当团队冲突程度非常高时，认知的灵活性和创新性思维将迅速下降（De Dreu 和 Weingart，2003）。De Dreu 和 Weingart（2003）的元分析研究表明，任务冲突和关系冲突对于团队绩效和满意度的影响并没有本质区别，无论冲突以何种形态出现，都会对团队结果造成负面影响。

对于大部分常规任务而言，任务冲突将损害团队绩效，因为在常规任务中，规则和标准已经被建立，任务冲突的出现将破坏原有的规则和标准，影响任务的常规性，导致团队绩效的降低。在团队建立之初，任务冲突的出现将妨碍关于完成任务的重要步骤的讨论，整个团队可能将主要目标旁落，转而将注意力投向对他人意见的评判和批评。随着任务冲突的加剧，团队成员可能无法就完成任务的关键问题达成一致意见，威胁到任务的实施。因此提出以下假设。

假设3a：任务冲突与团队绩效呈负相关关系。

相对应的，关系冲突的出现将会限制团队的信息处理能力，因为团队成员浪费大量的时间和精力来关注"人"，而不是将注意力放在任务上。相比于任务冲突，关系冲突对团队绩效的损害程度更大。Jehn和Mannix（2001）的研究表明，关系冲突在团队生命周期的任何一个节点都是无益于团队绩效的。在团队建立之初，团队成员需要以尊重为前提了解彼此，并建立团队规范以减少社交不确定性、增加不同意见的可接受度，因此关系冲突的出现将损害团队成员间互相尊重的基础，造成团队绩效的下降。因此，程度较低的关系冲突可以让团队成员建立对未来积极互动的模式，还可以使团队成员发展出共同的行为模式，来正确解释和处理批评不同意见。Gersick（1988）认为，在团队建立之初就出现关系冲突的团队，随着任务截止日期的不断逼近，关系冲突将会愈发加剧。因此，提出以下假设。

假设3b：关系冲突与团队绩效呈负相关关系。

4.2 模型2的研究假设

根据Jehn等（2010）的研究，在团队冲突的研究中，除了研究团队冲突的普遍情况在团队合作中发挥的作用以外，还应当考虑团队成员是否就团队中存在的冲突具有同样的感知。因此，研究1将团队冲突不对称性引入模型。团队冲突不对称性（Group Conflict Asymmetry）是指团队成员对冲突感知的不同程度。研究1提出，团队冲突不对称性对团队绩效的负面影响超过团队冲突，团队成员对团队冲突的不同感知才是导致团队绩效下降的主要原因。与4.1的分析类似，模型2认为友谊网络密度也能够削弱团队断裂带与团队冲突不对称性之间的非线性关系，当友谊网络密度越高时，模型2的倒U形曲线越平滑（见图4-2）。

第 4 章 研究 1：团队断裂带与团队冲突不对称性的非线性关系研究

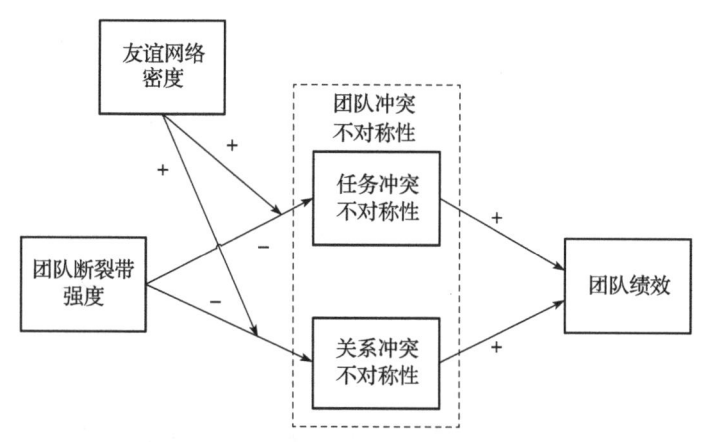

图 4-2 团队断裂带强度与团队冲突不对称性的非线性模型（模型 2）

4.2.1 团队断裂带与团队冲突不对称性的关系

当团队断裂带水平较高时，同质的团队成员将自动划分为同一子群。沿团队断裂带边缘确定的两个子群将具有强烈的感知差异，对外群的负面感知导致整个团队无法高效沟通或利用彼此的信息。内外群之间形成的情绪矛盾、不信任和不喜欢（Lau 和 Murnighan，1998），将在团队中形成较强的关系冲突，而团队成员对可能形成的关系冲突具有相同感知。团队成员深知每个子群将更加关注子群的小目标，而放弃团队的整体目标（Bezrukova 等，2012），由此判断团队成员都对可能发生的冲突有所准备。因此，在团队断裂带程度较高时，团队冲突不对称性较低。

从跨越分类（Cross-categorization）的角度来看，中等程度的团队断裂带将有助于提高团队效能、减少子群间的心理距离、建立更多跨子群的连接（Bezrukova 等，2009）。跨越分类有助于将子群边界模糊化。当某些团队成员能够跨越不同子群时，他们将以多种身份为自己归类，减弱子群间的偏见和刻板印象，提升人际间的接受程度，这些成员可能认为团队中冲突的程度较低。但对于那些不在子群间自由移动的团队成员来说，他们可能认为团队构成较为混乱，冲突程度较高。因此，中等程度的团队断裂带使团队成员对团队中存在的冲突的程度失去了统一的感知。基于此，研究 1

认为中等程度的团队断裂带将导致较高程度的团队冲突不对称性。

最后，较低程度的团队断裂带表示每个团队成员都具有与他人不同的独特属性（团队多样性程度较高）。多样性能够为团队带来更多信息和分析问题的角度，因此团队成员对彼此的异质性有了预期，知道个体间将很难就某一问题达成共识。这也意味着，当团队多样性占据主导地位时，团队成员对冲突存在的程度的感知是一致的，此时团队冲突的不对称性较低。

基于以上分析提出以下假设。

假设 4a：团队断裂带强度与任务冲突不对称性呈倒 U 形关系，即当团队断裂带强度较低或较高时，任务冲突不对称性程度较低；而当团队断裂带处于中等强度时，任务冲突不对称性程度较高。

假设 4b：团队断裂带强度与关系冲突不对称性呈倒 U 形关系，即当团队断裂带强度较低或较高时，关系冲突不对称性程度较低；而当团队断裂带处于中等强度时，关系冲突不对称性程度较高。

4.2.2 友谊网络密度对团队断裂带与团队冲突不对称性之间关系的调节作用

由于团队断裂带的存在，团队成员所能感知到的冲突的程度并不一致。当团队成员对冲突的看法不一致时，认为团队冲突程度较大的成员会惊讶，为什么冲突已经如此明显，但其他团队成员竟然感知不到；而认为团队冲突程度较小的成员会非常疑惑，是不是自己得罪了其他团队成员却浑然不知，为什么其他人感受到了强烈的团队冲突而自己却没有。基于集体认知理论，引发团队功能失调的原因并不在于问题本身，而在于处在相同环境中的各方对存在的问题缺乏统一的认知。友谊网络的出现将削弱团队成员间的认知差异，从而更有利于解决冲突，提高团队绩效。

先前的研究表明，团队断裂带理论通常假设团队成员间的互动模式具有同质性（Homophily）的特点（Ren 等，2015），认为在子群内部，团队成员所感知到的冲突的程度一样。同质性理论认为，团队断裂带划分出来的两个子群就决定了每个子群感知到的冲突的程度。换句话说，如果一个团队因断裂带划分出子群 A 和子群 B，那么子群 A 中的全部成员所感知到的冲突程度一样；同样，子群 B 中的全部成员所感知到的冲突程度也一样。但同质性理论在此处存在局限性，因为它忽略了团队断裂带的划分与团队成员对冲突感知不同而引发的人群划分并不完全一致。其中一个原因在于，跨子群的友谊网络使信息在子群间流动，从而有助于减少或消除由团队断裂带造成的冲突感知不一致性。

友谊网络密度越大，团队成员间的信任程度越高，越能为队友提供支持和归属感（Krackhardt，2003），团队成员间越有可能进行有效的沟通，明确冲突的原因并量化冲突的具体程度。相反，当友谊网络密度较小时，不同子群间的不信任感增加，引发团队成员对彼此的偏见。这种消极的互动模式将导致原本对冲突感知较弱的团队成员也开始出现敌对情绪，而原本对冲突感知较强的团队成员会因此感知到更加强烈的冲突。例如，由于团队断裂带的存在，两个团队成员对团队冲突的感知出现了不一致。但由于他们仍然是好朋友，对冲突感知程度高的人会试图理解对方为什么感知不到冲突的存在，是不是自己过于敏感和紧张，将团队中的正常合作关系误认为是冲突。同时，对冲突感知程度低的人也会自我反省，是不是他人已经认为团队沟通出现了问题但自己却浑然不知。这种试图站在对方的角度思考问题的行为有助于团队正确识别真正影响团队绩效的冲突焦点，以便获得统一的沟通基础。

基于以上分析，提出以下假设。

假设 5a：友谊网络密度的增加会削弱团队断裂带强度与任务冲突不对称性之间的关联性，即友谊网络密度越高，团队断裂带强度与任务冲突不对称性之间的倒 U 形关系曲线越趋于平滑；反之，友谊网络密度越低，则该曲线越陡峭。

假设 5b：友谊网络密度同样影响团队断裂带强度与关系冲突不对称性之间的关系，即当友谊网络密度越高时，团队断裂带强度与关系冲突不对称性之间的倒 U 形曲线越平滑；反之，在较低的友谊网络密度下，该曲线越陡峭。

4.2.3 团队冲突不对称性与团队绩效的关系

Sinha 等（2016）研究了"倾斜的任务冲突"（Skewed Task Conflict）对团队的影响，认为当少数团队成员比大部分成员感知到更剧烈的任务冲突时，将更有利于解决团队问题，提升团队绩效。但 Sinha 等（2016）的研究只强调倾斜的任务冲突能够形成一种积极的团队氛围的情况，但如果少数人感知到的冲突不能形成积极的团队氛围，很可能造成团队冲突的"传染"，加剧其他团队成员对冲突的感知。基于共享心理模型（Shared Mental Model）、群内共识（Within-group Consensus）和集体认知（Collective Cognition），Jehn 等（2010）分析了团队冲突不对称性与团队绩效之间的关系。首先，共享心理模型强调，团队成员共享的认知结构能够充分反映团队互动、责任、需求及冲突等过程（Van Boven 和 Thompson，2003）。在团队研究中，提高团队绩效的前提在于团队成员对团队问题形成基本共识，只有当成员们对问题本身达成了一致意见，才能进行有效的交流，进而解决问题。具体而言，团队成员在信息、想法和感知上的一致性有助于提高团队绩效（Mark 等，2002）。因此，如果团队成员对冲突的存在具有相同程度的感知，他们就能更精确地找到问题的关键，解决冲突，提高团队绩效。

其次，基于群内共识，尽管共同信念（Common Beliefs）被视为提升团队有效性的重要因素，但处在相同环境中的团队成员可能因个体差异而对相同事件产生不同的感知。例如，如前所述，团队冲突会导致团队绩效下降，因为冲突会引发团队成员间沟通效率的降低。但是更进一步的，如果团队成员间连冲突或问题的存在都无法达成普遍共识，则沟通障碍将很难克服，更难以在团队中形成建设性的意见（Kluwer 和 Mikula，2003）。

最后，基于集体认知理论，团队冲突不对称性将阻碍信息交换。如果在一个团队中，虽然团队成员都认为团队冲突的程度很高，但至少在这一问题上达成了一致，这对解决团队冲突是有益的。基于集体认知理论，团队成员可能会想当然地认为他人与自己对冲突有同样程度的感知（Swann 等，2004）。因此，一旦这种感知的一致性被破坏，团队成员会陷入自我怀疑，并难以理解他人的行为模式，从而进一步阻碍团队的有效性（Choi 和 Thompson，2005）。基于此提出以下假设。

假设 6a：任务冲突不对称性与团队绩效呈负相关关系。

假设 6b：关系冲突不对称性与团队绩效呈负相关关系。

4.3 假设总结

表 4-1 总结了模型 1 和模型 2 提出的所有假设。

表 4-1　研究假设汇总

模型	假设序号	假设内容
模型 1	1a	团队断裂带强度与任务冲突呈 U 形关系
	1b	团队断裂带强度与关系冲突呈 U 形关系
	2a	友谊网络密度负向调节团队断裂带强度与任务冲突之间的关系
	2b	友谊网络密度负向调节团队断裂带强度与关系冲突之间的关系
	3a	任务冲突与团队绩效呈负相关关系
	3b	关系冲突与团队绩效呈负相关关系
模型 2	4a	团队断裂带强度与任务冲突不对称性呈倒 U 形关系
	4b	团队断裂带强度与关系冲突不对称性呈倒 U 形关系
	5a	友谊网络密度负向调节团队断裂带强度与任务冲突不对称性之间的关系
	5b	友谊网络密度负向调节团队断裂带强度与关系冲突不对称性之间的关系
	6a	任务冲突不对称性与团队绩效呈负相关关系
	6b	关系冲突不对称性与团队绩效呈负相关关系

4.4 测量工具

研究 1 采用李克特式问卷、花名册问卷等方式对涉及的变量进行衡量。

4.4.1 团队断裂带强度

在第一轮问卷中收集了受访者的人口统计信息，采用 Thatcher 等（2003）的方法来计算团队断裂带的强度（Thatcher 等，2003）。计算方法如下，对于一个有 n 个成员的团队，有 S=（$2^{n-1}-1$）种方式将其分成两个子群。用子群间平方和与总平方和的比例可以计算出子群分裂的概率。断裂带强度的测量代表了团队总体特征中总变异的百分比（Molleman，2005）。断裂带强度范围从 0 到 1，值越大表示团队分裂的可能性越大。按照 Shaw（2004）所述的步骤计算了基于生源地和本科专业的断裂带强度，并通过 Chung（2006）等开发的 SAS 程序计算出最终结果。

4.4.2 团队冲突

采用 Jehn（1995）开发的问卷衡量任务冲突和关系冲突。任务冲突和关系冲突问卷分别包含四个题项，回答采用李克特式 7 分制量表，范围从"1= 非常不符合"到"7= 非常符合"，题项如表 4-2 所示。

表 4-2 团队冲突测量量表

变量	题项	测量内容	参考文献
任务冲突	TC1	团队成员对所进行的工作常常持不同观点	Jehn（1995）
	TC2	在我们团队经常会出现观点上的冲突	
	TC3	团队成员时常针对我的工作发生冲突	
	TC4	团队成员之间的意见分歧很大	
关系冲突	RC1	团队成员间有很多摩擦	
	RC2	团队成员间性格冲突很明显	
	RC3	团队成员间关系很紧张	
	RC4	团队成员间情绪冲突频繁	

4.4.3 团队冲突不对称性

根据前人的研究,将个体层面的调查问卷汇集到团队层面,计算出每个团队任务冲突和关系冲突的标准差,作为团队冲突不对称性的得分(Harrison 和 Klein,2007;Jehn 和 Thatcher,2010)。得分越高,代表在这一团队中,团队成员对于团队冲突感知的差异性越大。

4.4.4 友谊网络密度

友谊网络联系采用逐项登记表法(花名册法)测量(Ren 等,2015)(见表4-3)。团队成员需要在团队内部关系表中对自己与其他每位团队成员的关系进行评估,并在相应的方框内打钩。评估选项包括:一般朋友、好朋友、特别好的朋友。在统计结果时,将一般朋友编码为 0,将好朋友和特别好的朋友合并编码为 1,构建出团队内部的关系矩阵。例如,矩阵中第(i,j)单元格的值为 0,表示团队成员 i 认为自己与团队成员 j 不存在友谊网络联系。采用 UCINET 6.216 计算各个团队的友谊网络密度(Borgatti,Everett 和 Freeman,1992)。其运算原理是用团队内部实际存在的友谊网络连接数除以团队内部理论上可能存在的最大友谊网络连接数得出的。

表4-3 团队内部关系表

下表是您所在团队的成员名单,根据您和他们的关系选择恰当的关系类型,并在相应方框里打勾。注意,在完成表格的过程中,请不要给自己打钩

姓名	一般朋友	好朋友	特别好的朋友

4.4.5 团队绩效

在学期结束时,收集各团队案例作业的实际得分,作为衡量团队绩

效的依据。期末，授课教师和助教根据各团队在案例分析中的表现进行打分。评分规则如下：授课教师和助教分别对每个团队的论文写作、幻灯片制作、现场展示、回答课堂问题的质量进行评分。最终得分是授课教师和助教给分的加权平均值，其中授课教师打分占70%，助教打分占30%。

4.4.6 控制变量

团队断裂带是包含多种异质性的综合变量，研究1涉及的团队断裂带是同时考虑团队成员生源地和本科专业的异质性叠加计算出的结果。为此分别控制了生源地异质性和本科专业异质性（Blau，1977）。在计算相关变量的异质性时，采用Blau's index计算方法。首先将生源地和本科专业分别编码。在计算生源地Blau's index时，将生源地为北方的同学编码为1，将生源地为南方的同学编码为2，统计出每组南北方同学人数在整个团队人数中所占的比例，再将每种比例的数值求平方，最后用1减去每种比例的平方值，计算出生源地异质性。Blau's index值介于0至0.5之间，数值越大，表示异质性越高。同理，将被试的本科专业按照"1=文科""2=理科"分为两类，按照上述方法计算每组的本科专业异质性。此外，根据Harrison和Klein（2007）检验多样性效应的程序，还控制了生源地和本科专业的平均值。

4.5 问卷预调研

为了保证调研问卷的信度和效度，首先对问卷进行预调研。预调研的样本来自北京某研究型大学商学院研究生及某中央企业的员工，采用网络电子问卷链接方式发放，共发放210份问卷，收回189份问卷。剔除无效问卷，共收回有效问卷135份，有效回收率为64%。其中，硕士生样本58份，博士生样本36份，企业员工样本41份。对预调研的问卷进行信度和效度检验，其中信度检验包括Cronbach's α系数检验和单项—总项的总相关系数（Corrected-item Total Correlation，CITC）检验；效度检验包括 KMO 检验（抽样适合性检验）、巴特利特球性检验和单维度因子分析。最后根据信度和效度分析的结果对题项进行相应调整后，采用主成分分析（Principal Test）对各变量进行探索性因子分析，以验证变量的各个因子是否与前述预设相符，确定将用于正式调研的问卷内容。

4.5.1 预调研问卷的信度检验

调查问卷的信度是指问卷调查结果所具有的一致性或稳定性的程度（曾五一和黄炳艺，2005）。其中一致性是指同一群受访者接受关于同一题项的不同调查问卷，得出的结果之间具有的相关性；稳定性是指同一受访者在不同时间段重复接受测量所得结果的相关程度（曾五一和黄炳艺，2005）。Churchill（1979）在研究如何改进测量方法的范式研究文章中阐明，在做因子分析前，应当净化和删除不合理的题项，以免在因子分析时出现多维度现象，导致各因子的含义更难理解。内部一致性信度通常用 Cronbach's α 系数测量。Cronbach's α 系数介于 0～1，值越大表示题项间的相关性越高。通常认为，α 大于 0.8 表示内部一致性极好，介于 0.6～0.8 表示较好，低于 0.6 表示较差（曾五一和黄炳艺，2005）。

接着，对每一个变量的各个维度的题项进行 CITC 检验。通常认为，CITC 小于 0.5 时，该测量题项应予以删除。也有学者认为 CITC 只要达到 0.3 的标准就能被接受。结果如表 4-4 所示，任务冲突的 4 个题项总体 Cronbach's α 达到了 0.824，CITC 系数都高于 0.5，而且剔除任何一个题项后都不能明显提高 Cronbach's α 系数，因此，可以判定用这 4 个题项测试任务冲突是可靠的。类似的，关系冲突的 4 个题项总体 Cronbach's α 达到了 0.900，CITC 系数都高于 0.5，而且剔除任何一个题项后都不能明显提高 Cronbach's α 系数，因此，可以判定用这 4 个题项测试关系冲突也是可靠的。综上，任务冲突和关系冲突量表的题项都分别通过了信度检验。

表 4-4　团队冲突的 CITC 和 Cronbach's α 系数（N=135）

测量变量	题项	CITC	剔除该题项后的 Cronbach's α 系数	Cronbach's α 系数
任务冲突	TC1	0.697	0.793	0.824
	TC2	0.699	0.744	
	TC3	0.542	0.802	
	TC4	0.701	0.793	
关系冲突	RC1	0.854	0.850	0.900
	RC2	0.698	0.900	
	RC3	0.833	0.857	
	RC4	0.802	0.826	

4.5.2　预调研问卷的效度检验

问卷调查的效度反映问卷测量结果的正确程度，即测量结果与试图测量的目标之间的接近程度（曾五一和黄炳艺，2005）。由于采用的问卷都是国外学者开发的成熟问卷，且在中文语境下有广泛应用，因此具有较强的抽样效度和表面效度，应当采用探索性因子分析（EFA）来验证变量的效度。

1. KMO 检验和巴特利特球性检验

在进行探索性因子分析（EFA）和验证性因子分析（CFA）检验之前，先进行 KMO 检验和巴特利特球性检验，因为 KMO 检验和巴特利特球性检验通常被认为是进行因子分析的前提条件（杜智敏，2010）。其中，KMO 可以验证变量之间的相关关系和偏相关关系，KMO 取值为 0～1，KMO 数值越大，表明变量间的相关性越高，越适合进行进一步的 EFA 分析。通常 KMO 大于 0.90 为非常适合，0.80～0.90 为很合适，0.70～0.80 为合适，0.60～0.70 为尚可，0.50～0.60 为较差，0.50 以下应该放弃进行 EFA 测试。巴特利特球性检验主要检验数据的分布情况及变量间是否具有独立性。当巴特利特球性检验的统计值显著性概率小于或等于显著性水平时，单位矩阵和关系系数矩阵存在显著性差异，适合做因子分析（董建华，2019）。应用 SAS 9.4 统计软件对数据进行 KMO 和巴特利特球性检验，结果如表 4-5 所示，任务冲突量表的 KMO 值为 0.743，巴特利特球性检验的显著性水平为 p<0.0001；关系冲突量表的 KMO 值为 0.747，巴特利特球性检验的显著性水平为 p<0.0001，说明数据适合进行因子分析。

2. 探索性因子分析（EFA）

使用 SAS 9.4 对任务冲突量表做探索性因子分析，采用主成分分析法（Principal Axis Factor）得出团队冲突量表的单维度分析（见表 4-5）。系统提取特征根大于 1 的因子，得到 1 个主成分，累计方差贡献率为 1.08，说明提取 1 个主成分就可以反映构念所要传达的大部分信息。因子载荷矩阵显示，所有变量的因子载荷都大于 0.5，解释方差百分比在 60% 以上，说明每个因子的题项与因子之间都具有密切相关性，因此保留任务冲突的全部 4 个题项。

对于关系冲突量表的探索性因子分析，系统提取特征根大于 1 的因子，得到 1 个主成分，累计方差贡献率为 1.001，说明提取 1 个主成分就可以反映构念所要传达的大部分信息。因子载荷矩阵显示，所有变量的因子载荷都大于 0.5，解释方差百分比在 60% 以上，说明每个因子的题项与因子之间具有密切相关性，因此保留关系冲突量表的全部 4 个题项。

表 4-5 团队冲突量表的单维度分析（N=135）

测量变量	测量题项	因子载荷
任务冲突	TC1	0.790
	TC2	0.875
	TC3	0.593
	TC4	0.742
	解释方差百分比	64.831%
	KMO 适合度检验值	0.743
	巴特利特检验卡方值	53.632
	显著性概率	<0.0001

续表

测量变量	测量题项	因子载荷
关系冲突	RC1	0.787
	RC2	0.727
	RC3	0.910
	RC4	0.877
	解释方差百分比	71.22%
	KMO适合度检验值	0.747
	巴特利特检验卡方值	115.631
	显著性概率	<0.0001

4.6 实证分析

4.6.1 数据收集

为了验证研究1提出的假设，分三轮从北京某研究型大学5个MBA班采集调查数据。这5个MBA班都分别参加了同一位教授讲授的组织行为学课程，课程时长为12周。根据课程需要，学生们被分为不同小组，每组4人。小组成员的分配规则由教授决定，通常是随机分配，但学生可以在课程开始前提出分组需求。由于班级人数不是4的完整倍数，少数团队的成员多于或少于4人，但大部分团队仍为4人。作为课程的主要组成部分，教授和助教在学期初分发四个教学案例的相关材料，由各团队任意选择其中一个进行讨论。每个小组在学期中必须提交一份案例研究分析报告。小组作业的得分占期末成绩的30%。教授使用指定的阅读材料并指导学生进行案例分析，学生们需要回答案例中提出的问题，并给出解决方案。小组成员需要相互配合，决定如何完成论文，如何完成PPT，由谁在课堂上做展示，如何回答教授和其他学生在课堂上提出的问题。

第4章 研究1：团队断裂带与团队冲突不对称性的非线性关系研究

用3个学期的时间，分别从5个班级收集三轮调查数据。前两轮数据在课程的第3周和第11周收集。问卷使用可密封的回函信封进行分发，第一轮问卷收集了人口统计特征（包括高考生源地、本科专业）、任务冲突、关系冲突等数据；第二轮问卷收集了任务冲突、关系冲突和友谊网络密度等数据。课程结束两个月后，收集团队绩效的数据（第三轮）。由于是在中文语境下做问卷调查，所以将任务冲突、关系冲突、友谊网络密度的量表翻译成了中文。翻译过程遵循严谨翻译的四个步骤，即前向翻译、评估、后向翻译和重新评估（Song等，2009）。

4.6.2 样本特征

在514名受邀参与研究的学生中，有489人完成了第一轮调查问卷，回复率为95%。在这489人中，475人完成了第二轮调查问卷，回复率为92%。剔除回复率低于100%的团队后，获得了103个团队，共463份问卷。在这113个团队中，其中93个团队有4名成员，9个团队有5名成员，1个团队有6名成员。在受访者中，25%是男性，75%是女性，年龄分布在20岁到50岁之间（M=21，SD=0.50），生源地在北方的受访者有255人，占总人数的55%，生源地在南方的受访者有208人，占总人数的45%。在463位受访者中，本科专业为文科的有324人，占总人数的70%，本科专业为理科的有139人，占总人数的30%。

4.6.3 信度检验

对正式调研问卷的信度分析如表4-6所示，任务冲突（T1）[①]的Cronbach's α系数为0.836，关系冲突（T1）的Cronbach's α系数为0.895，任务冲突（T2）[②]的Cronbach's α系数为0.862，关系冲突（T2）的Cronbach's α系数为0.894，各变量的Cronbach's α系数均大于0.7，表明正式问卷具有比较高的信度，与预调研问卷的结果具有很高的一致性。

[①] T1表示此变量是在第一轮调查问卷收集的，全文同。
[②] T2表示此变量是在第二轮调查问卷收集的，全文同。

此外，每个题项的 CITC 系数均大于 0.5。由此说明，问卷设计通过了信度检验。

表 4-6　各变量 CITC 和 Cronbach's α 系数（N=463）

测量变量	题项	CITC	剔除该题项后的 Cronbach's α 系数	Cronbach's α 系数
任务冲突（T1）	TC1（T1）	0.690	0.783	0.836
	TC2（T1）	0.752	0.754	
	TC3（T1）	0.551	0.843	
	TC4（T1）	0.682	0.786	
关系冲突（T1）	RC1（T1）	0.749	0.871	0.895
	RC2（T1）	0.694	0.891	
	RC3（T1）	0.827	0.842	
	RC4（T1）	0.799	0.852	
任务冲突（T2）	TC1（T2）	0.700	0.827	0.862
	TC2（T2）	0.783	0.793	
	TC3（T2）	0.641	0.851	
	TC4（T2）	0.714	0.822	
关系冲突（T2）	RC1（T2）	0.743	0.872	0.894
	RC2（T2）	0.674	0.897	
	RC3（T2）	0.824	0.841	
	RC4（T2）	0.826	0.841	

4.6.4　效度检验

由于采用的调查问卷都是国外学者开发的成熟问卷，并且在预调研阶段已经对问卷进行了探索性因子分析，证明所有题项都与本书预设的因子一致，因此在对正式调查问卷进行效度分析时采用验证性因子分析（CFA）

第 4 章　研究 1：团队断裂带与团队冲突不对称性的非线性关系研究

测量理论变量的区分效度。应用 EQS 6.3 统计软件，基于固定符合法，分别对任务冲突和关系冲突的面板数据（Cross-sectional，T1）和纵向数据（Longitudinal，T2）进行验证性因子分析。如表 4-7 所示，各模型的 CHI square/df 值均小于 3，p 值均小于 0.0001，Bentler-bonett、CFI、IFI、GFI 等拟合优度指标均大于 0.90，近似误差均方根（RMSEA）均低于 0.08 的可接受水平，个体层面的 Cronbach's α 均大于 0.8，说明这 4 个模型都具有良好的建构效度。

表 4-7　模型拟合优度指标

	CHI-square	df	Bentler-bonett	CFI	IFI	GFI	RMSEA	90% Conflict Interval of RMSEA	Cronbach's α
任务冲突（T1）	53.63	25	0.94	0.94	0.94	0.95	0.05	0.18，0.05	0.84
关系冲突（T1）	54.23	25	0.92	0.92	0.92	0.90	0.05	0.29，0.05	0.89
任务冲突（T2）	66.12	25	0.93	0.93	0.93	0.93	0.05	0.21，0.05	0.86
关系冲突（T2）	58.11	25	0.94	0.94	0.94	0.92	0.05	0.25，0.05	0.87

4.6.5　变量集成

在量表设计阶段，将一个构念（研究变量）分解为多个测量变量进行多角度测量，在完成数据收集后，需要与此反向的操作，将测量某构念的多个变量集成为研究变量。由于所涉及的各个测量变量对所表达的构念的权重作用大体相当，所以集成方法为简单算术平均。计算时，将研究 1 涉及的 16 个测量变量集成为 4 个研究变量。其中，问卷题项 TC1（T1），TC2（T1），TC3（T1），TC4（T1）集成为任务冲突（T1）变量；RC1（T1），RC2（T1），RC3（T1），RC4（T1）集成为关系冲突（T1）变量；TC1（T2），TC2（T2），TC3（T2），TC4（T2）集成为任务冲突（T2）变量；RC1（T2），RC2（T2），RC3（T2），RC4（T2）集成为关系冲突（T2）变量。

4.6.6 R_{wg}和ICC检验

由于本书的整体构念是基于团队层面的，而各变量的测量是从个体层面获得的，因此计算了组内一致性指数（R_{wg}）和组间一致性系数（ICC1、ICC2）来检验个体层面的构念是否可以聚合到团队层面。其中，R_{wg}反映团队内部成员的一致性，通常团队的R_{wg}超过0.70被认为是可接受的水平。如表4-8所示，任务冲突（T1）的R_{wg}最大值为0.99，最小值为0.54，中位数为0.76，R_{wg}大于0.70的团队比例是83%；关系冲突（T1）的R_{wg}最大值为1.00，最小值为0.69，中位数为0.79，R_{wg}大于0.70的团队比例是84%；任务冲突（T2）的R_{wg}最大值为0.98，最小值为0.56，中位数为0.78，R_{wg}大于0.70的团队比例是84%；关系冲突（T2）的R_{wg}最大值为1.00，最小值为0.70，中位数为0.83，R_{wg}大于0.70的团队比例是100%；说明团队成员内部一致性较高。组间相关系数（ICC）被用来验证团队成员的差异是否能够被解释，即验证团队成员的聚合程度（James，1982）。组内相关系数ICC的值越接近于1，表示因变量的总体差异（$r_{00}+\sigma^2$）中可以被组间差异r_{00}所解释的部分越多，组间效应不能忽略。如果ICC（1）值大于0.059，就有必要进行多层分析（方杰等，2013）。结果表明，任务冲突（T1）的ICC（1）平均值为0.25，ICC（2）平均值为0.58；关系冲突（T1）的ICC（1）平均值为0.15，ICC（2）平均值为0.41；任务冲突（T2）的ICC（1）平均值为0.24，ICC（2）平均值为0.55；关系冲突（T2）的ICC（1）平均值为0.17，ICC（2）平均值为0.45。因此，可以将这4个变量聚合到团队层面。

第 4 章 研究 1：团队断裂带与团队冲突不对称性的非线性关系研究

表 4-8 ICC 和 R_{wg} 分析

变量	R_{wg}				ICC	
	最小值	最大值	中位数	大于 70% 的比例	ICC（1）	ICC（2）
任务冲突（T1）	0.54	0.99	0.76	83%	0.25	0.58
关系冲突（T1）	0.69	1.00	0.79	86%	0.15	0.41
任务冲突（T2）	0.56	0.98	0.78	84%	0.24	0.55
关系冲突（T2）	0.70	1.00	0.83	100%	0.17	0.45

4.6.7　描述性统计分析

描述性统计如表 4-9 所示，列出了团队断裂带强度及团队断裂带强度的平方与因变量（团队绩效）、调节变量（友谊网络密度）、中介变量（任务冲突（T1）、任务冲突（T2）、关系冲突（T1）、关系冲突（T2））和控制变量（包括生源地异质性、生源地平均值、本科专业异质性、本科专业平均值）之间的相关系数及各变量的平均值和标准差。如表 4-9 所示，团队断裂带强度与团队绩效（T3）（β=-0.05，p>0.05）、友谊网络密度（β=-0.09，p>0.05）、任务冲突（T1）（β=-0.04，p>0.05）、关系冲突（T1）（β=-0.02，p>0.05）、任务冲突不对称性（T2）（β=-0.09，p>0.05）、关系冲突不对称性（T1）（β=-0.07，p>0.05）、关系冲突不对称性（T2）（β=-0.01，p>0.05）呈负相关关系，但相关系数较低。团队断裂带强度与任务冲突（T2）（β=0.15，p>0.05）、关系冲突（T2）（β=0.20，p<0.05）、任务冲突不对称性（T1）（β=0.01，p>0.05）呈正相关关系，但相关系数较低。团队断裂带强度的平方与团队绩效（T3）（β=-0.05，p>0.05）、友谊网络密度（β=-0.07，p>0.05）、任务冲突（T1）（β=-0.05，p>0.05）、关系冲突（T1）（β=-0.01，p>0.05）、任务冲突不对称性（T2）（β=-0.11， p>0.05)、关系冲突不对称性（T2）（β=-0.01，p>0.05）呈负相关关系，但相关系数较低。团队断裂带强度的平方与任务冲突（T2）（β=0.19，p<0.05)、关系冲突（T2）(β=0.27, p<0.01)、任务冲突不对称性（T1）(β=0.06, p>0.05)、关系冲突不对称性（T1）(β=0.02, p>0.05)呈正相关关系。第一轮和第二轮的团队冲突和团队冲突不对称性分别与团队绩效（T3）呈显著负相关关系。

4.6.8 回归分析与假设检验

多元回归分析结果见表4-10至表4-15。

1. 团队断裂带强度对任务冲突的影响

根据假设1a，团队断裂带强度与任务冲突呈U形关系。为了验证这一假设，应用SAS 9-4统计软件分别运行了任务冲突面板数据（T1）和纵向数据（T2）对控制变量、团队断裂带强度、团队断裂带强度的平方的回归。如表4-10中步骤2所示，团队断裂带强度与任务冲突（T1）的线性关系并不显著；如表4-10步骤3所示，团队断裂带强度的平方与任务冲突（T1）的关系并不显著。如表4-10中步骤9所示，团队断裂带强度与任务冲突（T2）呈正相关关系（β=2.24，p<0.05）；如表4-10步骤10所示，团队断裂带强度的平方与任务冲突（T2）的关系并不显著。因此，假设1a没有得到支持。比较步骤9和步骤10的结果可以看出，团队断裂带强度与任务冲突（T2）之间呈正向线性关系，而非假设1a提出的非线性关系。

2. 团队断裂带强度对关系冲突的影响

根据假设1b，团队断裂带强度与关系冲突呈U形关系。如表4-11中步骤2所示，团队断裂带强度与关系冲突（T1）的线性关系并不显著；如表4-11中步骤3所示，团队断裂带强度的平方与关系冲突（T1）的关系并不显著。如表4-11中步骤9所示，团队断裂带强度与关系冲突（T2）呈正相关关系（β=1.73，p<0.05）；如步骤10所示，团队断裂带强度的平方与

第4章 研究1：团队断裂带与团队冲突不对称性的非线性关系研究

表 4-9 变量的描述性统计结果和变量间相关系数

		平均值	标准差	1	2	3	4	5	6	7	8	9	10	11	12	13	14	15	16
1	生源地异质性	0.32	0.19																
2	生源地平均值	0.55	0.30	−0.02															
3	本科专业异质性	0.29	0.19	−0.02	0.23*														
4	本科专业平均值	0.70	0.26	−0.02	−0.08	−0.51***													
5	团队断裂带强度	0.09	0.08	0.44***	0.06	0.51***	−0.31***												
6	团队断裂度的平方	0.02	0.04	0.26**	−0.00	0.31**	−0.19*	0.87***											
7	任务冲突(T1)	3.26	0.86	−0.22*	0.09	0.20*	−0.24*	−0.04	−0.05										
8	任务冲突(T2)	2.88	0.84	−0.00	0.02	0.06	−0.15	0.15	0.19*	0.54***									
9	关系冲突(T1)	1.82	0.64	−0.18	0.25**	0.11	−0.06	−0.02	−0.01	0.53***	0.32***								
10	关系冲突(T2)	1.65	0.58	0.06	0.21*	0.09	−0.16	0.20*	0.27**	0.30**	0.69***	0.44***							
11	任务冲突不对称性(T1)	1.03	0.50	−0.09	0.18	0.06	0.05	0.01	0.06	0.08	0.12	0.19*	0.22*						

· 91 ·

续表

	平均值	标准差	1	2	3	4	5	6	7	8	9	10	11	12	13	14	15	16
12 任务冲突不对称性（T2）	1.01	0.54	−0.04	0.08	−0.11	0.01	−0.09	−0.11	−0.00	0.30**	−0.03	0.23*	0.31***					
13 关系冲突不对称性（T1）	0.81	0.60	−0.25**	0.25**	0.02	0.01	−0.07	0.02	0.28**	0.19*	0.78***	0.40***	0.42***	0.08				
14 关系冲突不对称性（T2）	0.67	0.56	0.01	0.20*	−0.02	−0.07	−0.01	−0.01	0.14	0.47***	0.31***	0.76***	0.20*	0.41***	0.36***			
15 友谊网络密度	0.53	0.27	0.05	−0.12	−0.06	0.11	−0.09	−0.07	−0.30	−0.33***	−0.29**	−0.20*	0.13	0.04	−0.19*	−0.04		
16 团队绩效（T3）	77.35	8.53	−0.14	−0.01	0.00	0.07	−0.05	−0.05	−0.13	−0.30**	−0.29**	−0.42***	−0.19*	−0.42***	−0.26**	−0.42***	−0.00	

注：*p<0.05；**p<0.01；***p<0.001。

表 4-10　团队断裂带与任务冲突的非线性模型

标准化回归系数

解释变量	任务冲突（T1）								任务冲突（T2）					
	步骤1	步骤2	步骤3	步骤4	步骤5	步骤6	步骤7	步骤8	步骤9	步骤10	步骤11	步骤12	步骤13	步骤14
控制变量														
生源地异质性	−0.98*	−0.78	−0.75	−0.64	−0.57	−0.48	−0.60	−0.04	−0.47	−0.26	−0.32	−0.07	−0.07	−0.12
生源地平均值	0.16	0.15	0.15	0.04	0.04	0.04	0.03	0.30	0.06	0.07	−0.05	−0.04	−0.06	−0.06
本科专业异质性	0.36	0.58	0.62	0.71	0.79	0.88	0.77	−0.12	−061	−0.38	−0.47	−0.19	−0.21	−0.23
本科专业平均值	−0.65	−0.67	−0.67	−0.56	−0.57	−0.58	−0.58	−0.53	−0.50	−0.51	−0.40	−0.40	−0.43	−0.43
团队断裂带强度（生源地&本科专业）		−0.99	−1.41	−1.42	−2.25	0.89	−0.71		2.24*	−0.09	1.79	−1.00	5.30*	1.77
团队断裂带强度（生源地&本科专业）²			0.84		1.69		6.55			4.78		5.69		14.45*
友谊网络密度				−0.89**	−0.89**	−0.46	−0.67*	−0.04			−0.95***	−0.97***	−0.30	−0.56
团队断裂带强度（生源地&本科专业）× 友谊网络密度						−5.52							−8.41*	
团队断裂带强度（生源地&本科专业）² × 友谊网络密度							−20.61							−37.14*
Overall R²	0.12	0.12	0.12	0.20	0.20	0.21	0.21	0.02	0.05	0.06	0.14	0.15	0.17	0.18
Adjusted R²	0.08	0.08	0.08	0.15	0.14	0.16	0.15	−0.01	0.006	0.005	0.09	0.09	0.12	0.12
Δ R²	0.00	0.00	0.00	0.07	0.04	0.01	0.01	0.00	0.004	−0.001	0.08	0.09	0.03	0.03
Overall F	3.55**	2.95*	2.44*	4.32***	3.68***	3.98***	3.38**	0.66	1.13	1.08	2.89*	2.67*	3.15**	2.91**
df	108	107	106	106	105	105	104	108	107	106	106	105	105	104

注：*p<0.05；**p<0.01；***p<0.001。

表 4-11 团队断裂带与关系冲突的非线性模型

标准化回归系数

解释变量	关系冲突 (T1)									关系冲突 (T2)				
	步骤 1	步骤 2	步骤 3	步骤 4	步骤 5	步骤 6	步骤 7	步骤 8	步骤 9	步骤 10	步骤 11	步骤 12	步骤 13	步骤 14
控制变量														
生源地异质性	−0.58*	−0.61	−0.56	−0.51	−0.43	−0.38	−0.46	0.19	0.14	0.22	−0.09	0.29	0.15	0.25
生源地平均值	0.50*	0.50*	0.51*	0.43*	0.44*	0.43*	0.43*	0.41*	0.44*	0.45*	0.40*	0.41*	0.40*	0.40*
本科专业异质性	0.15	0.12	0.18	0.21	0.29	0.35	0.27	−0.10	−0.48	−0.08	−0.43	−0.01	−0.17	−0.04
本科专业平均值	−0.04	−0.04	−0.04	0.03	0.02	0.02	0.01	−0.35	−0.33	−0.34	−0.29	−0.30	−0.32	−0.32
团队断裂带强度（生源地 & 本科专业）		0.15	0.43	−0.14	−1.00	1.76	0.35		1.73*	−2.33	1.58	−2.64	5.03***	−0.32
团队断裂带强度（生源地 & 本科专业）²			1.18		1.75		6.01			8.30*		8.62*		15.96***
友谊网络密度				−0.60**	−0.61**	−0.25	−0.41					−0.34	0.33	0.01
团队断裂带强度（生源地 & 本科专业） × 友谊网络密度						−4.55							−8.26*	
团队断裂带强度（生源地 & 本科专业）² × 友谊网络密度							−18.06							−31.10*
Overall R²	0.10	0.10	0.10	0.16	0.16	0.17	0.17	0.07	0.10	0.15	0.12	0.17	0.19	0.22
Adjusted R²	0.06	0.05	0.05	0.11	0.10	0.12	0.11	0.04	0.06	0.10	0.07	0.12	0.14	0.16
Δ R²	0.00	−0.01	0.00	0.06	0.05	0.01	0.01	0.00	0.02	0.04	0.01	0.02	0.07	0.04
Overall F	2.86*	2.27*	1.89	3.32**	2.85**	3.18**	2.71**	2.05	2.46*	3.13**	2.48*	3.16**	3.50**	3.67***
df	108	107	106	106	105	105	104	108	107	106	106	105	105	104

注：*p<0.05；**p<0.01；***p<0.001。

关系冲突（T2）呈正相关关系（β=8.30，p<0.05）。因此，假设 1b 没有得到面板数据的支持，但得到了纵向数据的支持。这一结果也表明，团队断裂带强度对关系冲突的影响随时间变化不断增强。比较步骤 9 和步骤 10 的结果可以看出，虽然团队断裂带强度与关系冲突的线性模型和非线性模型都成立，但是步骤 10（非线性模型）调整后的 R^2（0.10）高于步骤 9（线性模型）调整后的 R^2（0.06），此结果表明非线性模型的解释力度更强。

本书描绘了团队断裂带强度与关系冲突（T2）之间非线性关系的二维图像。如图 4-3 所示，在极值区间（0.1，0.2）内，关系冲突程度最小，在此区间之外关系冲突程度较大。

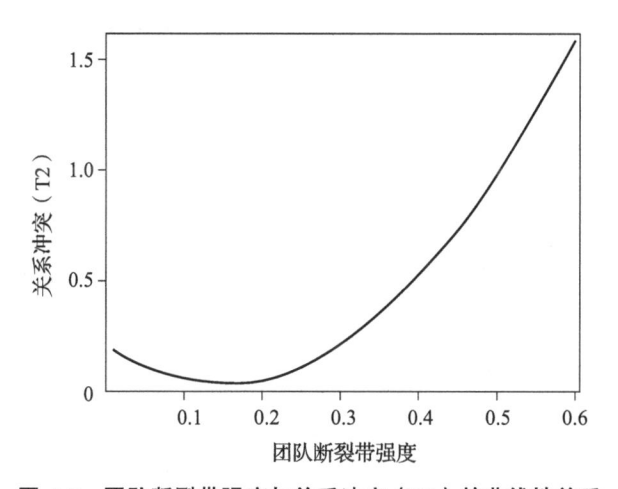

图 4-3 团队断裂带强度与关系冲突（T2）的非线性关系

3. 友谊网络密度对任务冲突的影响

根据假设 2a，友谊网络密度负向调节团队断裂带强度与任务冲突之间的关系。如表 4-10 步骤 5 所示，友谊网络密度与任务冲突（T1）呈负相关关系（β=-0.89，p<0.01）；如表 4-10 步骤 12 所示，友谊网络密度与任务冲突（T2）呈负相关关系（β=-0.97，p<0.001）。值得一提的是，虽然没有提出团队断裂带强度或友谊网络密度与任务冲突存在线性关系的假设，但如步骤 13 所示，当同时控制了 4 个控制变量、团队断裂带强度和

友谊网络密度后,团队断裂带强度和友谊网络密度的交互项与任务冲突(T2)呈负相关关系($\beta=-8.41$, $p<0.05$)。这一结果表明,尽管团队断裂带强度的增加会导致任务冲突(T2)的增加($\beta=5.30$, $p<0.05$),但是友谊网络密度能够起到负向调节的作用,减缓因团队分裂造成的任务冲突。此外,如步骤7所示,团队断裂带强度的平方和友谊网络密度的交互项与任务冲突(T1)的关系不显著;但如步骤14所示,团队断裂带强度的平方和友谊网络密度的交互项与任务冲突(T2)呈负相关关系($\beta=-37.14$, $p<0.05$)。也就是说,友谊网络密度能在团队断裂带强度的平方与任务冲突(T2)之间起到负向调节的作用:当友谊网络密度较高时,团队断裂带强度与任务冲突之间的U形曲线较平滑;而当友谊网络密度较低时,该曲线较陡峭。因此,假设2a在面板数据上未获支持,但在纵向数据上得到了验证。

在线性模型中,进一步进行了简单斜率分析(Simple Slope Test)。结果如图4-4所示,当友谊网络密度程度较低时,团队断裂带强度与任务冲突(T2)之间的正相关关系更为显著($\beta=5.28$, $p<0.001$);而当友谊网络密度程度较高时,两者之间则呈负相关关系($\beta=-2.96$, $p<0.001$)。简单斜率分析的结果进一步验证了友谊网络密度为负向调节变量,能够缓解由团队断裂带来的任务冲突。

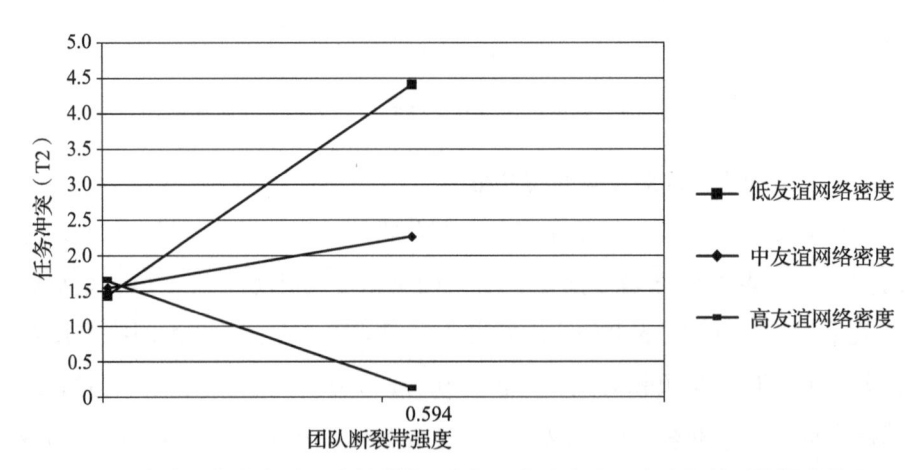

图4-4 友谊网络密度对团队断裂带强度与任务冲突(T2)之间关系的调节作用

本书进一步描绘出了友谊网络密度在团队断裂带强度的平方与任务冲突之间关系的三维图像，如图 4-5 所示。由于面板数据并不支持假设，因此只对纵向数据进行了图像描绘。

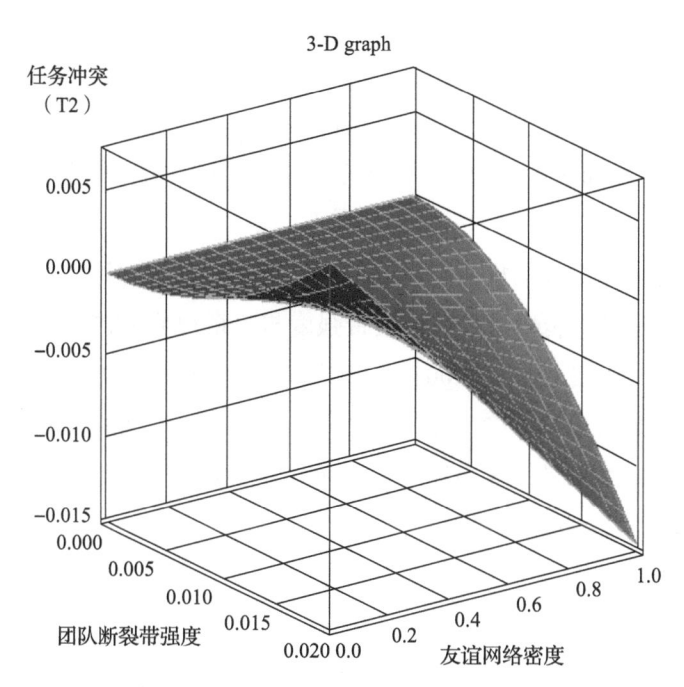

图 4-5　团队断裂带强度、友谊网络密度与任务冲突（T2）关系的三维图像

4. 友谊网络密度对关系冲突的影响

根据假设 2b，友谊网络密度被认为能够负向调节团队断裂带强度与关系冲突之间的关系。如表 4-11 步骤 5 所示，友谊网络密度与关系冲突（T1）呈负相关关系（$\beta=-0.61$，$p<0.01$）。值得注意的是，虽然没有提出团队断裂带强度或友谊网络密度与关系冲突存在线性关系的假设，但如步骤 13 所示，当同时控制了 4 个控制变量、团队断裂带强度和友谊网络密度时，团队断裂带强度和友谊网络密度的交互项与关系冲突（T2）之间存在负相关关系（$\beta=-8.26$，$p<0.01$）。这一结果表明，尽管团队断裂带强度的增加会加剧关系冲突（T2）（$\beta=5.03$，$p<0.001$），但是友谊网络密度能够起到负向调节的作用，减缓了这种因团队断裂而带来的关系

冲突。此外，步骤7显示团队断裂带强度的平方和友谊网络密度的交互项与关系冲突（T1）的关系不显著；但在步骤14中，团队断裂带强度的平方和友谊网络密度的交互项与关系冲突（T2）之间存在负相关关系（β=-31.10，p<0.05）。也就是说，友谊网络密度能在团队断裂带强度与关系冲突（T2）之间的U形关系中起到负向调节的作用：当友谊网络密度越高时，该曲线越平滑；而当友谊网络密度越低时，该曲线越陡峭。因此，假设2b在面板数据分析中未得到支持，但在纵向数据分析中得到了验证。

在线性模型中，同样进行了简单斜率分析。结果如图4-6所示，当友谊网络密度程度较低时，团队断裂带强度与关系冲突（T2）之间的正相关关系更显著（β=5.01，p<0.001）。而当友谊网络密度程度较高时，团队断裂带强度与关系冲突（T2）之间呈负相关关系（β=-2.54，p<0.001）。简单斜率分析的结果进一步验证了友谊网络密度为负向调节变量，能够削弱因团队断裂强度增加给团队带来的关系冲突。

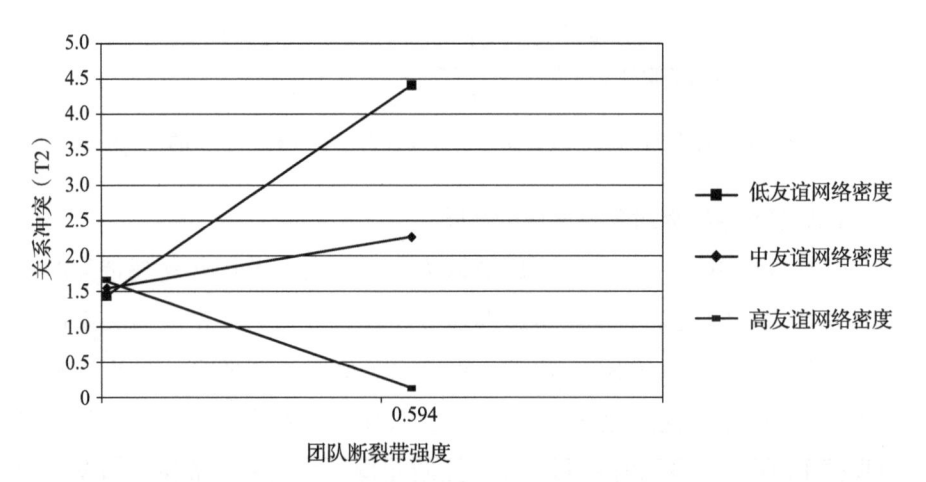

图4-6　友谊网络密度对团队断裂带强度与关系冲突（T2）之间关系的调节作用

研究1进一步描绘出了友谊网络密度在团队断裂带强度的平方与关系冲突之间关系的三维图像，如图4-7所示。由于面板数据并不支持假设，只对纵向数据进行了图像描绘。

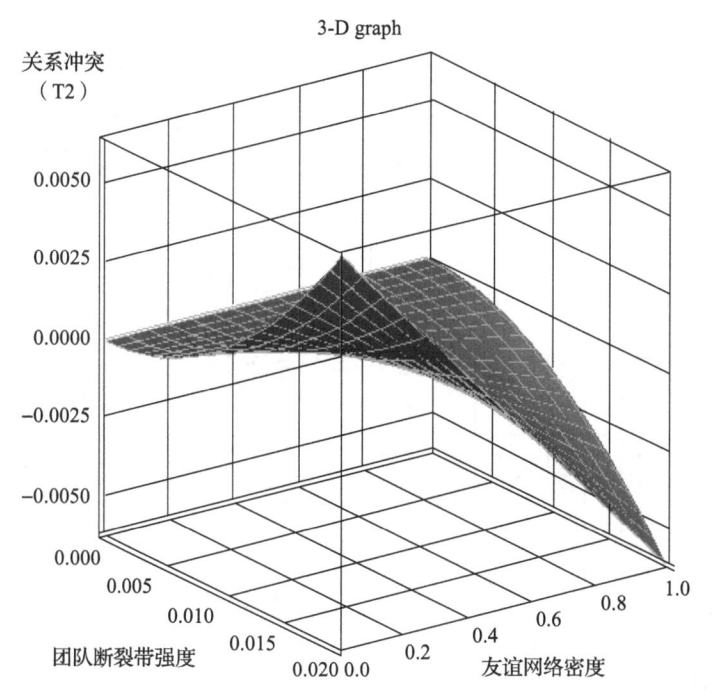

第4章 研究1：团队断裂带与团队冲突不对称性的非线性关系研究

图4-7 团队断裂带强度、友谊网络密度与关系冲突（T2）关系的三维图像

5. 任务冲突对团队绩效的影响

根据假设3a，任务冲突与团队绩效呈负相关关系。研究1分别进行了线性模型和非线性模型的回归分析。如表4-12中步骤3所示，团队绩效（T3）对4个控制变量、团队断裂带强度、友谊网络密度的线性回归模型中，任务冲突（T1）与团队绩效（T3）之间的关系不显著；如表4-12中步骤5所示，任务冲突（T2）与团队绩效（T3）呈负相关关系（β=−3.49，p<0.001）。任务冲突对团队绩效的非线性模型结果与线性模型结果相似，在控制了4个控制变量、团队断裂带强度、团队断裂带强度的平方、友谊网络密度后，任务冲突（T1）与团队绩效（T3）的关系不显著（见表4-12中步骤9）；如表4-12中步骤11所示，任务冲突（T2）与团队绩效（T3）呈负相关关系（β=−3.44，p<0.001）。此外，如表4-12中步骤1和步骤7所示，团队断裂带强度与团队绩效之间没有显著相关关系，表明团队断裂带不直接对团队结果产生影响，而是以团队冲突作为中介机制，间接地对团队结果造成损害。

表 4-12 团队冲突与团队绩效的线性与非线性模型

解释变量	线性模型						非线性模型					
	步骤 1	步骤 2	步骤 3	步骤 4	步骤 5	步骤 6	步骤 7	步骤 8	步骤 9	步骤 10	步骤 11	步骤 12
						团队绩效（第三轮）						
控制变量												
生源地异质性	−6.81	−6.79	−7.98	−9.31*	−7.90	−7.43	−8.68	−8.68	−9.72	−10.80*	−8.91	−6.71
生源地平均值	−0.44	−0.46	−0.38	1.68	−0.63	2.24	−0.53	−0.52	−0.44	1.61	−0.66	2.31
本科专业异质性	1.47	1.49	2.80	2.50	−0.16	−1.43	−0.58	−0.59	0.86	0.83	−1.25	−0.68
本科专业平均值	2.93	2.94	1.89	3.07	1.56	0.98	3.01	3.00	1.97	3.12	1.61	0.92
团队断裂带强度（生源地 & 本科专业）	3.31	3.26	0.62	2.56	9.50	13.89	24.07	24.11	20.00	19.21	20.66	6.05
团队断裂带强度（生源地 & 本科专业）²							−42.52	−42.55	−39.47	−34.00	−22.96	16.37
友谊网络密度		−0.09	−1.74	−3.05	−3.40	−2.17		0.04	−1.60	−2.92	−3.29	−2.26
任务冲突 (T1)			−1.86						−1.83			
任务冲突 (T2)				−4.92***						−4.88***		
关系冲突 (T1)					−3.49***						−3.44***	
关系冲突 (T2)						−6.73***						−6.84***
Overall R²	0.03	0.03	0.05	0.14	0.13	0.21	0.03	0.03	0.06	0.14	0.13	0.21
Adjusted R²	−0.02	−0.02	0.00	0.08	0.07	0.16	−0.02	−0.03	−0.01	0.08	0.06	0.15
Δ R²		0.00	0.02	0.10	0.09	0.18		−0.01	0.02	0.13	0.09	0.18
Overall F	0.59	0.49	0.87	2.46*	2.20*	4.00***	0.59	0.50	0.83	2.20*	1.94*	3.49***
df	107	106	105	105	105	105	106	105	104	104	104	104

注：*p<0.05；**p<0.01；***p<0.001。

第4章 研究1：团队断裂带与团队冲突不对称性的非线性关系研究

6. 关系冲突对团队绩效的影响

根据假设3b，关系冲突与团队绩效呈负相关关系。如表4-12步骤4所示，团队绩效（T3）对4个控制变量、团队断裂带强度、友谊网络密度的线性回归模型中，关系冲突（T1）与团队绩效（T3）呈显著负相关关系（$\beta=-4.92$，$p<0.001$）；如表4-12步骤6所示，关系冲突（T2）与团队绩效（T3）呈负相关关系（$\beta=-6.73$，$p<0.01$）。关系冲突对团队绩效的非线性模型结果与线性模型结果相似，在控制了4个控制变量、团队断裂带强度、团队断裂带强度的平方、友谊网络密度后，关系冲突（T1）与团队绩效之间（T3）呈负相关关系（$\beta=-4.88$，$p<0.001$）（见表4-12步骤10）；如表4-12步骤12所示，关系冲突（T2）与团队绩效之间呈负相关关系（$\beta=-6.84$，$p<0.001$）。

7. 团队断裂带强度对任务冲突不对称性的影响

根据假设4a，团队断裂带强度与任务冲突不对称性呈倒U形关系。如表4-13步骤2、步骤3所示，团队断裂带强度与任务冲突不对称性（T1）的线性关系和非线性关系都不显著；如表4-13步骤9、步骤10所示，团队断裂带强度与任务冲突不对称性（T2）的线性关系和非线性关系也不显著。因此，假设4a不成立。

8. 团队断裂带强度对关系冲突不对称性的影响

根据假设4b，团队断裂带强度与关系冲突不对称性呈倒U形关系。如表4-14步骤2所示，团队断裂带强度与关系冲突不对称性（T1）的线性关系不显著；如表4-14步骤9所示，团队断裂带强度与关系冲突不对称性（T2）的线性关系呈负相关（$\beta=-1.26$，$p<0.05$）。如表4-14步骤3所示，团队断裂带强度与关系冲突不对称性（T1）呈正U形关系（$\beta=4.20$，$p<0.05$），与假设4b相反。如表4-14步骤10所示，团队断裂带强度与关系冲突不对称性（T2）呈倒U形关系（$\beta=-6.97$，$p<0.01$），与假设4b相符。因此，纵向数据支持了研究假设。如图4-8所示，在极值区间（0.1，0.3）内，关系冲突不对称性程度较大，在此区间之外关系冲突不对称性程度较小。

表 4-13 团队断裂带强度与任务冲突不对称性的非线性模型

标准化回归系数

解释变量	任务冲突不对称性 (T1)							任务冲突不对称性 (T2)						
	步骤1	步骤2	步骤3	步骤4	步骤5	步骤6	步骤7	步骤8	步骤9	步骤10	步骤11	步骤12	步骤13	步骤14
控制变量														
生源地异质性	-0.20	-0.27	-0.12	-0.30	-0.17	-0.24	-0.20	-0.13	-0.01	-0.24	-0.05	0.30	-0.14	-0.28
生源地平均值	0.28	0.29	0.29	0.33*	0.33*	0.32*	0.32*	0.21	0.20	0.19	0.24	0.23	0.24	0.23
本科专业异质性	0.15	0.06	0.23	-0.02	0.14	0.06	0.13	-0.45	-0.33	-0.57	-0.35	-0.63	-0.45	-0.61
本科专业平均值	0.19	0.20	0.19	0.18	0.18	0.17	0.16	-0.03	-0.04	-0.02	-0.06	-0.04	-0.04	-0.03
任务冲突平均值 (T1)	0.03	0.03	0.03	0.07	0.07	0.06	0.06							
任务冲突平均值 (T2)							0.07	0.20***	0.21***	0.21***	0.24***	0.25***	0.25***	0.26***
团队断裂带强度 (生源地&本科专业)		0.42	-1.28	0.63	-0.90	1.56	0.29		-0.59	1.93	-0.50	2.28	-1.83	1.51
团队断裂带强度 (生源地&本科专业)²			3.48		3.12		6.97			-5.19		-5.72*		-8.24
友谊网络密度				0.36*	0.35*	0.53*	0.52*				0.34	0.37*	0.11	0.26

续表

解释变量	标准化回归系数													
	任务冲突不对称性（T1）							任务冲突不对称性（T2）						
	步骤1	步骤2	步骤3	步骤4	步骤5	步骤6	步骤7	步骤8	步骤9	步骤10	步骤11	步骤12	步骤13	步骤14
团队断裂带强度（生源地 & 本科专业）× 友谊网络密度						−2.25							3.12	
团队断裂带强度（生源地 & 本科专业）² × 友谊网络密度							−16.24							10.43
Overall R²	0.05	0.05	0.06	0.09	0.09	0.09	0.11	0.12	0.13	0.15	0.15	0.18	0.16	0.18
Adjusted R²	0.00	0.00	0.00	0.02	0.03	0.02	0.03	0.08	0.08	0.09	0.09	0.11	0.10	0.11
Δ R²		0.00	0.00	0.02	0.03	0.00	0.00		0.00	0.01	0.01	0.02	0.01	0.00
Overall F	1.11	0.97	1.01	1.41	1.36	1.32	1.44	2.97*	2.55*	2.59*	2.67*	2.79**	2.50*	2.55*
df	107	106	105	105	104	104	103	107	106	105	105	104	104	103

注：*$p<0.05$；**$p<0.01$；***$p<0.001$。

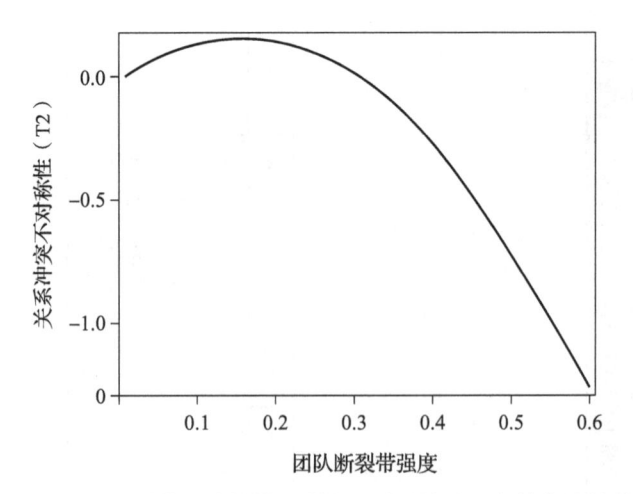

图 4-8 团队断裂带强度与关系冲突不对称性（T2）的非线性关系

9. 友谊网络密度对任务冲突不对称性的影响

根据假设 5a，友谊网络密度负向调节团队断裂带强度与任务冲突不对称性之间的关系。如表 4-13 步骤 4 所示，友谊网络密度与任务冲突不对称性（T1）呈正相关关系（$\beta=0.36$，$p<0.05$）；如表 4-13 步骤 11 所示，友谊网络密度与任务冲突不对称性（T2）呈正相关，但关系不显著。如表 4-13 步骤 6 和步骤 13 所示，团队断裂带强度与友谊网络密度的交互项与任务冲突不对称性的关系不显著；同样的，团队断裂带强度的平方和友谊网络密度的交互项与任务冲突不对称性的关系也不显著。因此，假设 5a 没有得到支持，即未能证实友谊网络密度在团队断裂带强度与任务冲突不对称性之间具有显著的调节作用。

10. 友谊网络密度对关系冲突不对称性的影响

根据假设 5b，友谊网络密度负向调节团队断裂带强度与关系冲突不对称性之间的关系。如表 4-14 步骤 5 所示，友谊网络密度与关系冲突不对称性（T1）的关系不显著。如表 4-14 步骤 13 所示，在线性模型中，团队断裂带强度与友谊网络密度的交互项与关系冲突不对称性（T2）呈正相关关系（$\beta=5.54$，$p<0.01$）。如表 4-14 步骤 14 所示，在非线性模型中，当同时控制了 4 个控制变量、团队断裂带强度、团队断裂带强度的平方和友

第4章 研究1：团队断裂带与团队冲突不对称性的非线性关系研究

表 4-14 团队断裂带强度与关系冲突不对称性的非线性模型

标准化回归系数

解释变量	关系冲突不对称性（T1）							关系冲突不对称性（T2）						
	步骤1	步骤2	步骤3	步骤4	步骤5	步骤6	步骤7	步骤8	步骤9	步骤10	步骤11	步骤12	步骤13	步骤14
控制变量														
生源地异质性	−0.36*	−0.45*	−0.27	−0.46*	−0.28	−0.38	−0.29	−0.11	0.13	−0.17	0.09	−0.23	−0.06	−0.21
生源地平均值	0.17	0.17	0.18	0.18	0.19	0.18	0.19	0.11	0.08	0.05	0.10	0.07	0.09	0.06
本科专业异质性	−0.24	−0.34	−0.14	−0.36	−0.15	−0.27	−0.16	−0.29	−0.02	−0.33	−0.04	−0.38	−0.19	−0.36
本科专业平均值	0.04	0.05	0.04	0.04	0.04	0.03	0.03	0.00	−0.01	0.02	−0.03	−0.00	0.01	0.02
关系冲突平均值（T1）	0.70***	0.70***	0.70***	0.71***	0.70***	0.70***	0.70***							
关系冲突平均值（T2）								0.73***	0.76***	0.80***	0.78***	0.83***	0.83***	0.86***
团队断裂带强度（生源地&本科专业）		0.47	−1.58	0.51	−1.51	1.65	−1.08		−1.26*	2.06	−1.18*	2.37*	−3.57***	1.04
团队断裂带强度（生源地&本科专业）²			4.20*		4.13*		5.50			−6.97**		−7.41***		−12.19***
友谊网络密度				0.09	0.07	0.29	0.13				0.23	0.27*	−0.18	0.07

· 105 ·

续表

解释变量	关系冲突不对称性（T1）							关系冲突不对称性（T2）						
	步骤1	步骤2	步骤3	步骤4	步骤5	步骤6	步骤7	步骤8	步骤9	步骤10	步骤11	步骤12	步骤13	步骤14
团队断裂带强度（生源地&本科专业）× 友谊网络密度						−2.72							5.54**	
团队断裂带强度（生源地&本科专业）² × 友谊网络密度							−5.81							19.03*
Overall R²	0.62	0.63	0.64	0.63	0.64	0.63	0.64	0.59	0.61	0.64	0.62	0.66	0.65	0.68
Adjusted R²	0.61	0.61	0.61	0.60	0.61	0.61	0.61	0.57	0.59	0.62	0.60	0.63	0.62	0.65
Δ R²		0.00	0.00	−0.01	0.00	0.00	0.00		0.02	0.03	0.01	0.01	0.02	0.02
Overall F	35.58***	29.66***	26.45***	25.33***	23.01***	22.58***	20.39***	30.93***	27.52***	27.05***	24.56***	25.14***	24.20***	23.94***
df	107	106	105	105	104	104	103	107	106	105	105	104		103

注：*p<0.05；**p<0.01；***p<0.001。

谊网络密度时，团队断裂带强度的平方与友谊网络密度的交互项与关系冲突不对称性（T2）呈正相关关系（β=19.03，p<0.05）。这表明，在纵向数据模型中，因为调节效应的方向与直接效应的方向相反，可以证明，友谊网络密度能够削弱团队断裂带强度与关系冲突不对称性（T2）之间的倒U形关系。友谊网络密度程度越高，团队断裂带强度与关系冲突不对称性（T2）之间的倒U形曲线越平滑；友谊网络密度程度越低，该U形曲线越陡峭。因此，假设5b在面板数据中没有得到支持，但在纵向数据的分析中得到了验证。这一结果也表明，友谊网络密度对团队冲突不对称性的作用随时间推移而逐渐显现。

在线性模型中，同样进行了简单斜率分析。结果如图4-9所示，当友谊网络密度联系程度较低时，团队断裂带强度与关系冲突不对称性（T2）之间的正相关关系更为显著（β=0.47，p<0.001）；而当友谊网络密度联系程度较高时，两者之间呈负相关关系（β=−0.63，p<0.001）。这一结果进一步验证了友谊网络密度为负向调节变量，能够削弱因团队断裂给团队造成的关系冲突不对称性。

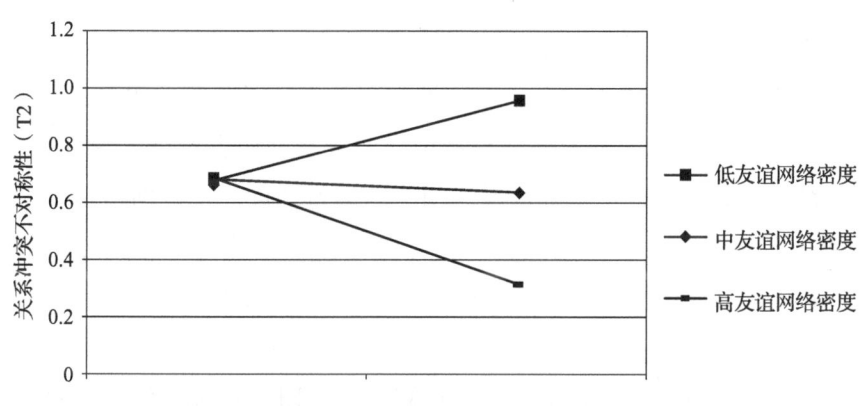

图4-9 友谊网络密度对团队断裂带强度与关系冲突不对称性（T2）之间关系的调节作用

研究1进一步描绘了友谊网络密度、团队断裂带强度与关系冲突不对称性之间关系的三维图像，如图4-10所示。由于面板数据并不支持假设，只对纵向数据进行了图像描绘。

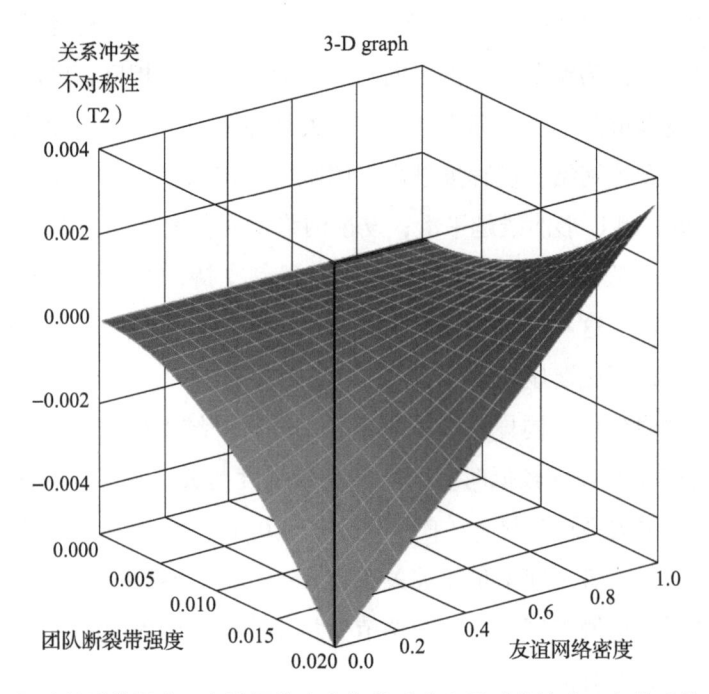

图 4-10 团队断裂带强度、友谊网络密度与关系冲突不对称性（T2）关系的三维图像

11. 任务冲突不对称性对团队绩效的影响

根据假设6a，任务冲突不对称性与团队绩效呈负相关关系。研究1分别进行了线性模型和非线性模型的回归分析。如表4-15步骤3所示，团队绩效（T3）对4个控制变量、团队断裂带强度、友谊网络密度、任务冲突平均值的线性回归模型中，任务冲突不对称性（T1）与团队绩效（T3）呈负相关关系（β=-3.45，p<0.05）；如表4-15步骤5所示，任务冲突不对称性（T2）与团队绩效（T3）呈负相关关系（β=-5.75，p<0.001）。团队绩效（T3）对4个控制变量、团队断裂带强度、团队断裂带强度的平方、友谊网络密度、任务冲突平均值的非线性回归模型中，任务冲突不对称性（T1）与团队绩效（T3）呈负相关关系（β=-3.36，p<0.05）（见表4-15步骤9）；如表4-15步骤11所示，任务冲突不对称性（T2）与团队绩效（T3）呈负相关关系（β=-6.05，p<0.001）。此

第4章 研究1：团队断裂带与团队冲突不对称性的非线性关系研究

表 4-15 团队冲突不对称性与团队绩效的线性与非线性模型

团队绩效（T3）标准化回归系数

解释变量	线性模型								非线性模型			
	步骤1	步骤2	步骤3	步骤4	步骤5	步骤6	步骤7	步骤8	步骤9	步骤10	步骤11	步骤12
控制变量												
生源地异质性	-6.81	-6.79	-9.04	-10.28	-8.19	-7.12	-8.68	-8.68	-10.29	-11.34*	-10.72*	-7.49
生源地平均值	-0.44	-0.46	0.74	2.06	0.74	2.58	-0.53	-0.52	0.67	1.97	0.72	2.55
本科专业异质性	1.47	1.49	2.75	1.74	-2.19	-1.56	-0.58	-0.59	1.33	0.54	-5.04	-1.97
本科专业平均值	2.93	2.94	2.52	3.16	1.23	0.89	3.01	3.00	2.56	3.19	1.35	0.92
团队断裂带强度（生源地&本科专业）	3.31	3.26	2.80	3.65	6.61	10.03	24.07	24.11	16.96	16.28	34.43	14.11
团队断裂带强度（生源地&本科专业）^{2}							-42.52	-42.55	-28.97	-25.97	-57.55	-8.81
友谊网络密度	-0.09	-0.49	-2.87	-1.46	-1.41		0.04	-0.42	-2.78	-1.06	-1.34
任务冲突（T1）		-1.62						-1.60			
任务冲突不对称性（T1）			-3.45*	-3.41					-3.36*		
关系冲突（T1）										-3.51	

· 109 ·

续表

解释变量	标准化回归系数 团队绩效（T3）											
	线性模型						非线性模型					
	步骤 1	步骤 2	步骤 3	步骤 4	步骤 5	步骤 6	步骤 7	步骤 8	步骤 9	步骤 10	步骤 11	步骤 12
关系冲突（T1）				−2.13						−1.94		
任务冲突（T2）					−2.11*						−1.91	
任务冲突不对称性（T2）					−5.75***						−6.05***	
关系冲突（T2）						−4.18*						−4.03
关系冲突不对称性（T2）						−3.28						−3.40
Overall R²	0.03	0.03	0.09	0.15	0.24	0.23	0.03	0.03	0.10	0.15	0.25	0.23
Adjusted R²	−0.02	−0.02	0.02	0.08	0.18	0.17	−0.02	−0.03	0.02	0.08	0.19	0.16
Δ R²		0.00	0.04	0.10								
Overall F	0.59	0.49	1.32	2.28*	4.13***	3.85***	0.59	0.50	1.20	2.04*	3.84***	3.39***
df	107	106	104	104	104	104	106	105	103	103	103	103

注：*p<0.05；**p<0.01；***p<0.001。

外,如步骤 2 和步骤 8 所示,团队断裂带强度的平方与团队绩效之间没有显著相关关系,表明团队断裂带不能直接对团队结果造成影响,而是通过团队冲突不对称性这一中介机制,间接地对团队绩效产生损害作用。

12. 关系冲突不对称性对团队绩效的影响

根据假设 6b,关系冲突不对称性与团队绩效呈负相关关系。如表 4-15 步骤 4 所示,团队绩效(T3)对 4 个控制变量、团队断裂带强度、友谊网络密度、关系冲突平均值的线性回归模型中,关系冲突不对称性(T1)与团队绩效(T3)呈负相关关系,但结果并不显著;如表 4-15 步骤 6 所示,关系冲突不对称性(T2)与团队绩效(T3)也呈负相关关系,但结果同样不显著。非线性模型中,团队绩效(T3)对 4 个控制变量、团队断裂带强度、团队断裂带强度的平方、友谊网络密度、关系冲突平均值的回归模型中,关系冲突不对称性(无论 T1 还是 T2)与团队绩效(T3)之间的关系不显著。因此,本假设没有得到面板数据和纵向数据的支持。

4.6.9 被调节的中介作用分析

研究 1 还进行了"被调节的中介作用"测试,分析了团队断裂带强度通过团队冲突与团队绩效之间的间接效应是否决定于友谊网络密度(见表 4-16 至表 4-19)。该方法能够检验理论预测的中介作用模型中受调节的路径,在组织行为学研究中得到广泛应用(Preacher 等,2007)。调节中介分析支持第一阶段的交互效应。使用 SAS PROCESS version 2.16.3 进行赋条件的间接效应检验(Hayes,2017),分析结果如下。

1. 团队断裂带强度与团队冲突的线性模型结果

结果如表 4-16 和表 4-17 所示,在团队内部友谊网络密度分别为低水平(-1 s.d)、中等水平和高水平($+1$ s.d)的情况下,团队断裂带强度通过任务冲突(T2)和关系冲突(T2)对团队绩效有显著且负向的间接影响;95% 的置信区间都不包含零。

表 4-16　团队断裂带与任务冲突（T2）线性关系中被调节的中介模型结果

被调节的中介模型				
附条件的间接效应	Effect	Boot SE	Boot LLCI	Boot ULCI
低友谊网络密度	−10.99	5.86	−24.38	−0.57
中友谊网络密度	−3.10	3.24	−11.30	2.32
高友谊网络密度	4.79	6.07	−6.00	18.73
被调节的中介模型指标	Effect	Boot SE	Boot LLCI	Boot ULCI
友谊网络密度	29.17	18.52	0.12	73.98

表 4-17　团队断裂带与关系冲突（T2）线性关系中被调节的中介模型结果

被调节的中介模型				
附条件的间接效应	Effect	Boot SE	Boot LLCI	Boot ULCI
低友谊网络密度	−20.79	9.94	−38.95	0.83
中友谊网络密度	−6.68	5.18	−17.91	3.30
高友谊网络密度	7.42	6.70	−4.11	22.91
被调节的中介模型指标	Effect	Boot SE	Boot LLCI	Boot ULCI
友谊网络密度	52.12	24.79	6.21	107.92

2. 团队断裂带强度与团队冲突不对称性的线性模型结果

结果如表 4-18 和表 4-19 所示，在团队内部友谊网络密度分别为低水平（−1 s.d）、中等水平和高水平（+1 s.d）的情况下，团队断裂带强度通过任务冲突不对称性（T2）和关系冲突不对称性（T2）对团队绩效有显著且负向的间接影响；95% 的置信区间都不包含零。

表 4-18　团队断裂带与任务冲突不对称性（T2）线性关系中被调节的中介模型结果

被调节的中介模型				
附条件的间接效应	Effect	Boot SE	Boot LLCI	Boot ULCI
低友谊网络密度	4.24	6.86	−11.14	14.23
中友谊网络密度	3.79	5.14	−5.92	14.29
高友谊网络密度	3.34	8.18	−13.48	19.41
被调节的中介模型指标	Effect	Boot SE	Boot LLCI	Boot ULCI
友谊网络密度	−1.65	20.40	−50.53	32.73

表 4-19　团队断裂带与关系冲突不对称性（T2）线性关系中被调节的中介模型结果

被调节的中介模型				
附条件的间接效应	Effect	Boot SE	Boot LLCI	Boot ULCI
低友谊网络密度	-1.16	5.65	-15.10	8.23
中友谊网络密度	0.73	3.71	-6.90	8.26
高友谊网络密度	2.62	6.71	-9.08	17.64
被调节的中介模型指标	Effect	Boot SE	Boot LLCI	Boot ULCI
友谊网络密度	6.98	18.38	-23.81	48.78

3. 团队断裂带强度与团队冲突的非线性模型结果

结果如表 4-20 和表 4-21 所示，在团队内部网络分别为低水平（-1 s.d）、中等水平和高水平（+1 s.d）的情况下，团队断裂带强度通过任务冲突（T2）和关系冲突（T2）对团队绩效有显著且负向的间接影响；95% 的置信区间都不包含零。

表 4-20　团队断裂带强度与任务冲突（T2）非线性关系中被调节的中介模型结果

被调节的中介模型				
附条件的间接效应	Effect	Boot SE	Boot LLCI	Boot ULCI
低友谊网络密度	-25.76	21.00	-83.07	5.25
中友谊网络密度	1.77	12.81	-20.76	28.66
高友谊网络密度	29.30	27.23	-19.27	90.70
被调节的中介模型指标	Effect	Boot SE	Boot LLCI	Boot ULCI
友谊网络密度	101.73	76.36	-20.72	275.95

表 4-21　团队断裂带强度与关系冲突（T2）非线性关系中被调节的中介模型结果

被调节的中介模型				
附条件的间接效应	Effect	Boot SE	Boot LLCI	Boot ULCI
低友谊网络密度	-52.01	30.41	-125.79	7.68
中友谊网络密度	-0.35	15.71	-35.80	28.03
高友谊网络密度	51.31	29.22	2.23	120.51
被调节的中介模型指标	Effect	Boot SE	Boot LLCI	Boot ULCI
友谊网络密度	190.88	93.66	31.29	412.44

4. 团队断裂带强度与团队冲突不对称性的非线性模型结果

此外，如表 4-22 和表 4-23 所示，在团队内部友谊网络密度分别为低水平（-1 s.d）、中等水平和高水平（+1 s.d）的情况下，团队断裂带强度通过任务冲突不对称性（T2）和关系冲突不对称性（T2）对团队绩效也具有显著且负向的间接影响；95% 的置信区间都不包含零。

表 4-22　团队断裂带强度与任务冲突不对称性（T2）非线性关系中被调节的中介模型结果

被调节的中介模型				
附条件的间接效应	Effect	Boot SE	Boot LLCI	Boot ULCI
低友谊网络密度	12.47	26.96	-44.30	41.54
中友谊网络密度	9.26	22.11	-27.49	64.07
高友谊网络密度	6.05	41.95	-78.52	88.47
被调节的中介模型指标	Effect	Boot SE	Boot LLCI	Boot ULCI
友谊网络密度	-11.87	101.50	-227.20	156.32

表 4-23　团队断裂带强度与关系冲突不对称性（T2）非线性关系中被调节的中介模型结果

被调节的中介模型				
附条件的间接效应	Effect	Boot SE	Boot LLCI	Boot ULCI
低友谊网络密度	-2.17	20.67	-54.06	40.00
中友谊网络密度	6.33	14.20	-18.83	37.40
高友谊网络密度	14.82	30.03	-38.58	78.61
被调节的中介模型指标	Effect	Boot SE	Boot LLCI	Boot ULCI
友谊网络密度	31.38	79.51	-103.93	202.32

4.7　研究结论

4.7.1　基本结论

研究 1 验证了团队断裂带强度与团队冲突（包括任务冲突和关系冲

第4章 研究1：团队断裂带与团队冲突不对称性的非线性关系研究

突）及其不对称性之间的线性和非线性关系，同时验证了友谊网络密度的调节作用。实证研究结果证实了部分假设，如表4-24所示，在本书提出的12个假设中，有8个假设得到了验证，4个假设不成立。结果表明，团队断裂带与任务冲突之间并不存在显著的非线性关系，但存在显著的线性关系，即团队断裂带强度的增加会导致任务冲突的加剧。团队断裂带与关系冲突之间既存在线性关系，也存在非线性关系，但非线性关系模型的拟合度（回归系数和R^2值）优于线性模型。在线性模型中，团队断裂带强度越强，关系冲突程度越高，关系冲突不对称性程度也较高，由此导致的团队绩效下降越明显。在非线性模型中，当团队断裂带强度处于极端（非常强及非常弱）时，关系冲突程度较高，而关系冲突不对称性程度较低；当团队断裂带强度处于中等水平时（Moderate Level），关系冲突程度较低，而关系冲突不对称性程度较高。研究1同时验证了友谊网络密度的调节作用。具体而言，较高的友谊网络密度有助于跨越团队断裂带传播信息，从而减少团队成员间的任务冲突和关系冲突，也会削弱团队成员间对团队冲突认知的差异（团队冲突不对称性）。最后，验证了团队冲突和团队冲突不对称性对团队绩效的负向影响。

表4-24 假设检验结果汇总

模型	假设序号	假设内容	假设是否成立
模型1	1a	团队断裂带强度与任务冲突呈U形关系	否
	1b	团队断裂带强度与关系冲突呈U形关系	是
	2a	友谊网络密度负向调节团队断裂带强度与任务冲突之间的关系	是
	2b	友谊网络密度负向调节团队断裂带强度与关系冲突之间的关系	是
	3a	任务冲突与团队绩效呈负相关关系	是
	3b	关系冲突与团队绩效呈负相关关系	是
模型2	4a	团队断裂带强度与任务冲突不对称性呈倒U形关系	否
	4b	团队断裂带强度与关系冲突不对称性呈倒U形关系	是

续表

模型	假设序号	假设内容	假设是否成立
模型2	5a	友谊网络密度削弱团队断裂带强度与任务冲突不对称性之间的关系	否
	5b	友谊网络密度削弱团队断裂带强度与关系冲突不对称性之间的关系	是
	6a	任务冲突不对称性与团队绩效呈负相关关系	是
	6b	关系冲突不对称性与团队绩效呈负相关关系	否

4.7.2 线性模型结论

1. 团队断裂带强度与团队冲突的线性关系

尽管研究1主要探讨团队断裂带与团队冲突之间的非线性关系，在进行非线性研究之前，首先对团队断裂带强度与团队冲突之间的线性关系进行了分析。线性模型的图示化结果见图4-11。与前人的研究结论一致，团队断裂带强度的增加的确能够导致团队冲突（任务冲突和关系冲突）的加剧，而团队冲突又会对团队绩效产生负面影响，友谊网络密度能够削弱因团队断裂带强度的增加带来的团队冲突，如图4-11所示。

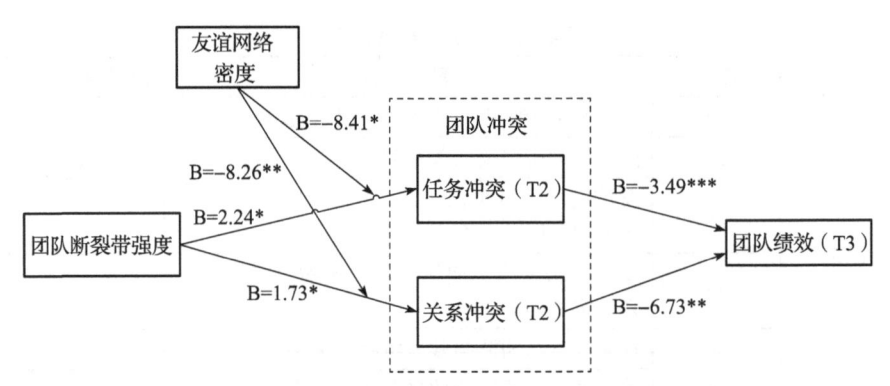

图4-11 团队断裂带强度与团队冲突（T2）的线性模型结果
注：*p<0.05、**p<0.01、***p<0.001。

2. 团队断裂带强度与团队冲突不对称性的线性关系

如图4-12所示，在团队断裂带强度与团队冲突不对称性的线性关系模型中,团队断裂带强度与任务冲突不对称性(T2)之间不存在显著的相关关系,但与关系冲突不对称性(T2)之间存在显著的负相关关系。虽然在统计上显著,但此结果并不具有经济显著性,由此判断,团队断裂带强度与团队冲突不对称性之间的关系可能是非线性的。此外,从该模型中可以看出,任务冲突不对称性(T2)与团队绩效(T3)之间具有显著负相关关系,但关系冲突不对称性(T2)与团队绩效(T3)之间确不具备显著的相关关系。

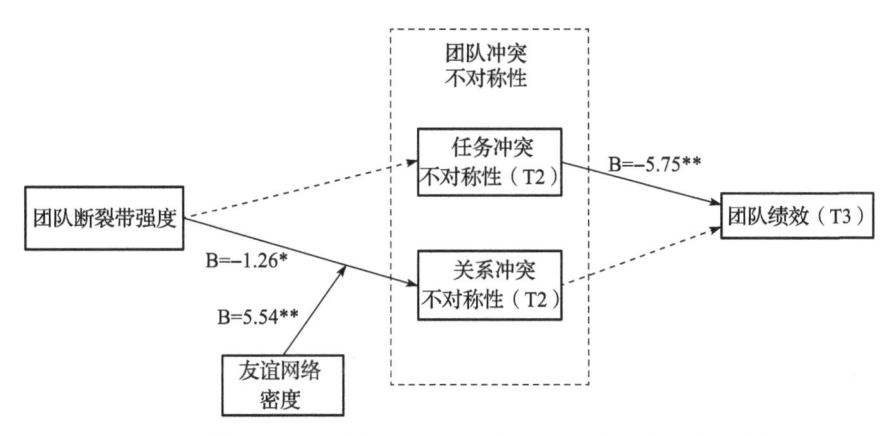

图 4-12 团队断裂带强度与团队冲突不对称性(T2)的线性模型结果

4.7.3 非线性模型结论

1. 团队断裂带强度与团队冲突之间的非线性关系

尽管证实了团队断裂带强度与团队冲突之间存在的线性关系,但如图 4-13 所示,非线性模型的解释力度明显优于线性模型。研究结果表明,团队断裂带强度的平方与任务冲突之间没有显著的相关关系,但与关系冲突之间的正相关关系显著。这表明,当团队断裂带强度较低时,团队多样性程度较高,团队成员间对信息处理、问题识别等方面难以达成共识,导致关系冲突(T2)的程度较高。当团队断裂带强度适中时,团队成员间在生源地(或家乡)与本科专业(教育背景)方面既有交叉,又不会形成对立子群,产生了信息的溢出效应,提高了团队合作效率,减少了关系冲突。当团队断裂带强度较高时,团队内部形成对立的子群,此时团队成员更愿意相信子群内成员，而对外群成员表现出敌意，因此容易造成关系僵化，导致关系冲突的加剧。此外，该模型还验证了友谊网络密度的调节作用。如图4-14所示，虽然团队断裂带强度的平方与任务冲突（T2）之间没有直接的相关关系，但在团队断裂带强度的平方与友谊网络密度的共同作用下，仍然可以抑制任务冲突的发生。同时，团队断裂带强度的平方与关系冲突（T2）之间呈显著正相关关系，但友谊网络密度能够降低关系冲突发生的可能性。不仅如此，该模型分别验证了任务冲突（T2）、关系冲突（T2）与团队绩效（T3）之间的负向关系，表明团队冲突的存在会对团队产出产生消极作用。

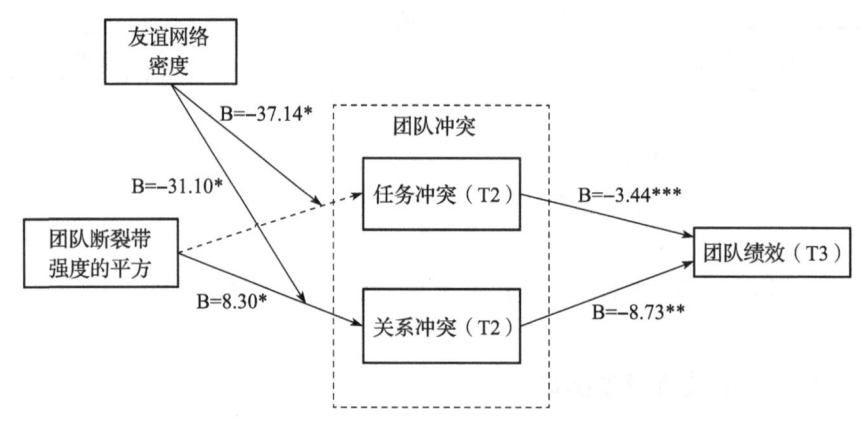

图4-13 团队断裂带强度与团队冲突（T2）的非线性模型结果

注：*$p<0.05$、**$p<0.01$、***$p<0.001$。

2. 团队断裂带强度与团队冲突不对称性之间的非线性关系

如图4-14所示，团队断裂带强度的平方与任务冲突不对称性（T2）之间没有显著的相关关系，但与关系冲突不对称性（T2）之间有显著的负相关关系。该结果表明，当团队断裂带强度较低时，整个团队呈现多元化，因此团队成员对可能产生的关系冲突会有提前的预设。正因为如此，团队成员间会尽量避免由于个人的差异化特点而对整个团队造成的关系冲突。当团队断裂带强度适中时，团队成员间的属性有重叠、有差异，对理解团队当中是否存在关系冲突不能达成一致意见，因此，此时关系冲突的不对称性较高。当团队断裂带强度较高时，团队成员因各自特点分为不同子群，对内群和外群是否存在关系冲突能够达成共识，因此关系冲突不对称性程度较低。但友谊网络密度能够调节团队断裂带强度的平方与关系冲突不对称性（T2）之间的关系，削弱团队成员间冲突感知的不一致。最后，该模型分别验证了任务冲突不对称性（T2）与团队绩效（T3）之间的负向关系，表明团队成员对冲突的感知差异会对团队产出造成不良影响。

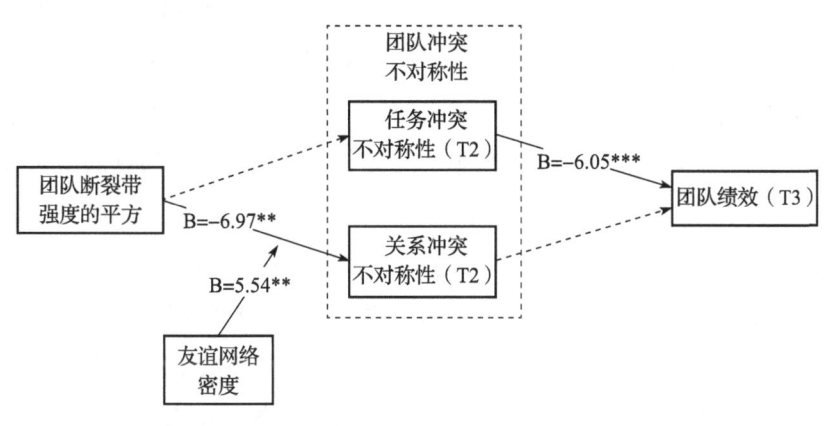

图 4-14 团队断裂带强度与团队冲突不对称性（T2）的非线性模型结果

4.7.4 线性模型与非线性模型的比较

研究 1 的结果证实，尽管团队断裂带强度与团队冲突之间的线性关系具有一定显著性，但其解释力度远不及非线性模型。而在对团队断裂带强度的平方与团队冲突不对称性之间关系的模型进行验证时发现，尽管任务冲突不对称性能够对团队绩效产生负面效应，但其前置因素并不是团队断裂带。虽然团队断裂带强度与关系冲突不对称性之间呈现倒 U 形关系，但关系冲突不对称性不足以对团队绩效产生负面影响。综上所述，研究 1 发现真正影响团队绩效下降的原因仍然是团队成员对团队冲突的平均感知。尽管有学者强调团队冲突不对称性对团队过程和团队产出的影响不容忽视，但本研究的结果表明，团队内部关于冲突存在与否及其程度的分歧并非导致团队绩效下降的直接原因。真正导致团队绩效下降的，仍然是团队成员对团队冲突的平均感知。

4.7.5 任务冲突与关系冲突的比较

任务冲突与关系冲突是团队冲突的两种不同类型。团队冲突的线性模型结果证明，团队断裂带会导致任务冲突和关系冲突的加剧，任务冲突和关系冲突均对团队绩效产生负向作用。但从回归系数看，关系冲突（β=-6.73，p<0.01）比任务冲突（β=-3.49，p<0.001）对团队绩效（T3）的负向影响更大（见图4-12）。这也验证了Jehn（2001）的断言，关系冲突在团队发展的任何阶段都会对团队产出产生负向影响，因为关系冲突将导致团队关系紧张，阻碍创新、关怀、自主、适应、随意的团队气氛（O'Reilly等，1991）。相比之下，任务冲突可以在一定程度上促进批判性思维，提高团队决策能力，因此任务冲突对团队绩效的负向影响相对较小。

团队冲突不对称性的线性模型结果表明，团队断裂带不会直接导致任务冲突不对称性的增加，但会导致关系冲突不对称性的增加（见图4-12）。由此说明，团队成员的多样性更容易影响人际关系，导致团队对团队关系的感知出现差异。但对于任务冲突不对称性来说，虽然团队成员拥有不同的属性，但在完成任务的过程中都将注意力转向共同目标，因此对于任务冲突的感知是一致的。从团队冲突不对称性与团队绩效的关系来看，关系冲突的不对称性只会影响人际关系，但并不影响完成团队目标的共同信念。但如果团队中出现了对任务冲突的不同认知，就会导致完成共同任务所需的讨论基础被破坏。

关于团队冲突不对称性的非线性模型结果如图4-14所示，团队断裂带确与关系冲突存在显著非线性关系，但与任务冲突不存在显著非线性关系。结合图4-12的线性模型结果，团队断裂带的程度会线性引发任务冲突的加剧；但团队断裂带程度的不同，将导致关系冲突的非线性变化。这是任务冲突与关系冲突的本质区别。从团队冲突与团队绩效的关系来看，非线性模型进一步验证了关系冲突（β=-6.73，p<0.01）对团队绩效的负向影响高于任务冲突（β=-3.44，p<0.001）。

团队冲突不对称性的非线性模型结果如图 4-13 所示，表明团队断裂带与关系冲突不对称性具有非线性关系。综合图 4-13 的结果可以看出，无论在线性模型还是在非线性模型中，团队断裂带与任务冲突不对称性都不具有直接相关关系。这一结果说明，任务冲突不对称性的前置因素并非团队断裂带。但一旦任务冲突不对称性形成，就会对团队绩效产生显著的负面影响，而关系冲突不对称性却与团队绩效没有显著的关联。对团队绩效的作用差异也是这两种冲突不对称性的本质区别。

4.7.6 时间对团队的影响

研究 1 不仅利用纵向数据验证了所提出的线性模型和非线性模型，还通过面板数据的回归进行了对照分析。结果表明，在团队成立之初，团队成员之间不会因人口统计特征的差异而在团队中形成明显的团队冲突。然而随着时间的推移，在完成团队任务的过程中，团队冲突逐渐加剧，由团队成员人口统计特征差异造成的团队断裂带对团队过程的负面影响逐渐形成。研究 1 的结论否定了 Harrison 等（2002）关于时间在团队多样性问题上起到作用的结论。Harrison 等（2002）认为，由人口统计特征叠加形成的团队断裂带会被团队人员迅速感知，并作为决策的依据，但随着时间的推移，团队成员的注意力逐渐转向完成共同目标，以及由团队成员性格因素构成的深层断裂带，而由人口统计特征叠加形成的团队断裂带对团队合作的负面影响将显著降低。但研究 1 得出的结论表明，由团队成员生源地和本科专业构成的团队断裂带对团队过程的影响并不会随时间推移而减弱，相反，将会逐渐增加团队冲突的程度和对团队冲突感知的差异程度，并最终导致团队绩效降低。有关表层和深层团队断裂带对团队过程和产出的影响，将在研究 2 中详细探讨。

4.8 现实意义

研究 1 的结论对企业管理者和团队领导者具有现实意义。研究 1 应用全面系统的构念和测量工具验证了团队多样性对团队绩效的影响。管理者和团队领导者需要学会识别并管理由断裂带形成的不同非正式团体。强烈的异质性会带来更多团队冲突,但如果团队中的异质性在不同潜在子群中有所交叉,管理者和团队领导者就无需担心团队多样性带来的负面效应。相比于过去只关注某一时点的某一种多样性属性而言,同时关注多种属性及其组合方式,有利于管理者和团队领导者识别团队分裂的状态(Thatcher 等,2003)。

尽管管理者和团队领导者在短时间内较难调整团队内的多样性程度,但研究 1 的结论可以帮助他们预测团队断裂带的属性及团队冲突的类型。这将激励管理者和团队领导者组织更有效的培训,激励团队成员应对和利用团队多样性。现在很多企业为了激发团队多样性,在招聘和建立团队时倾向于将不同属性和背景的员工置于同一团队中,但往往忽视了多样性可能带来的潜在问题和挑战。研究 1 表明,如果团队成员的多重属性有一定程度的交叉,将有利于提高企业人力资本的竞争力,但在团队断裂带过强或过弱时,应当通过管理手段抑制冲突发生的可能性。

团队断裂带的不同强度不仅反映团队构成的多样性,还对团队冲突及其不对称性产生了区间效应。如表 4-25 所示,关系冲突的极值区间为(0.1,0.2),在此区间内关系冲突程度最低。关系冲突不对称性的极值区间为(0.1,0.3),在此区间内团队成员对关系冲突的感知差异最大。在管理实践中,由于团队成员的多元化差异不可避免,将团队断裂带强度降为零是很难实现的,但可以将其控制在 0.1 至 0.3,以此降低关系冲突的发生。然而团队断裂带在 0.1 至 0.3,恰恰是团队冲突不对称性发生的高峰。这表明虽然此时大部分团队成员感知到的团队冲突程度都比较低,但仍有个别团队成员感知到较大的团队冲突。在此情况下,团队管理者和领导者应当创造和谐的团队氛围,使团队冲突不对称性降低。当团队断裂带强度超过 0.3 时,任务冲突和关系冲突的程度都开始骤然升高,此时团队冲突不对称性降低的原因是所有团队成员都意识到团队中出现了较大程度的冲突,此时团队管理者和领导者应

第4章 研究1：团队断裂带与团队冲突不对称性的非线性关系研究

当通过调整团队成员分工或合作模式、强调团队共同目标的重要性或通过不同形式的激励方案促进团队和谐，减少冲突对团队绩效的负面影响。

表 4-25 团队断裂带强度状态表

强度范围	0～0.1	0.1～0.2	0.2～0.3	0.3以上	是否存在区间效应	极值区间
任务冲突	低	中	较高	高	否	无
关系冲突	中	低	中	高	是	0.1～0.2
任务冲突不对称性						
关系冲突不对称性	中	高	高	低	是	0.1～0.3

综上所述，研究1对于管理实践的启示是，团队断裂带存在极值区间，在此区间内，团队断裂带对团队冲突的影响最小。Chi等（2009）研究了组织任职年限多样性与团队创新之间的非线性关系，所得结论表明，在组织任职年限多样性数值为1时，团队创新程度最高，但团队多样性与团队断裂带的数值并不具有可比性。Chen等（2017）研究了以团队成员的年龄、性别、专业背景、教育程度和行业经历为划分属性的团队断裂带与团队绩效间的非线性关系，但在他们的论文中并未对极值点的大小进行说明。本书的创新之处在于发现了团队断裂带对团队过程和结果的影响存在具体的极值点，并指出这一极值点的具体数值在不同团队中可能存在较大差异。因为不同组织中的团队间存在巨大差异，不同的团队构成、团队任务、团队气氛或对划分团队断裂带属性的不同选择等，都决定了不同组织中团队断裂带的分布具有较大差异。因此，不需关注团队断裂带极值点和区间的绝对值，而是要在管理实践中意识到极值点的存在。管理者应当根据团队属性和任务目标，发掘团队中存在的极值空间，通过人力资源管理手段，合理配置资源，将团队断裂带控制在极值区间内，从而有效控制团队冲突，减少团队异质性对团队绩效的潜在负面影响。

4.9 本章小结

本章对某研究型大学商学院参与课堂活动的 MBA 学生做了问卷调查研究，并用实证研究方法对团队断裂带、团队冲突、团队冲突不对称性、友谊网络密度和团队绩效之间的关系进行了分析。纵向数据研究表明，团队断裂带与任务冲突和关系冲突都存在显著的线性关系。结果同时证实，在非线性研究模型中，团队断裂带与关系冲突呈 U 形关系，与关系冲突不对称性呈倒 U 形关系。友谊网络密度能够削弱团队断裂带对团队冲突和团队冲突不对称性带来的负向影响，团队冲突和团队冲突不对称性对团队绩效产生负向影响。

研究 1 证实，团队成员的人口特征分布情况的确可以影响团队冲突及团队产出。同时归属于不同潜在子群的团队成员（跨界者，边界扳手）能够在不同子群间传递信息，降低团队冲突、提高团队成员对冲突程度认知的一致性。研究 1 也验证了 Thatcher（1999）的结论，多样性本身并不会对团队结果（如团队绩效）产生负面影响，但多样性组成和分布的不同情况所形成的团队断裂带将会引发不同程度的团队冲突和团队绩效。由于数据来源的可得性，研究 1 在探讨友谊网络密度对团队冲突的影响时并未考虑其他人际关系网络连接模式，未来的研究可以考虑在控制敌意网络连接的基础上，充分探讨友谊网络密度的影响机制。

第5章
CHAPTER 5

研究2：表层和深层团队断裂带强度与团队断裂带的激活的关系研究

由于经济、技术和社会环境的巨大变化，在过去二十年中，组织越来越依赖团队合作来实现目标（Van Der Kamp 等，2012）。因此，团队构成及其对团队结果的影响在组织行为研究中具有日益显著的重要意义。此前有关团队成员多样性（如年龄、性别和种族等）与团队绩效关系的研究并没有得出一致结论（Jackson 等，2003；Williams 和 O'Reilly，1998），因此，有必要将更复杂的团队构成模式引入研究（Lau 和 Murnighan，1998；Thatcher 和 Patel，2012）。按照团队成员的不同属性，可以将团队断裂带划分为多种类型。例如，根据团队成员是否已经真正分裂为不同子群，可以将断裂带分为处于休眠的断裂带和已被激活的断裂带。此外，还可将团队断裂带分为表层的断裂带和深层的断裂带。以往研究多关注表层团队断裂带的问题，而关于深层团队断裂带及其激活过程的研究相对较少。研究 2 将休眠的团队断裂带分为两类：一类是基于团队成员人口统计特征划分的表层断裂带；另一类是基于团队成员性格、态度、价值观等因素构成的深层断裂带。随后，该研究进一步探讨了表层和深层团队断裂带的叠加如何触发团队断裂带激活的。

5.1 研究假设

研究 2 首先强调断裂带激活的过程，这一点在 Lau 和 Murnighan（1998）最初对断裂带下定义时有所暗示，但在他们的后续研究中却未能得到充分探讨。具体而言，研究 2 提出了一个假设：休眠的断裂带必须被激活才能对团队绩效产生实质性影响。研究 2 进一步指出，团队断裂带强度越大，越容易增加团队分裂的可能性，但团队集体心理资本能够促使成员将团队视为一个整体，对抗团队断裂带对团队产出造成的负面影响。最终，通过将激活的断裂带与团队绩效联系起来，研究 2 解释了为何被激活的断裂带会阻碍团队成员充分发挥协同潜力（Cronin 等，2011）。通过调查休眠的断裂带、激活的断裂带和团队集体心理资本对团队绩效造成的共同影响，研究2试图为团队断裂带研究提供更具洞察力的见解和更多的证据。

5.1.1 团队断裂带的激活

Lau 和 Murnighan（1998）将团队断裂带定义为基于团队成员的一个或多个属性，将一个团队划分为多个子群（或子团队）的假想分界线。团队断裂带的概念不同于团队多样性，因为团队多样性通常只研究团队成员的某个单一属性（如性别、年龄等），而断裂带理论需要同时考虑团队成员的多个属性（Bezrukova 和 Uparna，2009）。根据前文介绍的社会分类理论（Tajfel，1981）和同性相吸理论（Byrne 等，1971），人们倾向于和自己有相似特征的人结盟。因此，在同一群体中具有多重相似属性的人往往比只具有单一相似属性的人更容易聚集在一起，形成断裂带，并有可能进一步造成团队分裂（Lau 和 Murnighan，1998）。

与地壳断层的地质概念类似，组织行为学中所指的断裂带根据其发展状态可以分为休眠的断裂带和激活的断裂带（Lau 和 Murnighan，1998）。具体来说，休眠的断裂带是指成员之间因单一或多重相似特征的叠加，而将一个团队划分为多个子群。相对应的，激活的断裂带是指团队成员对断裂带的实际感知（Jehn 和 Bezrukova，2010）。

之前的研究大多集中在休眠的断裂带对团队过程和团队结果的影响上。例如，基于人口统计特征的强断裂带（如任期、职能背景、教育背景、种族等）通常与团队绩效和创新绩效呈负相关（Li 和 Hambrick，2005；Thatcher 等，2003；Thatcher 和 Patel，2012；Zanutto 等，2011；卫武和易志伟，2017；王曦若和迟巍，2018）。近年来，学者们开始关注断裂带的激活。Jehn 和 Bezrukova（2010）认为，处于休眠状态的断裂带并不一定会转化为真实的子群。栾茗乔等（2019）的研究表明，潜在断裂带的存在并不意味着团队成员能够在相同程度上真实感知其存在。但休眠的断裂带的程度越强，越有可能凸显团队内部的差异（Jehn 和 Bezrukova，

2010）。基于社会认同理论，团队成员之间的异质性增加了团队成员将彼此视为不同社会类别的可能性（Shemla 等，2016；Turner 等，1987）。一旦差异变得突出，团队成员就更倾向于在内群成员（In-group）中寻找归属感，而对外群成员（Out-group）持有负面意见。因此，休眠的断裂带增加了团队分裂的可能性（Jehn 和 Bezrukova，2010）。例如，Zanutto 等人（2011）通过验证团队断裂带的强度和距离的相互作用，表明休眠的断裂带与激活（或感知）的断裂带呈正相关关系。因此，研究 2 认为，休眠的断裂带（无论是表层还是深层断裂带）是激活的断裂带发生的前提。

以往团队研究多关注基于人口统计特征划分的表层团队断裂带，而对团队成员因性格、态度、价值观等形成的深层团队断裂带研究相对较少（Ren，2008）。尽管如此，仍有一些研究认为，由于深层团队断裂带可见度更低，较表层团队断裂带而言更难被识别，因此更容易造成团队过程的损失。例如，Ren（2008）将文化价值观作为跨文化团队最显著的特征，认为基于文化价值观划分的深层断裂带与团队凝聚力呈负相关关系，而与任务冲突、关系冲突呈正相关关系。Waller 等（2020）研究了医疗团队中团队成员时间观念的差异对团队结果的影响，结果表明，当任务的彼此依赖性程度较低时，团队成员多样化的时间观念有助于团队任务的完成。但当任务的完成需要团队成员共享彼此的经验和技能时，团队成员同质性的时间观念更有助于团队任务的完成。根据前人的研究，依照研究对象的特点，研究 2 选取团队成员在时间紧迫性和目标承诺方面的异质性作为划分深层团队断裂带的标准，探究深层团队断裂带如何被激活、形成子群实际分裂的过程。

第一，团队成员间对于时间紧迫性的感知差异会导致时间紧迫性强的人失去耐心，而时间紧迫性弱的人受到其他团队成员的催促而失去完成目标的灵感。时间紧迫性强的团队成员可能因其他人不能跟上自己的节奏而担心错过最后期限，从而对整个团队失望。在无法改变他人对时间的感知的情况下，时间紧迫性强的人更容易表现出对团队的低满意度，甚至退出（Saunders 和 Van Slyke，2004）。然而，在创造性的任务中，过分强调节奏和时间节点会分散团队成员对任务本身的注意力（Saunders 等，2004）。特别是当时间紧迫性弱的成员专注于创造性思维时，如果被时间紧迫性强的成员催促，可能会打乱他们的思路，导致工作需要重新进行，从而进一步浪费时间。

在需要完成复杂任务的团队中，时间紧迫性意味着速度，而耐心意味着质量（Mohammed 和 Harrison，2013）。时间紧迫性强的团队成员通常充当团队中的节奏制定者（Time Pacer），将严格的时间节点强加于其他团队成员，重复强调"我们还有多少时间"（Waller 等，1999）。但是"紧迫"有时会被简单理解为"仓促"（Mohammed 和 Harrison，2013）。当时间被某些团队成员当作稀缺资源时，着急、迫于压力、仓促的决定将意味着质量损失（Mohammed 和 Harrison，2013）。Mohammed 和 Harrison（2013）的研究同时表明，在团队任务极其复杂、时间要求极为苛刻但又不容任何差错时（如卫星发射或救援），团队成员在时间紧迫性方面的差异将有助于完成这样的任务，因为只有这样才能同时保证速度和质量。相反，在需要完成普通任务的团队中，团队成员中时间紧迫性的差异将对团队绩效产生负面影响。团队成员对时间的不同感知导致他们对截止日期和宽限期（Grace Period）有不同认识。当时间紧迫性强的团队成员认为已经迫在眉睫时，时间紧迫性弱的团队成员则对拖延和超出时间限定表现得更为淡定。由于对时间的感知不能达成统一意见，在团队成员需要完成彼此依赖、需要互相配合才能完成的具有时间序列属性的团队任务时，时间紧迫性的差异将会成为团队的负债（Liability）而非资产（Asset）(Mohammed 和 Harrison，2013）。因此，团队成员间对时间紧迫性的感知差异将在潜在子群间产生冲突，增大团队分裂的可能性。

第二，根据目标设定理论（Goal Setting Theory），团队成员间对目标承诺的感知差异意味着，对目标有高承诺的团队成员倾向于完成具体、困难、具有挑战的目标（Specific Goals，Difficult Goals）；而对目标缺乏高承诺的团队成员倾向于竭尽所能达成目标（Do your best goals）但不对结果有任何期待（Latham 和 Locke，2007）。虽然"竭尽所能目标"看似并不一定比"明确—困难目标"容易达成，但在目标设定理论里，"竭尽所能目标"被定义为比"明确—困难目标"更简单的目标（Wood等，1987）。已有实证研究证明，"竭尽所能目标"设置目标的难度是"明确—困难目标"的90%（Drach-Zahavy和Erez，2002）。例如，在一个4人团队中，强烈的目标承诺断裂带意味着两人持有"竭尽所能目标"，另两人持有"明确—困难目标"。

在需要完成日常或固定任务的团队中，当存在目标承诺断裂带时，团队成员对目标的设定缺乏统一认识。抱持"明确—困难目标"的子群成员认为自己所在的子群比抱持"竭尽所能目标"的子群表现更好，付出更多，因此容易产生社会惰化（Social Loafing）现象。已有研究表明，社会惰化在目标断裂带与团队绩效之间起到了中介作用（Ellis等，2013）。具体而言，在常规任务背景下，拥有目标断裂带的团队比存在单一目标的团队（如所有成员都抱持"明确—困难目标"或所有成员都抱持"竭尽所能目标"）表现更差。因为没有任何一位团队成员愿意为其他人承受结果，当他们感受到自己可能比其他人设定了更高的目标以后，会自动降低自己的目标和期待，也会自动减少付出。这种观念在团队内部传播后，会形成对目标承诺的螺旋式下降模式，最终导致整个团队陷入社会惰化状态，从而影响团队绩效。因此，由时间紧迫性和目标承诺叠加形成的深层断裂带可能进一步加重团队内部的分裂倾向，导致团队的分裂实际。由此提出以下假设。

假设1a：休眠的表层团队断裂带与激活的团队断裂带呈正相关关系。

假设1b：休眠的深层团队断裂带与激活的团队断裂带呈正相关关系。

5.1.2 团队集体心理资本的调节作用

心理资本由积极组织行为学（Positive Organizational Behavior，POB）发展而来。积极组织行为学通过研究人力资源管理和心理能力的积极面，开发出可以被测量化、被管理的积极心理要素，用以提升工作场所的实际绩效（Luthans，2002）。起初积极组织行为学的研究认为信心、希望、乐观、幸福、坚韧和情绪智力都是比较符合积极组织行为学标准的构念，并认为这些构念彼此独立（Luthans 和 Jensen，2002）。后来的研究将以上构念合并，形成积极组织行为学的更高阶构念，称为"积极心理资本"（PsyCap）(Luthans、Luthans 和 Luthans，2004）。

1. 心理资本的维度

心理资本被定义为人们拥有的一种积极心理状态，该状态可以概括为自我效能感、乐观、希望和坚韧性四个维度（Luthans，2007）。其中，自我效能感源自社会认知理论（Bandura，2002，2010），它反映了个人在面对挑战性任务时，相信自己能够通过付出努力成功实现目标的信念。自我效能感高的个体通常对自己控制结果的能力有更强的信念，相信自己能够克服困难并获得成功。乐观是指一个人对积极结果的期待（Scheier 等，2001）。乐观的人通常能够对现在和未来有积极的期待，并鼓励自己追求目标、战胜困难。充满希望描绘的是一个人坚持向目标前进的状态，甚至在必要时可以为实现目标改变努力方向。希望具备两个要点，一个是实现目标的动力，另一个是实现目标的方法（Luthans 等，2008）。拥有希望的人通常表现出实现目标的强大动力和变换方法的能力。坚韧性是指当面对逆境、不确定性、风险或失败时，通过不断努力恢复回来、超越困境并获得成功的能力（Luthans 等，2007）。

2. 心理资本的前置因素

Luthans 等（2008）的研究表明，对于心理资本的研究，应当首先考察其形成的过程和原因，了解心理资本的前置因素有利于团队构建和增加个体的心理资本。例如，团队对员工工作的支持能够促进员工心理资本的发展，因为团队支持给团队成员提供了相应的资源，可以使团队成员迅速从挫折中恢复回来（Luthans 等，2008）。又如，Liu（2013）的研究发现，得到更多上级支持的员工表现出更高程度的心理资本，从而取得更好的个人表现。相反，紧张情绪和压力的增加导致心理资本的降低，例如，奖励不足和不堪重负导致心理资本的降低，而伴随心理资本的降低，个体可能出现抑郁症状（Liu 等，2012）。此外，裁员压力也会影响个体的心理资本，还可能因压力过大而失去生活下去的信念（Epitropaki，2013）。

3. 心理资本的效用分析

以往关于心理资本的效用分析多集中于个体层面（Newman 等，2014），这些研究探索了在个体层面心理资本如何影响员工的态度、行为和表现。从理论上讲，具有较高心理资本的个体在追求目标的过程中能够获得更多资源，从而展现出更好的工作面貌（Luthans 等，2008）。个体的心理资本越高，越有可能获得更高的上级评价（Avey 等，2010）和个人业绩（Peterson 等，2011）。个体层面的心理资本还会影响员工的创造力、解决问题的能力和创新能力（Newman 等，2014；张宏如，2013）。领导的心理资本会正向影响追随者的心理资本和追随者的个人表现（Walumbwa 等，2010）。个体心理资本还通过降低心理压力对个体的健康和个人生活产生积极作用（Newman 等，2014）。此外，这些研究还揭示了心理资本与工作满意度（Luthans 等，2007）、员工的留职意愿（Luthan 和 Jensen，2005）、对任务的承诺（Luthan 和 Jensen，2005）、组织公民行为（Avey 等，2008；仲理峰，2007）等之间的正相关关系。

近年来，学者们开始研究团队层面的集体心理资本对团队结果的影响（Mckenny，2013；Walumbwa 等，2011；Giordano 等，2020）。Walumbwa 等（2011）在团队层面开发了"团队集体心理资本"（Team Collective Psy Cap）的构念，强调整个团队所共享的积极心理状态。Walumbwa 等（2011）的研究表明，团队集体心理资本有利于提高组织公民行为和团队绩效。类似的，Clapp-Smith 等（2009）和 Mckenny 等（2013）将个体层面的心理资本归集到团队层面，发现团队集体心理资本与团队绩效和组织财务绩效呈显著正相关关系。Giordano 等（2020）认为，团队集体心理资本对团队有效性、团队成员的离职意愿和维护团队产出的意愿有直接影响。李敏等（2019）的研究表明，团队集体心理资本与知识活动呈倒 U 形关系，另有研究表明团队集体心理资本在真实型领导和组织公民行为之间起中介作用（Walumbwa 等，2011）。

从子群分裂的角度来看，虽然休眠的断裂带有可能被激活，从而形

第5章 研究2：表层和深层团队断裂带强度与团队断裂带的激活的关系研究

成子群分裂，但某些积极的团队性格特征可以降低断裂带被激活的可能性。基于社会认同理论，团队的积极心理特征会促进团队和谐，确保共同目标的实现（Gibson 和 Earley，2007）。因此，集体心理资本作为重要的团队性格特征，将决定休眠的断裂带是否被激活。基于心理资源理论（Psychological Resource Theory），集体心理资本越高，团队成员越期待好事发生（乐观），认为他们自己创造了成功（自我效能感和希望），与集体心理资本低的团队相比，抗击挫折的坚韧性越强。以往研究表明，团队断裂带通常被认为是导致团队分裂、团队过程损失和管理不善的压力源（Li 和 Hambrick，2005），而且团队断裂带往往使团队成员更努力追求自己所在子群的小目标，而忽略团队的共同目标，导致团队的负面结果（Rink 和 Jehn，2010）。然而，当团队成员具有共同的积极心理状态时，团队分裂的可能性就将变小。也就是说，团队成员的集体心理资本将通过建立统一而积极的认知、动机和行为来实现团队的共同目标，阻止休眠的断裂带被激活。

在团队中，具有相似人口统计特征的团队成员更容易被吸引到相同子群中，因为子群可以为他们提供一个安全的环境，以缓解压力，增强信心（Van Der Kamp 等，2012）。然而，由于团队集体心理资本也能为团队提供安全的心理环境（Bergheim 等，2013），团队成员就不需要在子群中寻求安全感，也不需要过分看重子群的重要性。第一，具有乐观主义思维（Optimism）的团队成员可能对团队中存在的断裂带有积极的看法，并期望充分利用和发挥团队成员异质性的价值（Homan 等，2008）。第二，具有坚韧性（Resilience）的团队成员将做好积极的心理准备，以应对团队断裂带带来的挑战，并将努力寻求阻止团队分裂的途径。第三，高效率的团队成员能够克服断裂带带来的合作困难，并有信心（Confidence）实现团队的共同目标。第四，心存希望（Hope）的团队成员能够清楚识别出实现团队共同目标的路径，预测团队断裂带造成的潜在障碍，并制订应急计划以克服障碍（Luthans 等，2007）。综上所述，团队集体心理资本能够削弱休眠的断裂带被激活的可能性。

假设 2a：团队集体心理资本负向调节休眠的表层团队断裂带与激活的团队断裂带之间的正向相关关系。

假设 2b：团队集体心理资本负向调节休眠的深层团队断裂带与激活的团队断裂带之间的正向相关关系。

5.1.3　表层和深层团队断裂带的叠加

表层团队断裂带通常最容易被识别，但表层与深层断裂带的叠加对团队断裂带的激活作用有着更复杂的影响，因此，提出以下备择假设。

具有不同深层特征的团队成员之间可能产生纠纷和不同意见，而正是由于深层断裂带不像表层断裂带那样容易识别，团队成员很难在短时间内判断出现纠纷的真实原因，或将真实原因错误地归咎于表层断裂带（Misattribution to Surface-level Fault Lines），最终导致团队进一步分裂（Ren，2008）。基于社会分类理论（Tajfel，1982），团队成员通常用最显著的身份特征区分彼此，特别是在团队成立之初，团队成员会自动用年龄、性别等人口统计特征为自己归类（Elsass 和 Graves，1997）。归类产生内群和外群，而内群和外群容易产生偏见（Ashforth 和 Mael，1989）和刻板印象（Taylor 等，1978）。

当团队随时间推移不断发展，表层断裂带的影响可能让位给深层断裂带，更强烈的团队分裂可能归结于团队成员间态度、价值观或信念的差异（Harrison 等，1998；2002），而原本显著的表层差异因团队合作逐渐被淡化。但表层和深层断裂带的叠加可能导致团队成员间的分歧被错误归因。也就是说，在不考虑表层断裂带的情形下，团队成员可能找不到发生分歧的原因，但当表层断裂带与深层断裂带叠加以后，团队成员可能将彼此间产生的分歧错误地归因于自己与他人在人口统计特征方面的差异。这样一来产生的结果是，错误归因导致被表层断裂带分割的双方加剧了对彼此的偏见和刻板印象，从而加剧了团队发生分裂的可能性。换句话说，表层断裂带不仅没有因合作而被淡化，反而因对深层断裂带的错误归因而不断加强，导致团队断裂带的激活。

第5章 研究2：表层和深层团队断裂带强度与团队断裂带的激活的关系研究

表层和深层断裂带的叠加会激活团队断裂带的另一个原因是，具有相同表面属性的团队成员会期待彼此应当具有相同的深层属性，如果这种期待被打破，更可能产生矛盾升级（Phillips和Loyd，2006）。当具有相同表层属性的团队成员具有不同的深层属性时，团队成员间将表现出更强烈的负面情绪，导致团队断裂带的激活。

由此提出备择假设的第一种可能。

假设3a：表层加深层断裂带与激活的团队断裂带呈正相关关系。

另一方面，团队成员会因自己与其他人存在的表层异质性而对双方可能产生的冲突有提前的准备。McGrath等（1995）提出的期待模型给出了表层和深层属性相结合的另外一种解释。根据他们的研究，具有表层差异的团队成员会给自己一个心理暗示，认为差异可能会带来潜在的分歧，从而区别对待外群成员的言行，以避免可能产生的冲突。换句话说，由表层断裂带划分的两个团队子群可能会认为，既然彼此存在较大的人口统计特征差异，就有可能会由此产生深层异质性，如果所有子群都事先对差异有心理准备，内群成员可能会主动为外群成员的不同观点找到合理的解释，因此发生损害团队利益的想法被提前抑制了。另一种情况是，多种异质性属性的叠加（表层——年龄和性别；深层——时间紧迫性和目标承诺）使团队成员很难将自己归为某一特定子群，因此更加关注团队整体的任务目标。

假设一个4人团队由两男两女组成，同时两位男性都是个人主义者，而两位女性都是集体主义者。他们在合作之初，会首先因性别差异将团队划分为"男队"和"女队"。在之后的合作中，如果某一决策产生的原因是由不同文化价值观（个人主义或集体主义）造成的，"男队"成员将其归咎于对方是女性，而忽略了对方是集体主义者；"女队"成员也认为"男队"做出此决策的原因并不受个人主义思想的影响，而仅仅因为对方是男性。根据期待模型，子群双方就会提前为对方的行为模式找到合理的理由。也正是如此，原本可能发生的冲突就会因对差异的心理预设而被消解。由此可以看出，表层和深层断裂带的叠加并不会导致休眠断裂带的激活,因此提出竞择假设的第二种可能。

假设 3b:表层加深层断裂带与激活的团队断裂带无相关关系。

5.1.4 激活的断裂带与团队绩效的关系

激活的断裂带可以被定义为团队成员对团队内实际存在的团队分裂现象的识别和感知(Shemla 等,2016)。此前的研究认为,除非断裂带被激活,否则根据人口统计特征划分的潜在团队断裂带不一定会对团队结果产生影响(Jehn 和 Bezrukova,2010)。根据自我分类理论(Self-categorization Theory),当断裂带被激活(或被感知)时,由于团队成员对内群和外群的分类(In-group and Out-group Categorization),更有可能对团队产生消极影响(如沮丧、不适、敌意、焦虑和偏见)(Chatman 等,1998;Turner 等,1987)。实证研究表明,团队断裂带必须根据团队特征或通过实验操作来激活,以影响团队功能和结果(Li 和 Hambrick,2005;Polzer 等,2006)。激活的断裂带可能会损害团队成员之间协调、信任和信息共享的机制(Bergheim 等,2013;Cramton 和 Hinds,2004;Phillips 等,2004;Polzer,2004),从而降低团队绩效和团队效率(Cronin 等,2011)。栾茗乔等(2019)的研究表明,团队断裂带一旦被激活(或被感知),将对交互记忆系统和团队创新能力造成损害。总之,激活的断裂带会阻碍团队成员之间的沟通,并最终导致团队绩效的降低。因此,激活的断裂带是团队绩效降低的前提。

假设 4:激活的团队断裂带与团队绩效呈负相关关系。

5.1.5 整合模型中被调节的中介效应

Jehn 和 Bezrukova(2010)发现激活的断裂带在休眠的断裂带和结盟、冲突等团队过程之间起到中介作用,进而影响团队绩效。他们还发现,具有特定性格配置(如权利配置)的团队将更有可能导致断裂带的激活。相反,基于跨越分类理论(Cross-cutting Category Theory)(Deschamps 和 Doise,1978;Marcus-Newhall 等,1993),团队集体心理资本能够削弱激活的断裂带在休眠的断裂带和团队绩效之间的中介作用。也就是说,由于团队成员具有跨越内外群的共同意愿（在本研究中体现为团队集体心理资本），团队成员将强调不同子群拥有的相似性，减少子群之间的敌意、偏见和歧视（Marcus-Newhall 等，1993），并在团队中创造凝聚力（Crisp 和 Hewstone，1999）。因此，当团队集体心理资本较高时，因团队成员对共同积极心理特征的关注，使断裂带的激活过程受到限制。因此，即使团队中存在休眠的断裂带，其被激活的可能性也较低。

假设 5：休眠的断裂带通过团队断裂带的激活对团队绩效的影响取决于团队集体心理资本。

表层和深层团队断裂带的激活模型如图 5-1 所示。

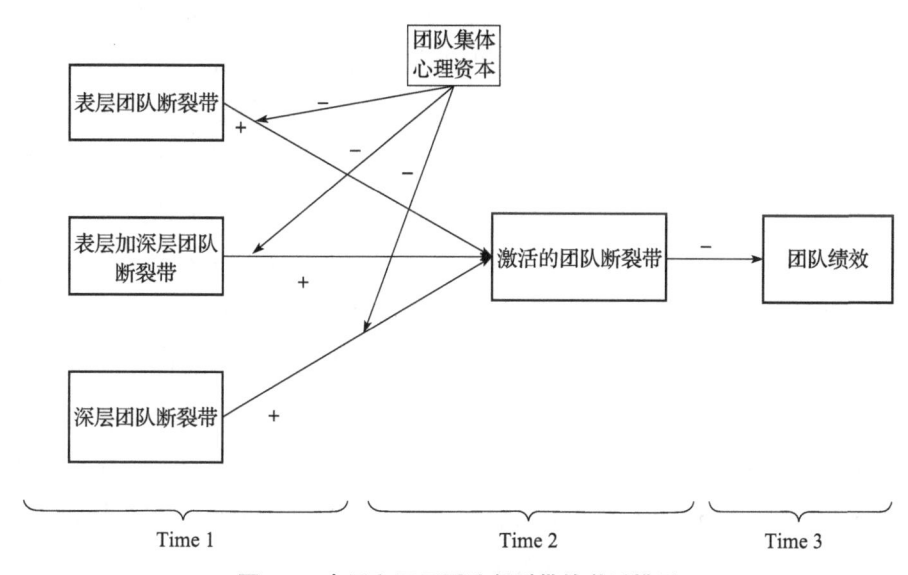

图 5-1　表层和深层团队断裂带的激活模型

5.2　测量工具

5.2.1　表层团队断裂带强度

研究 2 采用 Thatcher 等（2003）的 FLS 法计算由年龄和性别划分的

表层团队断裂带的强度，相关数据在问卷调查的第一轮收集。计算方法与研究 1 相同，此处不再赘述。

5.2.2　深层团队断裂带强度

深层团队断裂带是指由团队成员态度、价值观、信念的异质性而导致的潜在团队分割线（Dividing Lines）。研究 2 采用时间紧迫性和目标承诺作为深层团队断裂带的两种属性，因为这两种属性与研究对象的团队构成和目标任务密切相关。

1. 时间紧迫性

时间紧迫性（Time Urgency）是一种将时间作为稀缺资源并且谨慎安排的倾向（Burnam 等，1975）。时间紧迫性是 A 型人格的一个组成部分，时间紧迫性强的人通常对时间的流逝极其敏感，习惯性地为争取时间焦虑（Nadkarni 等，2016）。他们会为自己设定一个具有挑战性的时间节点，用时间作为衡量团队任务完成度的标尺。他们经常查看工作完成进度，提醒团队中的其他人还有多少剩余时间，鼓励他人在规定时间内完成任务。由于对时间的苛刻要求，他们利用时间的效率非常高，工作完成快，也经常充当团队任务的时间设定者（Clock-setters）。Nadkarni（2016）的研究表明，CEO 的时间急迫性与"时间型领导力"（Time Leadership）及企业家精神呈正相关关系。相反，时间紧迫性弱的人并不会总是着急，也并不会被时间所限制，这样的人不愿为自己设置完成期限，在团队任务中表现得更加放松，也不会给别人压力（Nadkarni 等，2016）。时间紧迫性强的人将时间视作自己的敌人（Landy 等，1991），而时间紧迫性弱的人将时间视为自己的朋友。时间紧迫性量表由 Landy 等（1991）开发，回答采用李克特 7 分制量表，范围从"1= 非常不符合"到"7= 非常符合"，量表题项见表 5-1。

2. 目标承诺

目标承诺（Goal Commitment）衡量团队成员在多大程度上对团队共同目标持有承诺，是理解目标和团队绩效间关系的重要构念。根据动机理论

第 5 章 研究 2：表层和深层团队断裂带强度与团队断裂带的激活的关系研究

表 5-1 时间紧迫性测量量表

变量	题项	测量内容	参考文献
时间紧迫性	TU1	我每天经常看时间	Landy 等（1991）
	TU2	我给我参加的每一个活动计划时长	
	TU3	旅行前，我列出要做的事和要带的东西的清单	
	TU4	我及时支付账单，归还信用卡	
	TU5	如果我参加的活动没有设定最后期限，我就会自己设定一个	
	TU6	我经常要求延长截止日期（反向）	
	TU7	我更喜欢数字手表，因为它能提供更准确的时间	
	TU8	我希望我的朋友了解并尊重我的日程安排	
	TU9	每当我完成一项任务时，我喜欢把它们从列表中删除	
	TU10	如果有人说话时词不达意，我会帮他/她说完这句话或补充用词	
	TU11	如果我久坐且无所事事，我会烦躁不安	
	TU12	我吃饭很慢而且很放松（反向）	
	TU13	别人经常让我说的再快点儿（反向）	

注：TU，Time Urgency，时间紧迫性。

和目标理论，目标必须以承诺作为前提才能发挥应有的作用（Locked 等，1988）。目标承诺被定义为"一个人达成目标的决心"（Locked 和 Latham，1990）。这一定义隐含着个人为达成目标而愿意付出的努力和坚持，是一种长期的、不轻易放弃或改变目标的意愿（Hollenbeck 和 Klein，1987）。目标承诺有两个决定因素：期待和目标吸引性。期待是指一个人对达成目标的可能性的感知（Hollenbeck 等，1989），目标吸引性是指一个人因达成目标得到的预期满足感（Klein，1991）。Presslee 等（2013）的研究表明，由团队成员自我设定的目标承诺与团队绩效呈正相关关系。采用 Klein 等（2001）开发的 5 个题项的量表度量目标承诺（见表 5-2）。回答采用李克特 5 分制量表，范围从"1=非常不同意"到"5=非常同意"。

表 5-2 目标承诺测量量表

变量	题项	测量内容	参考文献
目标承诺	GC1	认真研究小组的目标很难（反向）	Klein 等（2001）
	GC2	坦白说，我不在乎我是否能实现研究团队的目标（反向）	
	GC3	我坚决致力于追求研究团队的目标	
	GC4	让我放弃研究团队的目标也没有什么大不了（反向）	
	GC5	我们的目标很好，值得去努力完成	

注：GC，Goal Commitment，目标承诺。

5.2.3 激活的团队断裂带

激活的团队断裂带在第二轮问卷中收集，由 Earley 和 Mosakowski 在 2000 年提出并命名为子群感知（Perceived Subgroups），后由 Jehn 和 Bezrukova（2010）命名为激活的断裂带（Activated Fault Lines）。这两个构念意义相同，研究者可根据实际需要选用不同的构念名称以满足研究需要。回答采用李克特 7 分制量表，范围从"1=非常不准确"到"7=非常准确"（见表 5-3）。

表 5-3 激活的断裂带测量量表

变量	题项	测量内容	参考文献
子群感知	SUB1	我所在的工作团队分成不同子群	Earley 和 Mosakowski（2000）；Jehn 和 Bezrukova（2010）
	SUB3	我所在的工作团队是由多个子群组成的	
	SUB3	我所在的工作团队分为两派	

注：SUB，Subgroup，子群感知。

5.2.4 团队集体心理资本

本书采用 Luthans 等（2007）开发，李超平（2007）翻译的 24 个题项的量表来测量团队集体心理资本。此量表由四个分量表构成，分别为自我效能感、希望、坚韧性和乐观（Luthans 等，2007）。回答采用李克特 6 分制量表，范围从"1= 非常不同意"到"6= 非常同意"。基于之前的研究，集体心理资本是一个高阶构形量表，它与团队绩效的关系比单独的四个分量表更大（Luthans 等，2007；Walumbwa 等，2011）。因此，研究 2 汇总了这四个维度，形成了一个总体的团队集体心理资本综合评分（见表 5-4）。

表 5-4 团队集体心理资本测量量表

变量	维度	题项	测量内容	参考文献
团队集体心理资本	自我效能感	PSY1	我相信自己能分析长远的问题，并找到解决方案	Luthans 等（2007）；李超平（2007）
		PSY2	与队友开会时，在陈述自己任务范围之内的事情方面我很自信	
		PSY3	我相信自己对团队战略的讨论有贡献	
		PSY4	在我的工作范围内，我相信自己能够帮助团队设定目标 / 目的	
		PSY5	我相信自己能够与团队外部的人（如老师、助教）联系，并讨论问题	
		PSY6	我相信自己能够向一群同学陈述信息	
	希望	PSY7	如果我发现自己在任务中陷入了困境，我能想出很多办法摆脱出来	
		PSY8	目前，我在精力饱满地完成自己的工作目标	
		PSY9	任何问题都有很多解决方法	
		PSY10	目前，我认为自己在案例活动中相当成功	
		PSY11	我能想出很多办法来实现我目前的任务目标	
		PSY12	目前，我正在实现我为自己设定的任务目标	

续表

变量	维度	题项	测量内容	参考文献
团队集体心理资本	坚韧性	PSY13	在完成任务的过程中遇到挫折时，我很难从中恢复过来，并继续前进（反向）	Luthans等（2007）；李超平（2007）
		PSY14	在完成任务的过程中，我无论如何都会去解决遇到的难题	
		PSY15	在完成任务的过程中，如果不得不去做，可以说，我也能独立应战	
		PSY16	我通常对工作中的压力能泰然处之	
		PSY17	因为以前经历过很多磨难，所以我现在能挺过任务中的困难时期	
		PSY18	在我目前的任务中，我感觉自己能同时处理很多事情	
	乐观	PSY19	在完成任务过程中，当遇到不确定的事情时，我通常期盼最好的结果	
		PSY20	如果某件事情会出错，即使我明智地工作，它也会出错（反向）	
		PSY21	对自己的工作，我总是看到事情光明的一面	
		PSY22	对于工作未来会发生什么，我是乐观的	
		PSY23	在我目前的工作中，事情从来没有像我希望的那样发展（反向）	
		PSY24	工作时，我总相信"黑暗的背后就是光明，不用悲观"	

注：PSY = Team Psychological Captial，团队集体心理资本。

5.2.5 团队绩效

团队绩效数据采集方法同研究1，此处不再赘述。

5.2.6 控制变量

断裂带是包含多种异质性的综合变量,研究 2 涉及的休眠的断裂带是同时考虑表层和深层团队断裂带的叠加变量,因此,在涉及表层断裂带的研究中控制了团队成员年龄和性别的异质性。性别为分类变量,因此性别异质性用 Blau's index 计算得出(Blau,1977);年龄为连续变量,因此年龄异质性为每组年龄的变异系数。此外,根据 Harrison 和 Klein (2007)检验多样性效应的程序,还控制了性别和年龄的平均值。在涉及深层断裂带的研究中控制了时间紧迫性和目标承诺的异质性。由于时间紧迫性和目标承诺都由量表测得,可以认定为连续变量,将每组变异系数作为异质性的计算基础。此外还控制了时间紧迫性和目标承诺的每组平均值。

5.3 问卷预调研

如研究 1 所述,首先对涉及的变量进行预调研,用 Cronbach's α 系数检验和单项—总项的总相关系数(Corrected-item Total Correlation,CITC)验证问卷信度;用 KMO 检验,巴特利特球形检验,单维度因子分析检验问卷效度;最后进行探索性因子分析,以验证变量的各个因子是否与前述预设相符。

5.3.1 预调研问卷的信度检验

对每一个变量的各个维度的题项进行 CITC 检验。结果如表 5-5 至表 5-7 所示,时间紧迫性的 13 个题项总体 Cronbach's α 系数达到了 0.771;目标承诺的 5 个题项总体 Cronbach's α 系数达到了 0.858;激活的断裂带的 3 个题项总体 Cronbach's α 系数达到了 0.765。

表 5-5 时间紧迫性的 CITC 和 Cronbach's α 系数

测量变量	题项	CITC	剔除该题项后的 Cronbach's α 系数	Cronbach's α 系数
时间紧迫性	TU1	0.622	0.701	0.771
	TU2	0.623	0.686	
	TU3	0.577	0.675	
	TU4	0.554	0.681	
	TU5	0.620	0.681	
	TU6	0.796	0.714	
	TU7	0.851	0.754	
	TU8	0.491	0.623	
	TU9	0.701	0.692	
	TU10	0.899	0.700	
	TU11	0.694	0.695	
	TU12	0.724	0.735	
	TU13	0.888	0.767	

注：TU = Time Urgency，时间紧迫性。

表 5-6 目标承诺的 CITC 和 Cronbach's α 系数

测量变量	题项	CITC	剔除该题项后的 Cronbach's α 系数	Cronbach's α 系数
目标承诺	GC1	0.601	0.858	0.858
	GC2	0.588	0.890	
	GC3	0.525	0.874	
	GC4	0.523	0.823	
	GC5	0.527	0.844	

注：GC = Goal Commitment，目标承诺。

表 5-7 激活的断裂带的 CITC 和 Cronbach's α 系数

测量变量	题项	CITC	剔除该题项后的 Cronbach's α 系数	Cronbach's α 系数
激活的断裂带	SUB1	0.701	0.751	0.765
	SUB2	0.702	0.690	
	SUB3	0.544	0.853	

注：SUB = Activated Subgroup，激活的断裂带。

第 5 章 研究 2：表层和深层团队断裂带强度与团队断裂带的激活的关系研究

　　心理资本的 24 个题项总体 Cronbach's α 系数达到了 0.771，但题项 PSY13，PSY18，PSY20，PSY23 的 CITC 值低于 0.50，且剔除以上题项后可明显提高 Cronbach's α 系数。心理资本（自我效能感）的 Cronbach's α 系数达到 0.918（见表 5-8），心理资本（希望）的 Cronbach's α 系数达到 0.941（见表 5-9），心理资本（坚韧性）初始的 6 个题项的 Cronbach's α 系数达到 0.854，可信度尚佳，但其中题项 PSY13 和 PSY18 的 CITC 低于 0.5，虽然 PSY18 高于最低标准 0.3，但远低于其他题项。而且剔除这两个题项后，心理资本（坚韧性）的 Cronbach's α 系数将提高到 0.941，因此可以将 PSY13 和 PSY18 这两个题项视为不合适的题项，予以剔除（见表 5-10）。剔除后，其余 4 个题项的 CITC 值都有所提高，而且再剔除这 4 个题项中的任何一个都不能再明显提高该变量的 Cronbach's α 系数，因此可以认为用这 4 个题项度量心理资本（坚韧性）是合适的。心理资本（乐观）的 Cronbach's α 系数达到 0.615，可信度相对较低，其中题项 PSY20 和 PSY23 的 CITC 远低于 0.3 的最低标准，而且剔除这两个题项后，心理资本（乐观）的 Cronbach's α 系数将提高到 0.937，因此可以将 PSY20 和 PSY23 这两个题项视为不合适的题项，予以剔除（见表 5-11）。剔除后，其余 4 个题项的 CITC 值都有所提高，而且再剔除这 4 个题项中的任何一个都不能再明显提高该变量的 Cronbach's α 系数，因此可以认为用这 4 个题项度量心理资本（乐观）具有很高的可信性。

表 5-8　心理资本（自我效能感）的 CITC 和 Cronbach's α 系数

测量变量	题项	CITC	剔除该题项后的 Cronbach's α 系数	Cronbach's α 系数
心理资本（自我效能感）	PSY1	0.709	0.934	0.918
	PSY2	0.679	0.941	
	PSY3	0.729	0.942	
	PSY4	0.687	0.941	
	PSY5	0.674	0.942	
	PSY6	0.752	0.941	

表 5-9　心理资本（希望）的 CITC 和 Cronbach's α 系数

测量变量	题项	CITC	剔除该题项后的 Cronbach's α 系数	Cronbach's α 系数
心理资本（希望）	PSY7	0.750	0.941	0.941
	PSY8	0.728	0.940	
	PSY9	0.613	0.940	
	PSY10	0.648	0.941	
	PSY11	0.715	0.942	
	PSY12	0.676	0.940	

表 5-10　心理资本（坚韧性）的 CITC 和 Cronbach's α 系数

测量变量	题项	初始 CITC	修订后 CITC	剔除该题项后的 Cronbach's α 系数	Cronbach's α 系数
心理资本（坚韧性）	PSY13	0.144（剔除）			初始：0.854 修订后：0.944
	PSY14	0.623	0.621	0.945	
	PSY15	0.642	0.623	0.947	
	PSY16	0.722	0.717	0.943	
	PSY17	0.596	0.583	0.939	
	PSY18	0.435（剔除）			

表 5-11　心理资本（乐观）的 CITC 和 Cronbach's α 系数

测量变量	题项	初始 CITC	修订后 CITC	剔除该题项后的 Cronbach's α 系数	Cronbach's α 系数
心理资本（乐观）	PSY19	0.604	0.521	0.929	初始：0.615 修订后：0.937
	PSY20	−0.095（剔除）			
	PSY21	0.624	0.624	0.939	
	PSY22	0.689	0.671	0.941	
	PSY23	0.171（剔除）			
	PSY24	0.640	0.645	0.939	

综上，修正后的量表题项中，所有变量的 CITC 系数都高于 0.5，而且剔除任何一个题项后都不能明显提高 Cronbach's α 系数，可以判定用这 41 个题项测试所涉及的变量是可靠的。因此，时间紧迫性、目标承诺、激活的断裂带、心理资本 4 个量表的题项经过部分修订都分别通过了信度检验。

5.3.2 预调查问卷的效度检验

1. KMO 检验和巴特利特球形检验

如前文所述，在进行 EFA 和 CFA 检验之前，先进行 KMO 检验和巴特利特球形检验。结果显示，时间紧迫性量表的 KMO 值为 0.767，巴特利特球形检验的显著性水平为 $p<0.0001$（见表 5-12）；目标承诺量表的 KMO 值为 0.754，巴特利特球形检验的显著性水平为 $p<0.0001$（见表 5-13），激活的断裂带量表的 KMO 值为 0.729，巴特利特球形检验的显著性水平为 $p<0.0001$（见表 5-14）；心理资本量表的 KMO 值为 0.952，巴特利特球形检验的显著性水平为 $p<0.0001$（见表 5-15），说明数据适合进行因子分析。

2. 探索性因子分析

如表 5-12 所示，时间紧迫性量表的探索性因子分析产生 1 个因子，解释了总体方差的 67.425%，证明该量表的效度符合研究需要。如表 5-13 所示，目标承诺量表的探索性因子分析产生 1 个因子，解释了总体方差的 77.932%，证明该量表的效度符合研究需要。如表 5-14 所示，激活的断裂带量表的探索性因子分析产生 1 个因子，解释了总体方差的 73.628%，证明该量表的效度符合研究需要。如表 5-15 所示，心理资本量表的探索性因子分析共产生 4 个因子，解释了总方差的 77.474%。根据量表题项与因子间的对应关系可以看出，因子 1 为构想中的自我效能感维度，因子 2 为构想中的希望维度，因子 3 为构想中的坚韧性维度，因子 4 为构想中的乐观维度。因此，本问卷设计中心理资本 4 个分量表的效度是符合研究要求的。

表 5-12 时间紧迫性的单维度因子分析

测量变量	测量题项	因子载荷
时间紧迫性	TU1	0.579
	TU2	0.561
	TU3	0.663
	TU4	0.543
	TU5	0.619
	TU6	0.588
	TU7	0.734
	TU8	0.517
	TU9	0.551
	TU10	0.777
	TU11	0.839
	TU12	0.759
	TU13	0.742
	解释方差百分比	0.674
	KMO 适合度检验值	0.767
	巴特利特检验卡方值	155.007
	显著性概率	<0.0001

表 5-13 目标承诺的单维度因子分析

测量变量	测量题项	因子载荷
目标承诺	GC1	0.657
	GC2	0.774
	GC3	0.528
	GC4	0.735
	GC5	0.516
	解释方差百分比	0.779
	KMO 适合度检验值	0.754
	巴特利特检验卡方值	153.501
	显著性概率	<0.0001

第 5 章 研究 2：表层和深层团队断裂带强度与团队断裂带的激活的关系研究

表 5-14 激活的断裂带的单维度因子分析

测量变量	测量题项	因子载荷
激活的断裂带	SUB1	0.933
	SUB2	0.829
	SUB3	0.806
	解释方差百分比	0.736
	KMO 适合度检验值	0.729
	巴特利特检验卡方值	826.395
	显著性概率	<0.0001

表 5-15 团队集体心理资本的因子分析

因子	题项	因子 1	因子 2	因子 3	因子 4
F1	PSY1	**0.606**	0.431	0.213	0.189
	PSY2	**0.695**	0.278	0.129	0.217
	PSY3	**0.791**	0.213	0.194	0.235
	PSY4	**0.752**	0.260	0.187	0.180
	PSY5	**0.617**	0.274	0.192	0.275
	PSY6	**0.693**	0.344	0.216	0.258
F2	PSY7	0.397	**0.593**	0.237	0.305
	PSY8	0.300	**0.628**	0.283	0.277
	PSY9	0.287	**0.551**	0.316	0.205
	PSY10	0.265	**0.684**	0.254	0.120
	PSY11	0.367	**0.647**	0.246	0.201
	PSY12	0.300	**0.562**	0.252	0.259
F3	PSY14	0.265	0.347	0.301	**0.507**
	PSY15	0.354	0.198	0.221	**0.610**
	PSY16	0.229	0.302	0.317	**0.770**
	PSY17	0.303	0.191	0.232	**0.567**

续表

因子	题项	因子1	因子2	因子3	因子4
F4	PSY19	0.043	0.144	**0.528**	0.111
	PSY21	0.218	0.198	**0.762**	0.209
	PSY22	0.256	0.249	**0.809**	0.176
	PSY24	0.227	0.273	**0.615**	0.279
KMO 适合度检验值 =0.952					
巴特利特检验卡方值 =252.55					
自由度 df=116					
显著性概率 p<0.0001					
累计解释总体方差变异 =77.474%					

5.4 实证分析

为验证以上假设，研究 2 分别进行了面板数据（第一轮，T1）和纵向数据（第二轮，T2）的线性模型回归分析，研究方法及结果如下。

5.4.1 数据收集与样本特征

研究 2 的调查对象与研究 1 相同，此处不再赘述。第一轮问卷收集了人口统计特征（性别和年龄等）、时间紧迫性、目标承诺、心理资本、激活的断裂带等数据，第二轮问卷再次收集了激活的断裂带数据。课程结束两个月后，收集了团队绩效的数据。

5.4.2 信度分析

对正式调研问卷的信度分析如表 5-16 显示，时间紧迫性的 Cronbach's α 系数为 0.700，目标承诺的 Cronbach's α 系数为 0.890，激活的断裂带（T1）的 Cronbach's α 系数为 0.819，激活的断裂带（T2）的 Cronbach's α 系数为 0.891，心理资本（自我效能感）的 Cronbach's α 系数为 0.918，

第 5 章 研究 2：表层和深层团队断裂带强度与团队断裂带的激活的关系研究

心理资本（希望）的 Cronbach's α 系数为 0.891，心理资本（坚韧性）的 Cronbach's α 系数为 0.834，心理资本（乐观）的 Cronbach's α 系数为 0.820。各变量的 Cronbach's α 系数均大于 0.7，表明正式问卷具有较高的信度，与预调研问卷的结果具有很高的一致性。此外，每个题项的 CITC 系数均大于 0.5，说明问卷设计符合信度分析的要求。

表 5-16 所有变量的 CITC 和 Cronbach's α 系数

测量变量	题项	CITC	剔除该题项后的 Cronbach's α 系数	α 系数
时间紧迫性	TU1	0.583	0.671	0.700
	TU2	0.602	0.668	
	TU3	0.560	0.645	
	TU4	0.552	0.661	
	TU5	0.528	0.650	
	TU6	0.867	0.710	
	TU7	0.849	0.710	
	TU8	0.643	0.662	
	TU9	0.623	0.665	
	TU10	0.871	0.682	
	TU11	0.703	0.686	
	TU12	0.632	0.704	
	TU13	0.820	0.703	
目标承诺	GC1	0.607	0.899	0.890
	GC2	0.591	0.921	
	GC3	0.514	0.850	
	GC4	0.522	0.861	
	GC5	0.525	0.898	

续表

测量变量	题项	CITC	剔除该题项后的 Cronbach's α 系数	α 系数
激活的断裂带（T1）	SUB1（T1）	0.705	0.717	0.819
	SUB2（T1）	0.740	0.681	
	SUB3（T1）	0.578	0.843	
激活的断裂带（T2）	SUB1（T2）	0.837	0.801	0.891
	SUB2（T2）	0.770	0.859	
	SUB3（T2）	0.754	0.873	
心理资本（自我效能感）	PSY1	0.739	0.907	0.918
	PSY2	0.749	0.906	
	PSY3	0.814	0.897	
	PSY4	0.797	0.899	
	PSY5	0.712	0.911	
	PSY6	0.794	0.900	
心理资本（希望）	PSY7	0.744	0.866	0.891
	PSY8	0.747	0.865	
	PSY9	0.618	0.886	
	PSY10	0.717	0.870	
	PSY11	0.744	0.866	
	PSY12	0.683	0.876	
心理资本（坚韧性）	PSY14	0.570	0.831	0.834
	PSY15	0.682	0.782	
	PSY16	0.778	0.737	
	PSY17	0.631	0.805	
心理资本（乐观）	PSY19	0.624	0.868	0.820
	PSY21	0.738	0.727	
	PSY22	0.778	0.707	
	PSY24	0.660	0.768	

5.4.3 效度分析

用验证性因子分析（CFA）来测量理论变量的区分效度，其中时间紧迫性、目标承诺、激活的断裂带、团队集体心理资本分别由团队成员通过多个量表题项测得。时间紧迫性、目标承诺、激活的断裂带分别只受1个因子的影响，而团队集体心理资本受4个因子的影响。针对理论模型分别进行了面板数据（T1）和纵向数据（T2）的验证性因子分析。结果表明，面板数据假设模型具有7个相关的潜因子，具有较好的拟合效度（见表5-17）。其中，CHI square/df的数值均小于2，$p<0.0001$，Bentler-bonett、CFI、IFI、GFI等拟合优度指标均大于0.9，RMSEA均低于0.08的可接受水平，个体层面的Cronbach's a均大于0.8。由以上结果可知，面板数据模型和纵向数据模型都具有较好的建构效度。

表5-17 模型拟合优度指标

	CHI-square	df	Bentler-bonett	CFI	IFI	GFI	RMSEA	90% Conflict interval of RMSEA	Cronbach's α
面板数据	1386.204	758	0.918	0.990	0.991	0.948	0.051	0.048，0.055	0.897
纵向数据	1501.723	758	0.918	0.984	0.985	0.947	0.052	0.049，0.055	0.897

5.4.4 变量集成

由于研究2是团队层面的研究，而测量变量来自对团队中的个体分发的问卷，因此需要将个人层面的变量集成到团队层面。集成方法为：将每组团队成员对各变量的个人得分求平均值（Mean），将此平均值作为各变量的团队得分。

5.4.5 R_{wg} 和 ICC 检验

如前文所述，组内一致性指数（R_{wg}）和组间一致性系数（ICC1、ICC2）用来检验从个体层面测得的构念是否可以聚合反映团队层面的构念。由于时间紧迫性和目标承诺属于个体异质性特征，需要计算其团队断裂带强度，因此不需要考察其组内一致性和组间一致性。对于其他需要聚合到团队层面的测量变量，如表5-18所示，激活的断裂带（T1）的 R_{wg} 最大值为0.99，最小值为0.84，中位数为0.86，各团队 R_{wg} 均大于0.70；激活的断裂带（T2）的 R_{wg} 最大值为1，最小值为0.87，中位数为0.93，各团队 R_{wg} 均大于0.70；团队集体心理资本的 R_{wg} 最大值为0.98，最小值为0.21，中位数为0.89，R_{wg} 大于0.70的团队比例是83%。以上结果可以说明团队成员内部一致性较高。组间相关系数（ICC）结果表明，激活的断裂带（T1）的ICC（1）平均值为0.11，ICC（2）平均值为0.33；激活的断裂带（T2）的ICC（1）平均值为0.12，ICC（2）平均值为0.36；团队集体心理资本的ICC（1）平均值为0.11，ICC（2）平均值为0.34。因此，可以将这3个变量聚合到团队层面。

表 5-18 R_{wg} 和 ICC 检验

变量	R_{wg} 最小值	最大值	中位数	大于70%的比例	ICC（1）	ICC（2）
激活的断裂带（T1）	0.84	0.99	0.86	100%	0.11	0.33
激活的断裂带（T2）	0.87	1	0.93	100%	0.12	0.36
团队集体心理资本	0.21	0.98	0.89	83%	0.11	0.34

5.4.6 描述性统计分析

变量的描述性统计分析如表5-19所示，列出了自变量（表层团队断裂带、深层团队断裂带、表层加深层团队断裂带）、因变量（团队绩效）、中介变量（激活的团队断裂带 T1、T2）、调节变量（团队集体心理资本）和控制变量（年龄异质性、年龄平均值、性别异质性、性别平均值、时间紧迫性异质性、时间紧迫性平均值、目标承诺异质性、目标承诺平均值）之间的相关系数及各变量的平均值、标准差、信度系数（Reliability，见对角线）。如表 5-19 所示，表层团队断裂带与深层团队断裂带（$\beta=0.22$，$p<0.05$）、表层加深层团队断裂带（$\beta=0.71$，$p<0.001$）、激活的断裂带（T2）（$\beta=0.32$，$p<0.001$）显著正相关。深层团队断裂带与表层加深层团队断裂带（$\beta=0.85$，$p<0.001$）、激活的断裂带（T2）（$\beta=0.22$，$p<0.05$）显著正相关。表层加深层团队断裂带与激活的断裂带（T2）（$\beta=0.34$，$p<0.001$）显著正相关。值得注意的是，无论是表层团队断裂带、深层团队断裂带还是表层和深层团队断裂带的叠加，都与团队绩效（T3）没有显著的相关关系，证明团队断裂带不会直接导致团队绩效的下降，而是要通过激活的断裂带的中介才能起到作用。激活的团队断裂带（T1）与激活的团队断裂带（T2）（$\beta=0.40$，$p<0.001$）显著正相关，与团队绩效（T3）（$\beta=-0.34$，$p<0.001$）显著负相关。激活的团队断裂带（T2）团队绩效（T3）（$\beta=-0.35$，$p<0.001$）显著负相关。

5.4.7 回归分析与假设检验

1. 表层团队断裂带强度对激活的团队断裂带的影响

根据假设 1a，表层团队断裂带强度与激活的断裂带呈正相关关系。为了验证这一假设，应用 SAS 9.4 统计软件分别运行了激活的断裂带对控制变量和表层团队断裂带强度的回归。如表 5-20 中步骤 2 所示，表层团队断裂带强度与激活的断裂带（T1）的正向关系并不显著；如表 5-20 步骤 6 所示，表层团队断裂带强度与激活的断裂带（T2）的正向关系显著（$\beta=3.40$，$p<0.05$）。因此，假设 1a 在面板数据上没有得到支持。但在纵向数据回归中得到支持。

表 5-19 变量的描述性统计结果和变量间相关系数

		平均值	标准差	1	2	3	4	5	6	7	8	9	10	11	12	13	14
1	年龄异质性	0.09	0.07														
2	年龄平均值	27.17	5.04	0.74***													
3	性别异质性	0.25	0.22	0.03	0.04												
4	性别平均值	0.69	0.30	−0.03	−0.03	−0.54***											
5	时间紧迫性异质性	0.42	0.20	0.12	0.12	0.05	−0.01										
6	时间紧迫性平均值	3.86	0.27	0.01	−0.01	0.03	−0.03	−0.28**	(0.92)								
7	目标承诺异质性	0.51	0.23	0.09	0.00	0.18*	−0.10	0.11	−0.16								
8	目标承诺平均值	4.06	0.32	−0.12	−0.24**	−0.17	0.21*	−0.15	0.37***	−0.35***	(0.90)						
9	表层团队断裂带	0.08	0.03	0.52***	0.59***	0.07	0.01	0.07	−0.14	0.14	−0.02						
10	深层团队断裂带	0.07	0.04	0.07	0.08	0.07	−0.13	0.19*	−0.03	0.09	0.05	0.22*					
11	表层加深层团队断裂带	0.07	0.03	0.33***	0.39***	0.09	−0.09	0.17	−0.10	0.14	0.03	0.71***	0.85***				
12	团队集体心理资本	4.80	0.42	0.02	0.09	0.03	−0.06	−0.02	0.43***	−0.03	0.32***	0.11	0.07	0.11	(0.95)		

第 5 章 研究 2：表层和深层团队断裂带强度与团队断裂带的激活的关系研究

续表

		平均值	标准差	1	2	3	4	5	6	7	8	9	10	11	12	13	14
13	激活的断裂带（T1）	1.41	0.39	0.22*	0.17	0.03	-0.02	0.10	-0.16	0.06	-0.22*	0.13	-0.08	0.01	-0.17	(0.82)	
14	激活的断裂带（T2）	1.42	0.43	0.27**	0.25**	0.03	-0.08	0.25**	-0.19*	0.10	-0.27**	0.32***	0.22*	0.34***	-0.06	0.40***	(0.89)
15	团队绩效（T3）	77.35	8.53	-0.14	-0.10	-0.02	0.07	-0.08	0.09	-0.14	-0.02	-0.08	-0.09	-0.11	0.15	-0.34***	-0.35***

注：a Reliabilities (Cronbach's a) 在对角线列式；
    b T1= 第一轮；
    c T2= 第二轮；
    d T3= 第三轮；
*p<0.05; **p<0.01; ***p<0.001。

表 5-20　表层团队断裂带强度对激活的团队断裂带的回归结果

	标准化回归系数							
	激活的断裂带（T1）				激活的断裂带（T2）			
解释变量	步骤1	步骤2	步骤3	步骤4	步骤5	步骤6	步骤7	步骤8
控制变量								
年龄异质性	1.14	1.13	1.01	0.92	1.05	0.78	0.71	0.58
年龄平均值	0.00	0.00	0.00	0.00	0.01	0.00	0.00	0.00
性别异质性	0.05	0.05	0.04	0.03	−0.03	−0.08	−0.08	−0.09
性别平均值	0.00	0.00	−0.01	−0.02	0.11	0.14	0.15	0.16
表层团队断裂带强度		0.11	0.34	19.32		3.40*	3.54*	29.50*
团队集体心理资本			−0.17*	0.14			−0.10	0.33
表层团队断裂带 X 团队集体心理资本				−3.93				−5.37*
Overall R^2	0.05	0.05	0.08	0.10	0.08	0.13	0.13	0.16
Adjusted R^2	0.02	0.00	0.03	0.04	0.05	0.08	0.09	0.10
ΔR^2		−0.02	0.03	0.01		0.03	0.01	0.01
Overall F	1.44	1.14	1.59	1.66	2.46*	3.07*	2.74*	2.86**
df	108	107	106	105	108	107	106	105

注：*$p<0.05$；**$p<0.01$；***$p<0.001$。

2. 深层团队断裂带强度对团队激活的断裂带的影响

根据假设 1b，深层团队断裂带强度与激活的断裂带呈正相关关系。为了验证这一假设，应用 SAS 9.4 统计软件分别运行了激活的断裂带对控制变量和深层团队断裂带强度的回归。如表 5-21 中步骤 2 所示，深层团队断裂带强度与激活的断裂带（T1）呈负向关系，但不显著；如表 5-21 步骤 6 所示，深层团队断裂带强度与激活的断裂带（T2）的正向关系显著（$\beta=2.03$，$p<0.05$）。因此，假设 1b 在面板数据上没有得到支持。但在纵向数据回归中得到了支持。

第 5 章 研究 2：表层和深层团队断裂带强度与团队断裂带的激活的关系研究

表 5-21 深层团队断裂带强度对激活的团队断裂带的回归结果

	标准化回归系数								
	激活的断裂带（T1）				激活的断裂带（T2）			
解释变量	步骤 1	步骤 2	步骤 3	步骤 4	步骤 5	步骤 6	步骤 7	步骤 8
控制变量								
时间紧迫性异质性	0.11	0.14	0.16	0.16	0.44*	0.35	0.34	0.35
时间紧迫性平均值	−0.11	−0.11	−0.06	−0.06	−0.08	−0.08	−0.11	−0.11
目标承诺异质性	−0.04	−0.03	−0.01	−0.01	−0.01	−0.06	−0.06	−0.06
目标承诺平均值	−0.23	−0.21	−0.19	−0.19	−0.30*	−0.34*	−0.35*	−0.36*
深层团队断裂带强度		−0.76	−0.72	−0.12		2.03*	2.01*	6.24
团队集体心理资本			−0.09	−0.08			0.04	0.10
深层团队断裂带 × 团队集体心理资本				−0.13				−0.89
Overall R^2	0.06	0.06	0.07	0.07	0.12	0.16	0.16	0.16
Adjusted R^2	0.02	0.02	0.02	0.01	0.09	0.12	0.11	0.11
ΔR^2		0.00	0.00	−0.01		0.03	−0.01	−0.01
Overall F	1.66	1.48	1.37	1.16	3.72**	4.10***	3.41**	2.92**
df	108	107	106	105	108	107	106	105

注：*$p<0.05$；**$p<0.01$；***$p<0.001$。

3. 表层模型中团队集体心理资本对激活的团队断裂带的影响

根据假设 2a，团队集体心理资本负向调节表层团队断裂带强度与激活的断裂带之间的正相关关系。如表 5-20 中步骤 3 所示，团队集体心理资本与激活的断裂带（T1）之间存在显著的负向关系（β=−0.17，$p<0.05$）；但如表 5-20 中步骤 7 所示，团队集体心理资本与激活的断裂带（T2）之间不存在显著的负向关系。如表 5-20 中步骤 4 所示，表层团队断裂带强度与团队集体心理资本的交互项与激活的断裂带（T1）的关系并不显著；如表 5-20 中步骤 8 所示，表层团队断裂带强度与团队集体心理资本的交互项与激活的断裂带（T2）的关系呈负相关（β=−5.37，$p<0.05$）；因此，假设 2a 在面板数据上没有得到支持，但在纵向数据回归中得到了支持。

研究 2 进一步进行了简单斜率分析（Simple Slope Test），如图 5-2 所示。结果证实，当团队集体心理资本程度较低时，表层团队断裂带强度与团队激活的断裂带（T2）之间的正相关关系更明显（β=11.97，p<0.001）。而当团队集体心理资本程度较高时，表层团队断裂带强度与团队激活的断裂带（T2）之间关系的斜率较小，团队激活的断裂带（T2）随表层团队断裂带强度增加的程度较小（β=0.11，p<0.001）。简单斜率分析的结果进一步验证了团队集体心理资本为负向调节变量，能够削弱表层团队断裂带触发的团队分裂，同时证明假设 2a 得到了纵向数据的支持。

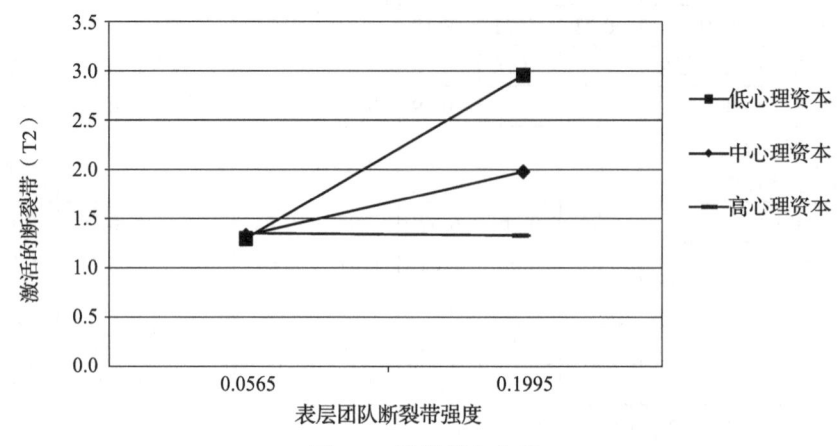

图 5-2 简单斜率分析

研究 2 还进行了"被调节的中介作用"测试，结果如表 5-22 所示，在团队集体心理资本分别为低水平（−1 s.d）、中等水平和高水平（+1 s.d）的情况下，表层团队断裂带强度通过激活的断裂带（T2）和对团队绩效（T3）有显著且负向的间接影响；95% 的置信区间都不包含零。

表 5-22 调节的中介模型结果

被调节的中介模型				
附条件的间接效应	Effect	Boot SE	Boot LLCI	Boot ULCI
低心理资本	−48.52	25.82	−114.73	−8.91
中心理资本	−32.12	14.86	−71.61	−10.53
高心理资本	−15.71	13.24	−46.96	7.11
被调节的中介模型指标	Effect	Boot SE	Boot LLCI	Boot ULCI
心理资本	36.37	33.93	−12.60	124.59

4. 深层模型中团队集体心理资本对激活的断裂带的影响

根据假设 2b，团队集体心理资本负向调节深层团队断裂带强度与激活的断裂带的正相关关系。如表 5-21 中步骤 3 和步骤 7 所示，团队集体心理资本与激活的断裂带之间不存在显著的负向关系。如表 5-21 中步骤 4 所示，深层团队断裂带强度与团队集体心理资本的交互项与激活的断裂带（T1）的关系并不显著；如表 5-21 中步骤 8 所示，深层团队断裂带强度与团队集体心理资本的交互项与激活的断裂带（T2）的关系也不显著。因此，假设 2b 没有得到支持。

5. 表层加深层模型中团队集体心理资本对激活的团队断裂带的影响

根据假设 3，表层加深层团队断裂带强度与激活的断裂带之间可能存在正相关关系，也可能没有显著关系。如表 5-23 步骤 2 所示，控制了团队表层和深层属性的异质性和平均值后，表层加深层团队断裂带强度与激活的断裂带（T1）无显著关系；如表 5-23 步骤 6 所示，控制了团队表层和深层属性的异质性和平均值后，表层加深层团队断裂带强度与激活的断裂带（T2）呈正相关关系（$\beta=4.27$，$p<0.01$）。此结果表明，假设 3a 得到了纵向数据支持，即经过一段时间，表层加深层团队断裂带强度的增加能够导致团队断裂带（T2）的激活；假设 3b 得到了面板数据支持，即表层加深层团队断裂带强度的增加与团队激活的断裂带（T1）的发生并没有显著的关系。

6. 激活的团队断裂带对团队绩效的影响

假设 4 提出，团队激活的断裂带会对团队绩效造成损害。如表 5-24 步骤 1、步骤 2、步骤 3 所示，表层团队断裂带、深层团队断裂带、表层加深层团队断裂带的强度都与团队绩效（T3）无显著相关关系。如表 5-24 步骤 4 所示，在控制了表层属性的异质性和平均值后，团队集体心理资本与团队绩效（T3）无显著相关关系。如表 5-24 步骤 5 所示，在控制了深层属性的异质性和平均值后，团队集体心理资本与团队绩效（T3）无直接相关关系。如表 5-24 步骤 6 所示，在控制了表层和深层属性的异质性和平均值及表层加深层断裂带后，团队集体心理资本与团队绩效（T3）呈正相关关系（β=4.58，p<0.05）。如表5-24步骤9所示，团队激活的断裂带（T1）与团队绩效呈显著负相关系（β=-7.18，p<0.001）。如表5-24步骤12所示，团队激活的断裂带（T2）与团队绩效呈显著负相关系（β=-7.77，p<0.001）。

表5-23 表层加深层团队断裂带对激活的团队断裂带的回归结果

解释变量	标准化回归系数							
	激活的断裂带（T1）				激活的断裂带（T2）			
	步骤1	步骤2	步骤3	步骤4	步骤5	步骤6	步骤7	步骤8
控制变量								
年龄多样性	1.35	1.36	1.26	1.29	1.16	1.12	1.15	1.18
年龄平均值	-0.00	-0.00	-0.00	-0.00	0.00	-0.00	-0.00	-0.00
性别多样性	0.04	0.04	0.38	0.02	-0.08	-0.10	-0.10	-0.12
性别平均值	0.04	0.03	0.02	-0.00	-0.08	-0.03	-0.03	-0.05
时间紧迫性多样性	0.06	0.07	0.09	0.09	0.38	0.31	0.31	0.31
时间紧迫性平均值	-0.14	-0.15	-0.10	-0.10	-0.12	-0.05	-0.07	-0.06
目标承诺多样性	-0.08	-0.06	-0.04	-0.02	-0.02	-0.13	-0.13	-0.11
目标承诺平均值	-0.22	-0.20	-0.16	-0.18	-0.24	-0.36*	-0.37	-0.39*
表层加深层团队断裂带		-0.86	-0.79	16.04		4.27**	4.25**	20.57
团队集体心理资本			-0.09	0.18			0.02	0.28
表层加深层团队断裂带 × 团队集体心理资本				-3.56				-3.46
Overall R^2	0.10	0.10	0.11	0.12	0.17	0.24	0.24	0.25
Adjusted R^2	0.03	0.02	0.02	0.02	0.11	0.17	0.17	0.17
ΔR^2		-0.01	0.00	0.00		0.06	0.00	0.00
Overall F	1.46	1.33	1.27	1.25	2.73**	3.60***	3.22***	3.04***
df	104	103	102	101	104	103	102	101

注：*p<0.05；**p<0.01；***p<0.001。

第 5 章 研究 2：表层和深层团队断裂带强度与团队断裂带的激活的关系研究

表 5-24 团队断裂带对团队绩效的回归结果

解释变量	标准化回归系数 团队绩效（T3）											
	步骤 1	步骤 2	步骤 3	步骤 4	步骤 5	步骤 6	步骤 7	步骤 8	步骤 9	步骤 10	步骤 11	步骤 12
控制变量												
年龄异质性	-16.52		-10.78	-14.10		-5.24	-7.47		3.78	-9.47		3.71
年龄平均值	0.02		-0.11	-0.01		-0.22	0.01		-0.22	0.00		-0.28
性别异质性	0.94		1.53	1.02		1.69	1.29		1.97	0.48		0.94
性别平均值	2.15		2.93	2.47		3.57	2.40		3.70	1.51		3.35
时间紧迫性异质性		-1.91	-1.64		-2.76	-2.59		-1.53	-1.94		-0.14	-0.21
时间紧迫性平均值		2.88	3.65		0.57	1.04		0.12	0.32		-0.25	0.52
目标承诺异质性		-5.39	-5.71		-6.01	-6.73		-6.11	-7.02		-6.50	-7.74*
目标承诺平均值		-2.81	-4.29		-3.89	-6.05		-5.32*	-7.22*		-6.56*	-8.94**
表层团队断裂带	-5.30			-9.86						13.36		
深层团队断裂带		-11.83			-13.48		-7.64	-18.95			1.99	
表层加深层团队断裂带			-1.35			-5.10			-10.78			27.93
团队集体心理资本				3.33	3.87	4.58*	2.23	3.19	3.95	2.70	4.20*	4.75*
激活的断裂带（T1）							-6.55**	-7.58***	-7.18***			

· 163 ·

续表

<table>
<tr><th colspan="13">标准化回归系数</th></tr>
<tr><th rowspan="2">解释变量</th><th colspan="12">团队绩效（T3）</th></tr>
<tr><th>步骤 1</th><th>步骤 2</th><th>步骤 3</th><th>步骤 4</th><th>步骤 5</th><th>步骤 6</th><th>步骤 7</th><th>步骤 8</th><th>步骤 9</th><th>步骤 10</th><th>步骤 11</th><th>步骤 12</th></tr>
<tr><td>激活的断裂带（T2）</td><td></td><td></td><td></td><td></td><td></td><td></td><td></td><td></td><td></td><td>−6.56***</td><td>−7.69***</td><td>−7.77***</td></tr>
<tr><td>Overall R^2</td><td>0.02</td><td>0.04</td><td>0.06</td><td>0.05</td><td>0.07</td><td>0.10</td><td>0.13</td><td>0.18</td><td>0.20</td><td>0.15</td><td>0.19</td><td>0.22</td></tr>
<tr><td>Adjusted R^2</td><td>−0.02</td><td>−0.00</td><td>−0.02</td><td>−0.00</td><td>0.01</td><td>0.01</td><td>0.08</td><td>0.12</td><td>0.11</td><td>0.09</td><td>0.14</td><td>0.13</td></tr>
<tr><td>Δ R^2</td><td></td><td></td><td></td><td>0.02</td><td>0.01</td><td>0.01</td><td>0.07</td><td>0.11</td><td>0.10</td><td>0.08</td><td>0.13</td><td>0.12</td></tr>
<tr><td>Overall F</td><td>0.54</td><td>0.88</td><td>0.78</td><td>0.94</td><td>1.27</td><td>1.14</td><td>2.30*</td><td>3.26**</td><td>2.24*</td><td>2.58*</td><td>3.63**</td><td>2.57**</td></tr>
<tr><td>df</td><td>107</td><td>107</td><td>103</td><td>106</td><td>106</td><td>102</td><td>105</td><td>105</td><td>101</td><td>105</td><td>105</td><td>101</td></tr>
</table>

注：*p<0.05；**p<0.01；***p<0.001。

5.5 研究结论

5.5.1 基本结论

运用团队断裂带的观点，研究 2 分析了某研究型大学 MBA 班级学生团队的结构。研究结果如图 5-3 所示，休眠的断裂带是激活的断裂带的前置因素，激活的断裂带与团队绩效呈负相关。这一结果也证实了 Jehn 和 Bezrukova（2010）的断言，处于休眠状态的断裂带并不一定导致团队分裂，也并不一定会对团队绩效造成影响。然而，一旦团队断裂带被激活，形成团队分裂，就会对团队绩效产生显著的负面影响。

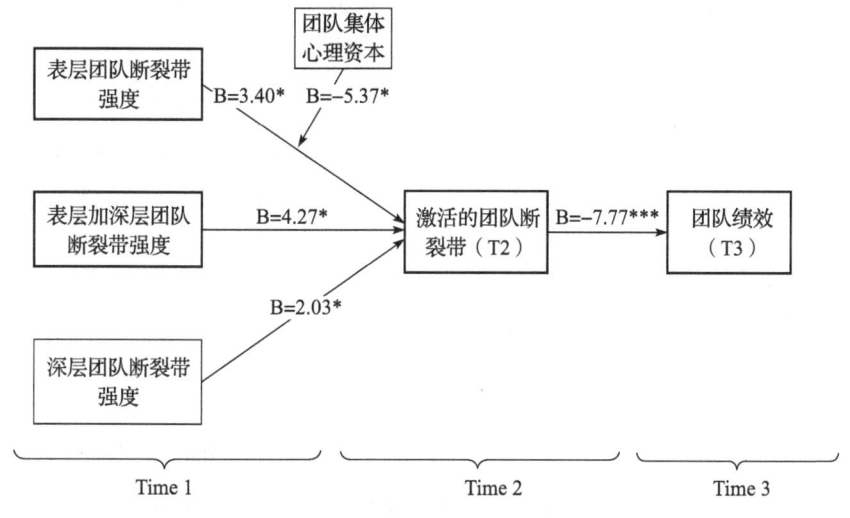

图 5-3 表层和深层团队断裂带激活模型的图示化结果

5.5.2 团队断裂带对团队结果的影响

研究 2 证实，以团队成员年龄和性别划分的表层团队断裂带会触发团队断裂带的激活，最终导致团队绩效的下降。但表层团队断裂带本身与团队绩效没有直接显著关系。与表层断裂带对团队结果的影响类似，对于深层团队断裂带而言，团队成员在态度、价值观、信念方面的差异不易被察觉，也不是导致团队绩效降低的直接因素。时间紧迫性和目标承诺都属于团队成员的深层属性，且很难短时间改变。深层团队断裂带的强度越大，越容易造成团队断裂带的激活。

5.5.3 时间对团队断裂带激活的影响作用

研究 2 同时证明，团队断裂带随时间推移被逐渐激活。在团队成立之初，团队成员在表层和深层方面的属性差异并没有使团队成员产生分裂的想法，但随着合作的不断深入，团队成员因表层或深层属性的异质性逐渐使团队分裂的想法浮出水面，激活了团队断裂带。由此证明，时间是改变团队构成的重要因素。Harrison 等（2002）的研究表明，团队成员间的协作随时间积累逐渐增多，因此表层断裂带对团队的影响将逐渐消失，而深层断裂带对团队的影响将逐渐增强。研究 2 的结果未证实 Harrison 等（2002）的结论，原因可能在于，涉及的研究对象是临时组织成立的团队，一个学期的相处时间不足以使表层属性的差异被忽略。研究 2 证明，随着时间的推移，表层和深层团队断裂带对团队断裂带的激活影响都会逐渐增强。

5.5.4 团队集体心理资本的调节作用

此外，研究结果部分支持了团队集体心理资本的调节效应，证明当团队中出现表层断裂带时，团队集体心理资本能够削弱团队断裂带被激活的可能性。但研究 2 并未支持团队集体心理资本在深层团队断裂带与激活的团队断裂带之间的调节作用。原因可能在于，时间紧迫性、目标承诺、团队集体心理资本都属于团队成员的深层属性，这些深层属性并不会因一个临时团队的成立而轻易改变。在完成团队任务的过程中，团队成员更关心团队任务是否能够完成、以何种方式完成，因此受时间紧迫性和目标承诺的影响较大。但在此过程中如何建立团队精神，如何用积极的心态看待对方与自己存在的差异则很容易被忽略。这也直接导致尽管团队成员对积极心理学有一定的认识，但无法将其运用到团队协作中，无法用乐观、坚韧、充满希望和自我效能感阻止团队分裂的发生。

5.5.5 表层和深层团队断裂带的叠加对团队结果的影响

研究2还对表层和深层团队断裂带的叠加对团队过程的影响提出了备择假设，面板数据结果表明，表层和深层团队断裂带的叠加并不会对团队过程和团队产出产生显著影响。随着团队断裂带属性的增多，团队成员很难以某一种依据将自己归为某一子群，失去了对子群的归属和依赖以后，团队成员转而将团队共同目标（在小组作业中获得高分）作为重要的行为依据。例如，在研究2的一个4人团队中，1号为男性、21岁、时间紧迫性强、目标承诺高；2号为男性、22岁、时间紧迫性弱、目标承诺低；3号为女性、28岁、时间紧迫性弱、目标承诺低；4号为女性、32岁、时间紧迫性强、目标承诺高。在这个团队中，按照表层属性（性别和年龄）划分，可以将1号和2号分为一个子群；3号和4号分为一个子群。但如果按照深层属性（时间紧迫性和目标承诺）划分，可以将1号和4号分为一个子群；2号和3号分为一个子群。由此可见，当表层和深层因素融合以后，团队成员对于自己应当属于哪个子群没有固定的标准。在这样的子群中，团队分裂的重要性被弱化，也不会因此影响团队绩效。

另一种情况是，如果某个团队的表层断裂带和深层断裂带恰好融合，例如研究2中的另外一个团队，1号为男性、35岁、时间紧迫性强、目标承诺高；2号为男性、33岁、时间紧迫性强、目标承诺高；3号为女性、23岁、时间紧迫性弱、目标承诺低；4号为女性、22岁、时间紧迫性弱、目标承诺低。在此团队中，1号和2号很可能分为一个子群，3号和4号很可能分成另一个子群。由于4名团队成员在表层和深层的属性都非常明显，团队中的每个人对本团队的多元化都有了充分的思想准备。在合作中，每名团队成员都会更多从对方的立场出发，考虑可能因团队多元化导致的观点上的差异，担心由于属性的不同导致冲突的产生。因此，当团队成员对可能发生的团队分裂有了提前的准备意识后，会更容易理解对方。例如，3号和4号在面对1号和2号的催促和围绕目标开展合作时，会自然认为由于对方是男性,且较为成熟,在语言和措辞上可能更为激进。1号和2号也会认为3号和4号对时间和目标的追逐意愿不强烈是由于对方是较为年轻的女性,从而更加尊重她们的灵感和创造力。这样一来,整个团队都愿意表现出积极的态度来应对彼此的差异,吸收对方的知识和观点,提高团队的凝聚力,减少团队分裂的可能。

相反,纵向数据结果表明,表层和深层团队断裂带的叠加能够增加团队断裂带激活的可能性。当叠加后的团队断裂带较弱时,整个团队展现出多样性的特征。对于团队中出现的冲突和不和谐,团队成员很难将其归咎于某一特征的差异,因此不会造成团队断裂带的激活。如果某一团队中的团队成员具有相同的表层(或深层)属性,但不具有相同的深层(或表层)属性时,团队断裂带的程度呈现中等水平。由于错误归因,团队成员很可能将因深层断裂带导致的冲突和不和谐归咎于表层断裂带。由于找不到差异的真正原因,团队成员的表层差异被不断放大,因而更易形成团队断裂带的激活。随着时间的推移,团队成员的合作不断深化,如前文所述,当表层和深层断裂带并不重合时,团队成员在团队建立之初对他人形成的刻板偏见并不会因为合作而淡化,反而因错误归因不断加强。因此,当叠加后的团队断裂带程度处于中等水平时,断裂带激活的可能性将增大。此外,具有相同表层属性的团队成员期待彼此的深层属性也相同。一旦表层与深层属性的统一性和同质性(Homophily)期待被打破,就会造成团队成员对团队局势的不解和疑惑,导致团队断裂带的激活。然而,当表层与深层断裂带的划分具有统一性和同质性时,叠加后的团队断裂带程度较高,团队成员对内群的认同程度也更高。当内群成员不但具有相同的表层属性,还具有相同的深层属性时,会对子群形成更强烈的归属和依赖,而对外群形成更大程度的敌意和偏见。因此,表层和深层团队断裂带的重合加剧了团队断裂带激活的可能性。

5.5.6 团队断裂带的激活对团队绩效的影响

此外,研究2还证明,无论团队分裂(或团队断裂带的激活)由表层断裂带还是由深层断裂带触发，一旦团队分裂的感知在团队中散播开来，就会对团队绩效产生负面影响。这一发现印证了 Lipponen 等（2003）的研究结论，团队断裂带的激活导致子群陷入失望、紧张甚至对外群产生敌意，由此造成恶性循环，导致团队成员间沟通不畅、信息不通，最终降低团队绩效。

5.6　本章小结

先前对于团队断裂带的研究多基于团队成员的人口统计特征，也即研究 2 所指的表层团队断裂带，但对基于团队成员性格、态度、价值观等差异形成的深层团队断裂带的研究相对较少。研究 2 分析了某研究型大学 MBA 班临时性团队的特点，强调应将表层断裂带和深层断裂带叠加起来，综合看待团队成员的多样性对团队过程及其结果的影响。研究结果表明，由性别和年龄叠加形成的表层团队断裂带与团队断裂带的激活呈正相关关系；由时间紧迫性和目标承诺叠加形成的深层团队断裂带也是触发团队断裂带激活的前置因素；且表层断裂带与深层断裂带的叠加更易导致团队分裂。研究结果还证明，无论以何种形式形成团队断裂带的激活，一旦团队成员感受到了整个团队的分裂，就会对团队绩效产生负面影响。此外还研究了团队集体心理资本在休眠的断裂带与激活的断裂带之间起到的调节作用。研究 2 的发现证实，团队集体心理资本能够削弱表层休眠断裂带的激活，但不能削弱深层休眠断裂带触发的激活。

在管理实践中，企业应当有意识地在工作团队中建立开放和谐的工作环境，通过积极心理干预来开发和管理人力资源，使企业员工能够自由互动交流，注重员工心理建设，增强团队集体心理资本（Luthans 等，2007）。企业在对员工进行招聘和培训时，也应当综合考虑团队的人力资源配置，在鼓励员工多元化发展的同时，防止团队分裂，迎接日益激烈的全球市场竞争。

尽管如此，研究 2 仍存在一定的局限性。首先，在 Harrison 和 Klein

（2007）的研究基础上，未来研究可以通过对不同类型的断裂带（如基于分离（Separation）、基于多样性（Variety）、基于差距（Disparity））的对比，探索不同形态的团队断裂带对团队绩效的影响。其次，断裂带的激活由三个潜在因素决定，即团队成员的身份、资源和知识（Carton 和 Cummings，2012）。研究 2 在不考虑激活的断裂带的类型的情况下，对团队分裂的总体感知进行评估。因此，需要进一步的研究来区分激活的断裂带的不同类型，以便更清楚地区别其对团队进程的不同影响。最后，没有区分每个团队断裂带的数量或子群规模的差异（Carton 和 Cummings，2012），未来希望看到学者将这些因素纳入团队研究的范畴。

第6章
CHAPTER 6

研究3：子群感知与交互记忆系统的关系研究

团队日益成为组织中知识生产的主导模式（Wuchty 等，2007）。然而，由于团队成员倾向于根据各种特征将自己划分为更小的集体，团队可能会分裂为多个子群（Cronin 等，2011）。这种分裂可能会阻碍团队成员充分发挥他们的协同潜力。因此，研究子群的形成和感知对提高组织产出至关重要（Cronin 等，2011）。不仅如此，本土研究应立足于中国特色管理环境，不应忽视影响本土团队功能的情境因素。因此，研究 3 将关系感知纳入团队研究，因为在具有中国特色的管理环境中，关系是不可回避的问题，探究关系感知在团队中的作用，对改善团队氛围至关重要。

6.1 研究假设

研究 3 首先强调团队成员感知到的子群对团队产出的作用，而非团队断裂带文献中定义的"根据团队成员属性假设的分裂"（Hypothetical Split）（Lau 和 Murnighan，1998）。具体来说，研究 3 提出了子群感知与交互记忆系统和团队绩效之间关系的理论模型。其次，确定了一个重要的背景因素——关系感知，并研究了人际关系与团队子群的动态交互作用。当团队成员因对子群的感知而阻碍了子群间的沟通时，关系感知将激励团队成员跨子群互动，减少沟通障碍，增进子群间的相互理解。最后，研究 3 提出并验证了国有企业在面对市场及外部环境动态变化的情形下，提高行政管理团队和生产团队绩效的路径。

本节提出了子群感知、交互记忆系统、关系感知和团队绩效之间可能存在的关系（见图 6-1）。

6.1.1 子群感知与团队绩效的关系

当团队的子群成员在某些突出特征上出现交叉重叠时，他们很可能认同子群，而不认同整个团队（Gibson 和 Vermeulen，2003）。根据社会分类

第6章 研究3：子群感知与交互记忆系统的关系研究

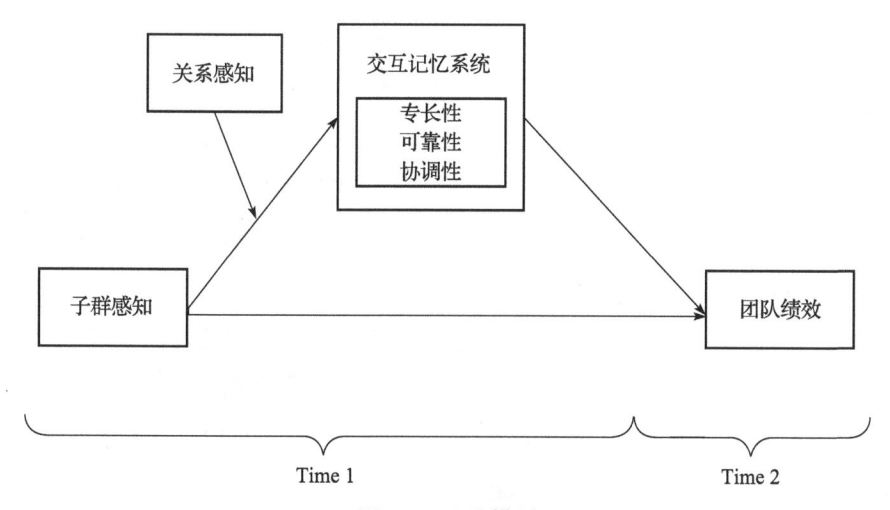

图 6-1 理论模型

理论和同性相吸理论，在同一群体中，具有相似属性的人往往更容易聚集在一起，使整个团队分裂，形成不同的团队子群（Byrne 等，1971；Lau 和 Murnighan，1998；Tajfel，1981）。与多样性研究一致，基于人口统计特征的子群研究最为广泛（Thatcher 和 Patel，2012），例如，王曦若和迟巍（2018）的研究表明，高管团队中年龄和任期的异质性与企业创新投入之间呈负相关关系。此外，团队子群基于什么样的配置，例如基于团队成员身份或知识储备不同而进行的分类（Carton 和 Cummings，2013），或基于高管团队注意力配置的分类（卫武和易志伟，2017），都是影响团队子群效应的重要因素。

尽管团队分裂具有复杂的构型，如本书中研究1涉及的以生源地和本科专业划分的团队断裂带，研究2涉及的以年龄和性别划分的表层团队断裂带和以时间紧迫性和目标承诺划分的深层团队断裂带，但它们都具有一种共同属性，一旦团队成员在团队内部感知到子群的存在，这种感知就会决定团队成员接下来的行为。子群感知可以被定义为团队成员对子群分裂的识别程度（Shemla 等，2016）。越来越多关于感知异质性的研究表明，人类对很多事物的反应是基于对现实的感知，而不是现实本身（Shemla 等，2016）。

此外，研究3认为，团队在人口特征或价值观等方面的差异（例如研究1、研究2中涉及的差异）不一定意味着团队成员对彼此的感知也存在同样的差异。换句话说，潜在的子群和子群感知之间的一致性并不是一个既定的结论（Zellmer-Bruhn等，2008）。更重要的是，团队成员对团队构成的感知，才是驱动团队成员对团队产生影响的最重要因素（Greer和Jehn，2007）。当团队成员感知到子群的存在时，会自然而然将团队区分为内群（In-group）和外群（Out-group），使子群之间更容易产生相互偏见（Chatman等，1998）。所以，认识团队成员能在多大程度上识别子群，是团队研究中至关重要的突破点（Thatcher和Patel，2012）。研究3认为，团队成员对子群的感知将对团队绩效产生负面影响。

进一步的实证研究表明，子群感知对个体和团队都有显著影响。例如，Shemla和Wegge（2019）的研究发现，子群感知与信息精细化过程（Information Elaboration）呈负相关关系，因为子群感知直接导致跨子群间的信息交换和信息整合障碍。不仅如此，Greer和Jehn（2007）发现，子群感知与团队冲突呈正相关关系，因为团队成员对子群的识别触发了内群与外群的偏见。此外，子群感知的不对称性，即团队成员对子群的存在和严重程度拥有不同的感知，会导致团队成员产生挫折感和退缩行为（Polzer等，2002），进而导致团队决策失误（Greer和Jehn，2007）。总之，子群感知阻碍了团队成员之间的沟通和相互理解，导致团队绩效的降低。

假设1：子群感知与团队绩效呈负相关关系。

6.1.2 交互记忆系统的中介作用

1. 交互记忆系统的维度

Lewis（2003）将交互记忆系统的有效性分为专长性、可信性和协调性三个维度，提出交互记忆系统是以上三个分维度的高阶构念。专长性（Specialization）要求团队成员在知识处理过程中具有专门化和差异化的知识。可信性（Credibility）代表团队成员在完成任务时对彼此所提供的知识和信息的可信程度。协调性（Coordination）考察团队成员在任务执行过程中能否顺利而充分地整合和利用彼此的知识和专长。

2. 交互记忆系统的前置因素

共享心智模型（Shared Mental Model）是交互记忆系统发挥有效作用的前提。Blickensderfer 等（1997）将共享心智模型定义为团队成员间心智模型的重叠程度，共享心智模型能够帮助团队成员理解和预测交互记忆系统发挥作用的原因。由于个体在团队中可能具有不同的心智模型，某一个体对团队内的交互记忆系统的感知可能与其他人存在偏差。解决交互记忆系统的优化问题就必须尽量减少个体间心智模型的差异，使整个团队形成一致的共享心智模型。

交互记忆系统的启动还需要满足另一个必要前提，即团队成员需要能够在整个知识系统中感知到自己与其他团队成员的相互依赖性（包括任务流程的相互依赖或获得共同的奖励等）（Brandon 和 Hollingshead，2004）。团队成员的相互依赖性取决于团队奖励结构和任务结构等因素。走专业化路线的团队会鼓励团队成员尽量减少自己在不熟悉领域的工作负载，鼓励团队成员集中精力掌握更多自己熟悉的专门化知识。相比之下，倾向于知识重叠的团队会鼓励团队成员的相互协调，在团队成员需要轮班时，团队成员不但需要了解"谁知道什么"，还要注意"谁做了什么"。当团队成员履行不同功能和职责时，交互记忆系统更容易启动和发展；但当团队成员的职责相同时，知识重叠对交互记忆系统的启动和发展益处较小。此外，团队的任务结构也是影响团队成员相互依赖的因素，特别是当一个团队成员的产出是另一团队成员的输入时（Brandon 和 Hollingshead，2004）。相反，当团队任务非常简单或团队成员不需要依靠他人就可以完成自己的任务时，不利于交互记忆系统的发展。Brandon 和 Hollingshead（2004）的研究还表明，交互记忆系统除了与专业知识和任务有关，还与人的作用有关。Brandon 和 Hollingshead（2004）提出了交互记忆系统的 TEP 模式（Task-expertise-person Model），认为交互记忆系统对团队知识的应用并不是一个静止的状态，而是通过任务、专业知识和人的相互作用不断迭代演进，使交互记忆系统在建立、评估、利用的过程中螺旋进化。

Shen（2009）总结了交互记忆系统的前置因素，包括团队培训、互相评价、面对面交流等（Lewis，2004）。如果在开始履行任务之前先对整个团队进行培训，则履行任务时将更容易建立高质量的交互记忆系统，并取得更好的团队绩效（Moreland，1999）。此外，面对面交流虽然不是团队交互记忆系统建立的必要前提，但是可以增加团队成员对于他人所具备知识的了解，帮助团队建立起一条实现知识转化的渠道。除直接交流以外，交互记忆系统的建立还与团队成员的人口统计特征相似性（Hollingshead 和 Fraidin，2003）、共同经历、共同的熟人（同事、领导、朋友等）（Hollingshead，2000）有关。Lewis 等（2007）的研究表明，人员的更换阻碍交互记忆系统的发展，因为当某些成员离开团队以后，会将该成员独有的专业知识带走，新成员的加入会带来新的知识，但整个团队需要时间来学习被带走的知识，还要花时间让新成员了解团队结构和任务流程。相比之下，对于虚拟团队来说，建立交互记忆系统的难度更大。首先，虚拟团队共同参加培训的机会更少，面对面交流的机会也很少，由于地理距离和时差的原因，虚拟团队缺少共享信息的途径。而且在虚拟团队中，由于很难通过一个人的穿着、性别、年龄、语言等对该成员形成一个整体印象，对该成员发表的观点也很难形成深刻印象。

Wegner（1987）指出，一个人的记忆力必然是有限的。人们常常通过各种外部帮助来补充他们的记忆。运用到团队管理中，则应基于成员的知识分布，由彼此熟悉的成员在不同的知识领域开发一个隐性的信息处理系统。已有研究表明，交互记忆系统与团队断裂带之间存在显著关系。例如，陈帅（2016）的研究表明，信息断裂带有助于提高团队交互记忆系统，促进团队绩效，但社会断裂带与团队交互记忆系统或团队绩效无显著关系。

3. 交互记忆系统的效用分析

团队绩效的质量主要依赖于团队是否能识别和利用团队成员的知识和专业技能。多数研究证明，交互记忆系统有助于团队绩效的提高。Liang

等（1995）的实验发现，交互记忆系统对团队绩效的影响高于团队凝聚力、激励、社会认同等变量对团队绩效的影响。在个体层面，交互记忆系统有助于提高个人学习能力（Lewis，2003），在团队层面，交互记忆系统有助于提高团队学习（Lewis，2003）和团队知识共享（林筠和闫小芸，2011）。分维度的研究表明，并不是交互记忆系统的每一个维度都对团队产生相同的影响。Kanawattanachai 和 Yoo（2007）检验了交互记忆系统的三个维度对虚拟团队的影响，结果表明，专长性和可靠性与团队绩效之间没有显著的相关关系，而协调性被证明与项目的完成绩效有直接的相关关系。

以往研究表明，完备的交互记忆系统对团队绩效大有裨益（Bachrach 等，2019；Lewis，2004；Zhang 等，2007）。第一，交互记忆系统可以迅速促进团队成员对彼此的了解，并帮助团队识别出团队任务、团队知识及团队中存在的问题（Liang 等，1995）。第二，当团队中出现棘手的问题或压力导致团队绩效下降时（Ellis，2006），交互记忆系统可以作为一种认知机制和行为机制，在生理和心理压力与团队绩效之间起到中介作用。此外，Choi 等（2010）对于知识团队的研究表明交互记忆系统与知识分享和知识应用呈正相关关系，继而正向影响团队绩效。

4. 交互记忆系统在子群中的作用

交互记忆系统不仅强调团队成员对他人专业知识的感知程度（谁知道是什么），还强调团队专业知识的分化和分配过程（Huber 和 Lewis，2010）。影响交互记忆系统产生和发展的因素包括对任务的理解、共享、聚合，以及团队的社会网络中心度等（Brandon 和 Hollingshead，2004）。当进入该团队的所有信息都被该团队中的专家完全分配、存储和共享时，交互记忆系统可达到最佳状态（Optimal State）（Brandon 和 Hollingshead，2004）。

考虑到团队成员背景的多样性，如何跨越子群之间隐藏的沟通障碍，是交互记忆系统能否达到最优状态的前提。一方面，信息处理决定了不同的子群会使用不同的符号、脚本和知识框架来进行交互（Carton 和

Cummings，2012）。Bezrukova 等（2009）的研究提出，基于信息的子群（或基于信息的断裂带）能够识别并利用团队成员差异中的价值。另一方面，社会分类强调子群内部存在的相似性，而忽略了与其他子群的差异性，使团队成员更难识别和承认整个团队具备的专业知识（O'Leary 和 Mortensen，2010）。这也意味着子群边界阻碍了知识协调，降低了子群之间的感知可信度，阻碍了交互记忆系统的发展（O'Leary 和 Mortensen，2010）。例如，Liao 等（2008）的研究考察了基于感知的子群对团队沟通的影响：具有外向性和宜人性人格特征的成员可以获得更多的友谊连接，感知较少的子群分裂，创造出更多沟通机会。

子群感知通过阻碍交互记忆系统的发展对团队绩效产生负面影响。在存在子群感知的多样性团队中，社会分类放大了子群内部成员对彼此相似之处的感知。此外，子群的界限阻挡了子群之间知识的协调性，减少了对知识可信性的感知，也因此阻碍了交互记忆系统的发展（O'Leary 和 Mortensen，2010）。Rupert 等（2016）发现子群距离越大，越不可能建立高质量的交互记忆系统，也越难促进团队学习。将交互记忆系统分维度来看，首先，就专长性而言，子群感知导致团队成员生产出多余或者相互重叠的专业知识，导致团队中储存的知识缺乏差异化，使知识在整个团队中传播的效率受到阻碍（Lewis，2003）。其次，就可信性而言，子群感知的存在使团队成员失去判别知识可信度和知识质量的能力（Shen，2009）。换言之，子群的存在降低了团队信任（Carton 和 Cummings，2013），导致团队成员怀疑子群外知识的可信度。最后，就协调性而言，子群感知可能造成知识只在子群内部传播，损害协调的有效性。子群感知将人区分为群内人和群外人，这种区分阻碍了人们的沟通意愿（O'Reilly 等，1989），而交互记忆系统出现的前因则依赖于人们在团队中与他人保持的亲密程度（Wegner，1987）。例如，Lewis（2004）的研究表明，团队成员彼此熟悉的程度和面对面交流的频率决定了交互记忆系统的有效性程度。由于团队成员之间的有效沟通是交互记忆系统发展的首要条件，而子群感知又决定了团队成员如何实现有效沟通，因此，提出以下假设。

假设2：交互记忆系统中介子群感知和团队绩效之间的关系。

6.1.3 关系感知的调节作用

1. 关系感知的特征和维度

Dunning和Kim（2007）总结了关系的六个特征。第一，关系是功利的。关系将两个个体连接起来的方式是通过互相利用，而不需要通过情感交换。因此关系未必只有在朋友之间才能建立，当然如果存在情感交换会更好。如果双方不能达到共同期待的目标，关系就会被轻易瓦解。第二，关系是互惠互利的，但并不意味着等价交换，关系经常发生于社会资源不对等的双方，强者帮助弱者，弱者以情感表达等额外的方式予以回应，使强者得到满足。第三，关系是可转移的。如果A和B有关系，B和C是朋友，那么B就可以将A介绍给C。关系转移的程度和成功率取决于B对于A和C建立关系这件事是否满意。第四，关系是私人之间的，表现在涉及关系的各方是否具备信任、诚实、互惠互利、尊重等条件。这也解释了为什么在关系社会中忠诚比社会制度或法律规定更重要。第五，关系是长期的。每段关系都被看作是人情资本，在自己帮助别人的时候可以将人情资本储存起来，以备不时之需。第六，关系属于无形资产。分享关系的各方将关系看作是与对方建立的无形承诺，该承诺规定了各方的权益、信任的程度和未来的回报方式。

Tsui和Farh（1997）按照感情的亲疏将中国关系分为了三个维度，即家人、熟人和生人。不同的关系类型决定了各方之间不同的社交模式和心理特征，也决定了解决关系问题的不同社会规则。第一，家人。家人之间的关系最稳定，家人之间进行社会交换的规则通常是"尽力而为"，家人之间几乎不会期待彼此在未来的回报。中国人因对家庭观念的重视，认为帮助家人是必尽的义务（Tsui和Farh，1997）。第二，生人。生人是指陌生人或几乎不认识的人，包括家族以外的人和与自己没有直接互动关系的人（例如与自己处于同一社区但并不认识的人、与自己在同一家公司工作的人或商业客户）。生人之间的互动方式是表面和短暂的，与生人建立关系的规则主要基于功用和得失,这种工具性的社交关系并不需要情感依附作为前提(Tsui 和 Farh,1997)。第三,熟人。熟人是指除了家人和生人以外的人。熟人之间的亲密程度跨度很大,主要表现为友谊的亲密或疏远(Tsui 和 Farh,1997)。熟人之间既存在功利性也存在情感。"人情"背后所蕴含的正是熟人之间既对彼此有好感又期待回报的社会关系。

2. 关系感知的前置因素

Dunning 和 Kim(2007)的研究表明,集体主义和权力距离是导致关系感知增加的重要原因和前置因素。第一,集体主义者认为集体利益高于个人利益,集体主义者追求其所在社会的共同利益。受儒家思想的广泛影响,中国人常常认为自己深植于他们所处的社会体系中,认为和谐是人类福祉的重要组成部分。例如,代表和谐的符号表现为"阴阳",反映了相辅相成的特征(Buttery 和 Wong,1999)。在一个和谐的社会中,人与人之间的关系受到高度重视。因此,生活在一个对社会关系极其敏感的社会中,面子和声誉就变得尤为重要(Hofstede,1991)。这种相互依赖的自我观念与西方的独立自我观念形成了鲜明的对比(Yeung 和 Tung,1996)。第二,权力距离是指社会中权利较弱的一方期望和能够接受的权利分配不平等的程度。社会越接受权利不平等、越尊重权威,权力距离就越大(Hofstede,1991)。儒家思想的一个基本原则就是强调个人在社会关系中的地位。具体来说,"五伦"定义了等级制度的五种关系类型,即统治主体、父子、夫妻、兄弟和朋友。这些关系建立在自愿和互信的基础之上。在这样的社会等级制度中,关系可以将两个不同等级的人联系起来,较弱的一方可以要求较强的一方给予自己一定的好处,而不需要做出等价的回报(Alston,1989)。拥有权威的一方通常想要得到的回报是面子和声誉(Yeung 和 Tung,1996)。因此,权力距离越大,人们对关系的感知越强烈。

根据社会分类理论和社会认同理论,人口统计特征是团队成员为自己归类时最容易识别的特征。除此之外,个体的社会身份(Social Identity)也是团队成员寻求自我归类的一个重要因素(Tsui 和 Farh,1997),由社会身份的不同形成的不同子群给予内群成员强烈的社会认同感和积极的心理暗示（Turner 等，1987）。内群成员之间的相互吸引将增加彼此互动、交流、建立友谊的可能性。然而，个体也有可能将自己与其他处在相同关系网中的人归为一类，即便他们之间可能并不认识。换句话说，社会分类可能发生在没有相似人口统计特征也没有友谊的团队成员之中，被称为"去个性化的相互吸引"（Depersonalized Attraction）（Tsui 和 Farh，1997）。例如，面试官在遇到一个与自己来自同一家乡的应聘者时会产生不自觉的偏爱。总之，团队成员间的相互吸引既可能是由于彼此间存在相似的人口统计特征，也有可能是由于彼此之间属于同一社会群体（例如亲戚、同乡、同事、同学、同宗族或师生关系）（Tsui 和 Farh，1997）。

Li 和 Hsu（1995）设计了一个实验，研究一群来自台湾的大学生被社会分类理论和社会认同理论支配的情况。实验要求被试作为奖品分发者，将两个有优劣之分的奖品分发给两名团队成员。实验分 4 组区分接受奖品的两名团队成员：①内群中的好朋友 vs 内群中的陌生人；②内群中的好朋友 vs 外群中的好朋友；③内群中的陌生人 vs 外群中的好朋友；④内群中的陌生人 vs 外群中的陌生人。结果显示，对内群的认同和对友谊的认同都会使被试将优质奖品分发给内群团队成员或自己的好朋友。但本实验最值得注意的发现是，人们对好朋友的偏爱超过了对内群成员的偏爱。

3. 关系感知的效用分析

Xin 和 Pearce（1994）分析了国有企业、合资企业和民营企业中关系的作用，发现关系对管理者的事业和工作成就有积极作用。特别是在民营企业，关系作为制度环境的补充，使民营企业管理者能够获得必要的资源、人脉、信息及其他支持。Farh 等（1998）研究了中国情境下关系与团队多样性的关系。结果表明，如果上级和下属之间是家人关系或者邻居关系，下属对上级的信任程度就更高。他们的研究还表明，如果上级的受教育程度高于下属，下属对上级的信任程度也会比较高。Farh 等（1998）的研究还表明，如果受访者与他们的客户、供应商或相关的政府官员是亲戚、前同学或同乡的关系，他们之间的信任程度会更高。Huang 等（2016）的研究表明，跨边界者（Boundary Spanners）间的关系连接主要体现为信息处理和外部代表权两种方式，通过跨边界者间的二元（Dyads）关系可以改善不同组织间的关系质量。

总之，个体间的关系越紧密、关系连接数越多，他们之间交流的频率就越高、信任程度越高、对彼此的偏爱越多，对团队结果的影响也越大。当然也有学者提出，社会现代化的发展、全球一体化进程的不断推进和东西方文化的不断交融，将导致新生代的中国人对传统关系的重视程度逐渐降低（Tsui 和 Farh，1997）。而随着中国社会制度的不断完善，合同的法律约束力不断加强，对违约方的法律惩罚和经济处罚越来越严厉，关系对个人或组织绩效的促进作用也会随之减弱（Qian 等，2016）。

4. 关系感知在子群中的作用

研究 3 试图探索关系感知对团队过程和团队产出造成的影响，将关系感知定义为团队成员对于关系价值或重要性的感知。Chen 和 Tjosvold（2007）的研究强调中国关系的积极价值，阐明私人关系将促进本地员工与外国管理者之间的建设性争论，通过提供开放性的讨论使整个团队受益。当一个团队对关系的作用有共同认可时，不同子群间的成员将更有能力跨子群边界进行信息协调和交换。具体来说，当团队中的每一名团队成员都对关系具有较高程度的感知时，子群对交互记忆系统的负面影响将得到缓解。相反，当团队中的每一名团队成员都对关系的感知程度很低时，子群更有可能阻碍交互记忆系统的发展。

Chen 和 Agrawal（2018）的研究表明，异质性团队成员间一定程度的关系可以润滑彼此间的协调过程，促进团队成员将团队视为共同的整体，并在团队中相互学习。因此，关系感知在中国情境下的团队合作中扮演重要角色。一方面，基于内群偏爱（In-group Favoritism）原则，中国人更倾向于将自己归为局内人和局外人（Farh 等，1998）。另一方面，基于社会资本理论，人们又有强烈的与外界建立联系的倾向。这两种相互矛盾的倾向将会给团队产出带来非常复杂的影响。子群感知可能导致团队分裂，从而造成子群间的冲突，但是关系感知又可能将不同的子群联系在一起，增强彼此的协调性和相互信任。换言之，关系感知程度较高的团队更倾向于利用关系来帮助建立子群间的联系，以提升社交互动的灵活性（Yeung 和 Tung，1996）。通过建立关系，每个子群都能够获得更多有效的资源和宝贵的信息（Moses，2007），提升相互依赖和合作精神（Park 和 Luo，2001），提升解决问题的速度（Kotabe 等，2003），改善决策的质量（Peng 和 Luo，2000）。

更进一步讲，如前文所述，子群感知与交互记忆系统呈负相关关系，关系感知可能会削弱这种负相关关系。首先，关系能让团队成员保持相对亲密的状态，这种亲近会让团队成员知道很多关于彼此的知识和经验（Wegner 等，1991）。依据 Wegner 等（1991）的研究，每一个团队成员都只需要记住特定类别的知识，将这些知识存储于团队当中，每人都能从团队中获得益处。这些知识可以在任意时刻被需要的人提取出来。作为结果，团队成员只需要专心积累自己擅长的经验，而把自己不擅长或不熟悉的领域交给其他团队成员。其次，交互记忆系统的前提是团队成员间有效的沟通和协调（Lewis，2004），关系感知会驱动团队成员建立跨子群关系。Huang 等（2013）探究了社会连接对交互记忆系统的作用，研究结论表明，表达式社会连接会加速交互记忆系统中的协调性维度对知识质量的影响。相似的，随着团队成员越来越珍视关系，将会有更多信息跨子群流动，促进建立更有效的沟通和知识传递体系（Huber 和 Lewis，2010）。最后，交互记忆系统是以团队成员间的相互信任为前提的，因为对专业知识的信任取决于对人的信任。当子群感知阻碍了内群和外群间的互信机制时，关系感知将提高团队成员间的彼此信任，减少团队交互记忆系统的损失。

相反，当关系感知程度较低时，子群感知负向作用于交互记忆系统的程度将会增加。基于自我归类理论（Self-categorization Theory）（Tajfel，1981），子群感知会降低团队成员建立有效的交互记忆系统的动力。当团队成员不珍视关系时，这种动力将会进一步下降。也就是说，当关系感知程度较低时，团队成员将失去跨子群互动或资源交换的动力。此外，如前文所述，子群感知降低了子群拥有的特定专业知识，如果团队成员认为关系非常不重要，那么这种情况将会持续恶化。由于关系是建立在长期信任的基础之上的（Luo，2007），当关系感知程度较低时，团队成员相信他人知识的动力也会随之消失。

因此，研究 3 提出，关系感知将会削弱子群感知与交互记忆系统之间的负相关关系。在人们感知到自己所在的团队已经濒临分裂时，关系感知将会起到至关重要的作用，积极影响团队成员间的互动模式。特别是，关系感知可以充当一座桥梁，跨越子群间的断裂带，弱化团队分裂造成的不利影响，改善交互记忆系统的建立条件（Inkpen 和 Tsang，2005）。因此提出以下假设。

假设 3：关系感知削弱子群感知与交互记忆系统间的负相关关系。

综上，在传统的对子群感知和交互记忆系统对组织绩效影响的研究基础上，结合中国特色环境中关系的突出作用，将以上假设总结于下表（见表 6-1）。

表 6-1 研究假设总结

假设序号	假设内容
假设 1	团队子群感知与团队绩效呈负相关关系
假设 2	交互记忆系统中介子群感知和团队绩效之间的关系
假设 3	关系感知削弱子群感知与交互记忆系统间的负相关关系

6.2 测量工具

由于问卷多采用国外学者开发的成熟问卷，将子群感知和关系感知的量表翻译成了中文。翻译的过程严格遵循了翻译所需的四个步骤，即前译、评估、后译和重新评估（Song 等，2009），并在某科研型大学商学院的 62 名博士和硕士中间进行测试，收集意见，调整了可能产生歧义的表达。

6.2.1 子群感知

采用 Earley 和 Mosakowski（2000）及 Jehn 和 Bezrukova（2010）开发的问卷测量子群感知，问卷包括三个题项，回答采用李克特式 7 分制量表，范围从"1= 非常不准确"到"7= 非常准确"，题项如表 6-2 所示。

第 6 章 研究 3：子群感知与交互记忆系统的关系研究

表 6-2 子群感知测量量表

变量	题项	测量内容	参考文献
子群感知	SUB1	我所在的工作团队分成不同子群	Earley 和 Mosakowski2000）；Jehn 和 Bezrukova（2010）
	SUB3	我所在的工作团队是由多个子群组成的	
	SUB3	我所在的工作团队分为两派	

6.2.2 交互记忆系统

Lewis（2003）开发的交互记忆系统量表包含 15 个题项，该量表包含三个维度：专长性、可信性和协调性（Wegner，1987）。回答格式从"1=非常不同意"到"7=非常同意"。张志学等（2006）翻译了 Lewis（2003）的量表，认为题项 2 和题项 9 的信度较低，予以删除，研究 3 沿用了张志学等（2006）的本土化量表，题项如表 6-3 所示，TMS1-TMS4 测量专长性、TMS5-TMS8 测量可信性、TMS9-TMS13 测量协调性。

表 6-3 交互记忆系统测量量表

变量	维度	题项	测量内容	参考文献
交互记忆系统	专长性	TMS1	我们团队中的每名成员都具有与任务有关的某方面的知识	Lewis（2003）；张志学等（2006）
		TMS2	我们每位团队成员各自负责不同方面的专长	
		TMS3	我们团队中不同的成员所具有的专门知识都是完成任务所需要的	
		TMS4	我了解团队成员各自在具体方面的专长	
	可信性	TMS5	我能够舒服地接受其他团队成员的建议	
		TMS6	我相信团队中其他成员掌握的有关我们项目的知识是可以信赖的	
		TMS7	我相信团队中其他成员在讨论中提出的信息是可靠的	

续表

变量	维度	题项	测量内容	参考文献
交互记忆系统	可信性	TMS8	我不太相信其他团队成员的专长	Lewis（2003）；张志学等（2006）
	协调性	TMS9	一起工作时我们团队协调得很好	
		TMS10	我们团队对于该做什么很少产生误解	
		TMS11	我们团队经常需要回头对已经做过的工作重新再做一次	
		TMS12	我们顺利而且有效率地完成任务	
		TMS13	我们对于如何完成任务感到非常混乱	

6.2.3 关系感知

采用 Dunning 和 Kim（2007）的量表测量关系感知。在删除因子分析中载荷较低的题项之后，保留了 6 个题项。题项从"1= 表示强烈不同意"到"7= 表示强烈同意"，如表 6-4 所示。

表 6-4 关系感知量表

变量	题项	测量内容	参考文献
关系感知	GX1	我的联系人网络不仅包括我自己认识的人，也包括我的联系人认识的人	Dunning 和 Kim（2007）
	GX2	只要我与我的联系人保持很好的关系，我就可以充分利用我的联系人	
	GX3	人们应该一直帮助别人；你永远不会知道你何时需要别人的帮助	
	GX4	私人关系是从个人间的关心和承诺中建立和增强的	
	GX5	人们通过建立联系人网络来获取好处和利益这件事是公平的	
	GX6	我帮助别人或从我的联系人网络中获益都是很自然的事	

6.2.4 团队绩效

团队绩效由各团队的人力资源和企业管理部门评定。87个被试团队来自一个集团公司的3家子公司，具有共同的企业目标和团队管理体系，对团队绩效的评定规则具有一致性。团队绩效实行点对点评分、领导评分和员工日常绩效评分（如团队平均出勤率和违规情况）的加权平均。通过减去每个子公司的平均得分，并将新结果除以每个标准差来标准化这些分数。

6.2.5 控制变量

团队断裂带强度反映潜在子群边界的显著性（Carton和Cummings，2013）。根据前人的研究，研究3控制了以身份为基础的团队断裂带强度和以知识为基础的团队断裂带强度（Bezrukova等，2009）。其中，以身份为基础的团队断裂带强度以团队成员的年龄和性别为划分属性计算；以知识为基础的团队断裂带强度以团队成员的受教育水平和任职年限为划分属性计算。以上两种团队断裂带强度的计算按照Shaw（2004）的公式，使用Chung等（2006）开发的macro在SAS 9.4统计软件中运算得出。此外，分别控制了团队成员的年龄、性别、受教育水平、任职年限的异质性水平。需要指出的是，异质性（或多样性）的程度与团队断裂带强度并不一致。例如，团队异质性高的团队产生团队断裂的可能性却较小，因此，有必要控制以上团队异质性水平。对于分类变量（Categorical Variables）（如性别、受教育水平），采用Blau's index计算。对于连续变量（Continuous Variables）（如年龄、任职年限），采用变异系数（Coefficient of Variation）计算。此外，Jeremy和Aguinis（2015）总结了此前发表的文章中关于控制变量的选取，对组织研究中应该包含哪些变量及为什么要包含这些变量进行了深入的研究。本书根据他们对控制变量使用的实际建议，控制了团队规模。团队规模越大，团队越有可能分裂为不同子群（Shaw，2004）。团队规模从子公司档案资料获取。任期是团队成员在该组织工作的平均时间长度。学历编码为：1=高中，2=大专，3=学士，4=硕士，5=博士。

6.3 问卷预调研

为了保证调研问卷的信度和效度，首先进行预调研。预调研的样本来自北京某高校商学院的学生，采用网络电子问卷链接方式发放，共发放170份问卷，收回问卷129份问卷。剔除无效问卷，共收回有效问卷104份，有效回收率为61%。其中，全日制硕士生样本47份，MBA学生样本32份，博士生样本25份。其次对预调研的问卷进行信度和效度检验，其中信度测量包括Cronbach's α系数检验和单项—总项的总相关系数检验；效度测量包括KMO检验，巴特利特球形检验，单维度因子分析。最后根据信度和效度分析的结果对题项进行相应调整后进行探索性因子分析（EFA）。

6.3.1 预调研问卷的信度检验

在正式研究开始之前，先对组成各变量的题项进行单项—总项的总相关系数（CITC）检验。如表6-5所示，子群感知的3个题项的总体Cronbach's α系数为0.852，且每个题项的CITC值都大于0.5，因此可以认定，用此3项问题衡量子群感知这一变量的可信度很高。

表6-5 子群感知的CITC和Cronbach's α系数（N=104）

测量变量	题项	CITC	剔除该题项后的Cronbach's α系数	Cronbach's α系数
子群感知	SUB1	0.793	0.734	0.852
	SUB2	0.722	0.774	
	SUB3	0.632	0.898	

如表6-6所示，关系感知由6个题项构成，总体Cronbach's α系数达到0.832，且所有题项的CITC值都超过了0.5，因此，用这6个题项测量

关系感知是合适的。

表 6-6　关系感知的 CITC 和 Cronbach's α 系数（N=104）

测量变量	题项	CITC	剔除该题项后的 Cronbach's α 系数	Cronbach's α 系数
关系感知	GX1	0.546	0.813	0.832
	GX2	0.621	0.802	
	GX3	0.601	0.818	
	GX4	0.612	0.832	
	GX5	0.709	0.799	
	GX6	0.624	0.806	

如表 6-7 至表 6-9 所示，交互记忆系统量表中，题项 TMS8、TMS11、TMS13 的 CITC 值低于 0.50，应当考虑予以剔除。其中，如表 6-7 所示，交互记忆系统（专长性）的 Cronbach's α 系数达到 0.870，可信度良好。

表 6-7　交互记忆系统（专长性）的 CITC 和 Cronbach's α 系数（N=104）

测量变量	题项	CITC	剔除该题项后的 Cronbach's α 系数	Cronbach's α 系数
交互记忆系统（专长性）	TMS1	0.769	0.826	0.870
	TMS2	0.701	0.811	
	TMS3	0.739	0.820	
	TMS4	0.689	0.836	

如表 6-8 所示，交互记忆系统（可信性）初始 4 个题项的 Cronbach's α 系数达到 0.752，可信度尚佳，但题项 TMS8 的 CITC 值低于 0.5，因此应当将此题项剔除。剔除后，其余 3 个题项的 CITC 值都有所提高，并且再剔除这 3 个题项中的任何一个都不会再让该变量维度的 Cronbach's α 系数有更明显的提高，因此可以认定，此 3 题项适合用来测量交互记忆系统

(可信性)。

表 6-8 交互记忆系统（可信性）的 CITC 和 Cronbach's α 系数（N=104）

测量变量	题项	初始 CITC	修订后 CITC	剔除该题项后的 Cronbach's α 系数	Cronbach's α 系数
交互记忆系统（可信性）	TMS5	0.610	0.773	0.874	初始：0.752 修订后：0.842
	TMS6	0.732	0.809	0.819	
	TMS7	0.717	0.799	0.810	
	TMS8	0.145（剔除）			

此外，如表 6-9 所示，交互记忆系统（协调性）初始 5 个题项的 Cronbach's α 系数达到 0.724，可信度尚佳，但题项 TMS11 和 TMS13 的 CITC 值低于 0.5，应当剔除。剔除后，其余 3 个题项的 CITC 值都有所提高，Cronbach's α 系数提高到 0.832，并且再剔除这 3 个题项中的任何一个都不会再让该变量维度的 Cronbach's α 系数有更明显的提高，因此可以认定，用这 3 个题项来测量交互记忆系统（协调性）具有很好的可信性。

表 6-9 交互记忆系统（协调性）的 CITC 和 Cronbach's α 系数（N=104）

测量变量	题项	初始 CITC	修订后 CITC	剔除该题项后的 Cronbach's α 系数	Cronbach's α 系数
交互记忆系统（协调性）	TMS9	0.596	0.739	0.722	初始：0.724 修订后：0.832
	TMS10	0.527	0.666	0.801	
	TMS11	0.280（剔除）			
	TMS12	0.599	0.701	0.767	
	TMS13	0.431（剔除）			

6.3.2 预调查问卷的效度检验

1. KMO 检验和巴特利特球形检验

在进行 EFA 和 CFA 检验之前，先进行 KMO 检验和巴特利特球形检验。应用 SAS 9.4 统计软件对数据进行 KMO 和巴特利特球形检验，结果如表 6-10 所示，子群感知量表的 KMO 值为 0.700，巴特利特球形检验的显著性水平为 $p<0.0001$。如表 6-11 所示，关系感知量表的 KMO 值为 0.783，巴特利特球形检验的显著性水平为 $p<0.0001$。如表 6-12 所示，交互记忆系统量表的 KMO 值为 0.936，巴特利特球形检验的显著性水平为 $p<0.0001$，说明数据适合进行因子分析。

2. 探索性因子分析

如表 6-10 所示，子群感知量表的探索性因子分析产生 1 个因子，解释了总体方差的 69.733%，证明该量表的效度符合研究需要。如表 6-11 所示，关系感知量表的探索性因子分析产生 1 个因子，解释了总体方差的 68.682%。如表 6-12 所示，交互记忆系统量表的探索性因子分析产生 3 个因子，解释了总体方差的 68.142%。根据量表题项与因子间的对应关系可以看出，因子 1 为构想中的专长性维度，因子 2 为构想中的协调性维度，因子 3 为构想中的可信性维度。因此，剔除无效题项后，本问卷设计中交互记忆系统的 3 个分量表的效度是符合研究要求的。

表 6-10 子群感知的单维度因子分析（N=104）

测量变量	测量题项	因子载荷
子群感知	SUB1	0.926
	SUB2	0.864
	SUB3	0.699
	解释方差百分比	69.733%
	KMO 适合度检验值	0.700
	巴特利特检验卡方值	937.29
	显著性概率	0.000

表 6-11 关系感知的单维度因子分析（N=104）

测量变量	测量题项	因子载荷
关系感知	GX1	0.612
	GX2	0.692
	GX3	0.711
	GX4	0.730
	GX5	0.797
	GX6	0.709
	解释方差百分比	68.682%
	KMO适合度检验值	0.783
	巴特利特检验卡方值	1623.505
	显著性概率	0.000

表 6-12 交互记忆系统的因子分析（N=104）

因子	题项	因子1	因子2	因子3
F1	TMS1	**0.741**	0.287	0.273
	TMS2	**0.698**	0.298	0.324
	TMS3	**0.729**	0.272	0.243
	TMS4	**0.588**	0.324	0.367
F2	TMS5	0.403	0.440	**0.546**
	TMS6	0.440	0.389	**0.661**
	TMS7	0.365	0.399	**0.708**
F3	TMS9	0.298	**0.721**	0.374
	TMS10	0.253	**0.660**	0.229
	TMS12	0.408	**0.618**	0.320

KMO适合度检验值 =0.936

巴特利特检验卡方值 =175.214

自由度 df=26

显著性概率 p=0.000

累计解释总体方差变异 =68.142%

6.4 实证分析

6.4.1 数据收集

为了验证研究3提出的假设，对一家国有企业中的行政管理部门和生产职能部门的员工进行调查。该企业在全国有21家子分公司，其主要业务范围涉及电力、铁路、港口、航运、煤炭开采和煤化工。在2015年的福布斯排名中，该企业位列全球前200名。分发问卷之前联系了该集团总部的副总裁和分别来自6家子公司的董事长。在得到许可后，先后走访了6家子公司的总部机关，将问卷分发给他们的行政管理团队成员和生产职能团队成员。该企业的行政管理团队和生产团队，都需要根据各自团队的不同职能，完成各自的工作目标，团队构成相对稳定，短时间内不会发生随意变动。各团队需要通过团队协作，提高管理和生产的有效性。值得注意的是，在对被试企业进行调查研究期间，该企业正在实施信息化管理改革，通过上线ERP和SAP管理系统，将生产、物流、仓储、销售、人力资源管理、财务管理等整合到一个网络平台。此次改革涉及每一个工作团队和每一个员工，这一改革改变了工作团队内部原有的工作模式，也改变了不同团队间的合作模式，需要每一个员工参与其中。此次改革强调提高全员创新意识，全员参与团队建设，鼓励管理创新、服务创新、技术创新。

6家子公司的人力资源部门经理帮助协调分发了问卷。将事先设计好的网络调查问卷链接发送到被试的微信工作群，以及他们的内部办公助理系统。在第一轮问卷的分发和收集过程中，笔者在他们的工作地点实地考察了两周时间，监测提交率，并向被试提供指导，回答被试有关问卷填写的问题。该调查包含了与子群感知、交互记忆系统、关系感知相关的问题，并采集了被试的人口统计数据。第一轮问卷分发完成一个月后，收集到了其中3家子公司上一年的部门绩效考核档案作为团队绩效的衡量指标。

6.4.2 样本特征

研究 3 共收集了 1252 份调查问卷。在第一轮问卷调查中，借助 6 家子公司人力资源部门工作人员的帮助，判定这些受访者分别归属于 134 个不同的工作组。剔除规模小于 3 人和回复率低于 80% 的团队，得到 102 组有效数据，共 589 份调查问卷，有效回复率为 47%。在受访者中，男性比例为 53%，年龄范围为 24 至 59 岁（M=37，SD=7.3），任期年限范围为 1 至 41 年（M=14，SD=8.6）。受教育程度方面，高中学历占 3.2%，大专学历占 14.8%，本科学历占 71.8%，硕士研究生学历占 10.2%。团队规模从 4 人到 18 人不等。总结这些团队的职能，77 个属于行政管理团队（如人力资源管理团队、财务团队等），25 个属于生产团队（如质量监测团队、设备维修团队等）。为避免同源误差，第一轮问卷收集完成的一个月后，笔者联系了各子公司的人力资源部，将第一轮问卷的回收统计结果告知他们，获得了团队绩效考核和评分标准的相关资料，收集了 87 个团队的完整数据，回收率为 85%。

6.4.3 信度分析

对正式调研问卷的信度分析如表 6-13 所示，子群感知的 Cronbach's α 系数为 0.866，关系感知的 Cronbach's α 系数为 0.846，交互记忆系统（专长性）的 Cronbach's α 系数为 0.881，交互记忆系统（可信性）的 Cronbach's α 系数为 0.891，交互记忆系统（协调性）的 Cronbach's α 系数为 0.841，各变量的 Cronbach's α 系数均大于 0.7，表明正式问卷具有比较高的信度，与预调研问卷的结果具有很高的一致性。此外，每个题项的 CITC 系数均大于 0.5，说明问卷设计符合信度分析的要求。

表 6-13　各变量 CITC 和 Cronbach's α 系数（N=598）

测量变量	题项	CITC	剔除该题项后的 Cronbach's α 系数	Cronbach's α 系数
子群感知	SUB1	0.809	0.751	0.866
	SUB2	0.772	0.785	
	SUB3	0.657	0.889	
关系感知	GX1	0.574	0.849	0.846
	GX2	0.631	0.819	
	GX3	0.648	0.816	
	GX4	0.661	0.813	
	GX5	0.708	0.804	
	GX6	0.638	0.818	
交互记忆系统（专长性）	TMS1	0.763	0.838	0.881
	TMS2	0.764	0.838	
	TMS3	0.740	0.847	
	TMS4	0.698	0.863	
交互记忆系统（可信性）	TMS5	0.742	0.883	0.891
	TMS6	0.811	0.823	
	TMS7	0.808	0.826	
交互记忆系统（协调性）	TMS9	0.763	0.838	0.841
	TMS10	0.764	0.838	
	TMS12	0.740	0.847	

6.4.4　效度分析

研究 3 用验证性因子分析（CFA）来验证 3 个理论变量（通过多题项量表测得的团队子群感知、关系感知、交互记忆系统）的区分效度。其中，团队子群感知和关系感知分别只受一个因子的影响，而交互记忆系统受三个因子的影响。结果表明，假设模型具有五个相关的潜在因子，具有较好的拟合效度（见表 6-14）。这一结果对于数据的拟合情况优于其他嵌套模型。

表 6-14 验证性因子分析模型拟合优度指标

CHI-square	df	RMSEA	90% Conflict interval of RMSEA	GFI	AGFI	CFI	IFI	NNFI	TLI
351.82	224	0.075	0.059, 0.069	0.83	0.79	0.96	0.96	0.95	0.98

6.4.5 变量集成

在量表设计时采用自上而下的原则，将研究变量（构念）分解为若干测量变量，而在数据处理时需要进行反向处理，将测量变量集成为相应的研究变量。由于量表设计时考虑到各个测量变量的重要性大致相当，所以集成方法为算术平均值。计算时，将涉及的 18 个测量变量集成为 5 个研究变量：子群感知、关系感知、交互记忆系统（专长性）、交互记忆系统（可信性）、交互记忆系统（协调性）。其中，问卷题项 SUB1，SUB2，SUB3 集成为子群感知变量；GX1，GX2，GX3，GX4，GX5，GX6 集成为关系感知变量；TMS1，TMS2，TMS3，TMS4 集成为交互记忆系统（专长性）；TMS5，TMS6，TMS7 集成为交互记忆系统（可信性）；TMS9，TMS10，TMS12 集成为交互记忆系统（协调性）。

6.4.6 ICC 和 R_{wg} 检验

经过计算，子群感知的 ICC（1）的平均值为 0.16，ICC（2）的平均值为 0.65，R_{wg} 最大值为 0.98，最小值为 0.70，中位数为 0.85，这表明组内和组间一致性信度较高，可以聚合到团队层面。交互记忆系统（专长性）的 ICC（1）的平均值为 0.15，ICC（2）的平均值为 0.49；交互记忆系统（可信性）的 ICC（1）的平均值为 0.14，ICC（2）的平均值为 0.50；交互记忆系统（协调性）的 ICC（1）的平均值为 0.23，ICC（2）的平均值为 0.62。基于前人的研究（Lewis，2003；Zhang 等，2007），将三个维度聚合起来，形成交互记忆系统的综合评分。交互记忆系统总体的 ICC（1）的平均值为 0.22，ICC（2）的平均值为 0.61，R_{wg} 最大值为 0.98，最小值为 0.72，中位数为 0.81，说明可以聚合到团队层面。关系感知作为调节变量,用每个团队成员对于关系感知的个人得分汇总到团队层面,衡量每个团队成员对于关系重要性的综合感知,因此无需计算 ICC 或 R_{wg}。

6.4.7　T 检验

研究 3 样本是从某中央企业中 21 家分子公司中的 6 家抽取。虽然这 6 家分子公司属于同一家母公司,但他们分别设立在不同省市,也分属于不同行业。所有团队样本都是彼此独立的,因此数据不存在跨层嵌套问题。在进行回归分析之前,首先分别对这 6 家分子公司的每一个变量进行 T 检验。结果如表 6-15 所示,所涉及的所有变量的平均值及 T 值均不相同。由此证明,从同一家分子公司收取的数据是独立于其他公司的,因此不需要运行跨层模型分析,将所有变量归集于团队层面的处理是合适的。

6.4.8　描述性统计分析

表 6-16 列出了子群感知与因变量(团队绩效)、调节变量(关系感知)、中介变量(交互记忆系统及其三个维度)和控制变量(包括身份断裂带、知识断裂带、年龄异质性、性别异质性、任职期限异质性、受教育程度异质性、团队规模)之间的相关系数及各变量的平均值、标准差、信度系数(Reliability,见对角线)。如表 6-16 所示,子群感知与团队绩效($\beta = -0.31$,$p<0.01$)、交互记忆系统($\beta = -0.31$,$p<0.01$)、专长性($\beta = -0.24$,$p<0.05$)、可信性($\beta = -0.30$,$p<0.01$)和协调性($\beta = -0.37$,$p<0.001$)显著负相关;与关系感知($\beta = 0.49$,$p<0.001$)显著正相关。关系感知与团队绩效之间为正相关系,但不显著;交互记忆系统及其三个维度的变量与团队绩效之间显著正相关。

6.4.9　回归分析与假设检验

1.子群感知对团队的影响

根据假设 1,子群感知与团队绩效(T2)呈负相关关系。为了验证这一假设,研究 3 验证了团队绩效对 7 个控制变量和子群感知的线性模型。

表 6-15 T 检验结果

公司序号	df	子群感知 T值	子群感知 Pr>|t|	子群感知 mean	交互记忆系统 T值	交互记忆系统 Pr>|t|	交互记忆系统 mean	专长性 T值	专长性 Pr>|t|	专长性 mean	可信性 T值	可信性 Pr>|t|	可信性 mean	协调性 T值	协调性 Pr>|t|	协调性 mean	关系感知 T值	关系感知 Pr>|t|	关系感知 mean
1	31	12.46	<.0001	2.6245	49.73	<.0001	6.0295	43.54	<.0001	5.9579	50.95	<.0001	6.1618	50.34	<.0001	5.9926	20.97	<.0001	3.5713
2	5	9.4	0.0002	2.7673	70.48	<.0001	6.0985	62.72	<.0001	5.8337	59.57	<.0001	6.2694	57.06	<.0001	6.2807	9.86	0.0002	3.5467
3	27	9.53	<.0001	2.0977	47.34	<.0001	6.1015	42.78	<.0001	5.9849	44.96	<.0001	6.1628	52.24	<.0001	6.1957	18.11	<.0001	3.0341
4	5	14.9	<.0001	2.8767	45.47	<.0001	5.5975	28.3	<.0001	5.4871	53.91	<.0001	5.8388	37.22	<.0001	5.5033	11.96	<.0001	3.3264
5	2	3.48	0.0737	2.2222	22.77	0.0019	6.0741	30.74	0.0011	5.9306	21.61	0.0021	6.0802	16.36	0.0037	6.2593	13.15	0.0057	3.6944
6	26	15.32	<.0001	2.6733	56.78	<.0001	5.7384	42.7	<.0001	5.6252	65.22	<.0001	5.8121	54.53	<.0001	5.8157	32.44	<.0001	3.9205
全部	101	23.65	<.0001	2.5042	97.5	<.0001	5.9522	83.66	<.0001	5.8415	99.31	<.0001	6.0544	97.82	<.0001	5.9975	40.21	<.0001	3.504

第6章 研究3：子群感知与交互记忆系统的关系研究

表6-16 各变量的均值、标准差、信度系数及它们之间的相关系数

	变量名称	M	SD	1	2	3	4	5	6	7	8	9	10	11	12	13	14
1	子群感知（T1）[b]	2.50	1.07	0.91[a]													
2	交互记忆系统（T1）	5.95	0.62	-0.31**	0.96												
3	专长性	5.84	0.71	-0.24*	0.96***	0.90											
4	可信性	6.05	0.62	-0.30**	0.95***	0.86***	0.91										
5	协调性	6.00	0.62	-0.37***	0.92***	0.81***	0.84***	0.86									
6	关系感知（T1）	3.50	0.88	0.49***	-0.12	-0.06	-0.13	-0.19*	0.84								
7	团队绩效（T2）[c]	-0.08	1.13	-0.31**	0.29**	0.28**	0.27*	0.27*	-0.18	—							
8	身份断裂带	0.09	0.08	0.14	-0.06	-0.06	-0.04	-0.08	0.03	-0.05	—						
9	知识断裂带	0.08	0.08	-0.01	0.09	0.11	0.09	0.05	-0.07	-0.07	0.37***	—					
10	年龄异质性	5.61	2.19	0.10	-0.13	-0.15	-0.13	-0.10	0.07	0.10	0.18	-0.05	—				
11	性别异质性	0.27	0.21	-0.06	0.02	0.01	0.06	0.01	-0.00	0.10	-0.12	0.11	-0.17	—			
12	任职期限异质性	7.45	3.34	-0.03	0.06	0.03	0.08	0.08	0.04	0.06	0.15	0.01	0.76***	-0.07	—		
13	教育异质性	0.34	0.20	-0.09	0.00	-0.01	0.00	0.02	-0.04	-0.12	-0.04	-0.11	0.11	0.17	0.22*	—	
14	团队规模	5.81	3.03	-0.05	0.14	0.14	0.13	0.13	-0.10	-0.22*	-0.09	0.01	0.08	0.18	-0.01	0.14	—

注：a Reliabilities (Omega total) 列于对角线上；b T1=第一轮；c T2=第二轮。
*p<0.05；**p<0.01；***p<0.001。

如表 6-17 中步骤 2 所示，子群感知与交互记忆系统呈显著负相关（β=-0.34，p<0.01）。因此，假设 1 得到了支持。

2. 交互记忆系统对团队的影响

研究 3 验证了团队绩效对控制变量、子群感知、交互记忆系统、关系感知的线性模型。结果如表 6-18 步骤 4 所示，交互记忆系统与团队绩效之间呈显著正向关系（β=0.52，p<0.01），子群感知在此回归中变得不再显著（β=-0.22，p>0.05）。控制变量当中，团队规模与团队绩效之间呈显著负相关（β=-0.12，p<0.05）。另一方面，研究 3 验证了交互记忆系统对控制变量和子群感知的线性模型。结果见表 6-18 步骤 2、步骤 6、步骤 10、步骤 14 所示，子群感知与交互记忆系统呈显著负相关（β=-0.15，p<0.01），与交互记忆系统（专长性）呈显著负相关（β=-0.12，p<0.05），与交互记忆系统（可信性）呈显著负相关（β=-0.14，p<0.05），与交互记忆系统（协调性）呈显著负相关（β=-0.19，p<0.001）。因此，假设 2 得到支持。

3. 关系感知对团队的影响

假设 3 判断关系感知会调节子群感知与交互记忆系统之间的负相关关系。首先在回归中加入了关系感知，如表 6-18 步骤 3 所示，关系感知对交互记忆系统无直接显著影响。但在表 6-18 步骤 4 所示的交互作用检验中可以看出，子群感知与关系感知之间的交互作用与交互记忆系统（β=0.15，p<0.01）、交互记忆系统（专长性）（β=0.17，p<0.001）、交互记忆系统（可信性）（β=0.11，p<0.01）、交互记忆系统（协调性）（β=0.15，p<0.01）是正向且显著的。

除此之外，研究 3 绘制了 3 个层次的关系感知的交互作用。如图 6-2 至图 6-5 所示，当关系感知程度较低时，子群感知与交互记忆系统之间的负相关关系更为明显。而当关系感知程度较高时，子群感知与交互记忆系统之间的关系由负相关变为正相关，证明关系感知对于调节子群感知与交互记忆系统的关系有积极显著的作用。研究 3 进一步进行了简单斜率分析（Aiken 等，1991），结果证实，当关系感知程度较低时，子群感知与交互记忆系统之间的负相关关系更显著：交互记忆系统（β=-0.06，p<0.01），交互记忆系统（专长性）（β=-0.08，p<0.01），交互记忆系统（可信性）

第6章 研究3：子群感知与交互记忆系统的关系研究

（β=-0.06，p<0.01），交互记忆系统（协调性）（β=-0.06，p<0.01）。而当关系感知程度较高时，子群感知与交互记忆系统（β=0.19，p<0.01），交互记忆系统（专长性）（β=0.21，p<0.01），交互记忆系统（可信性）（β=-0.06，p<0.01），交互记忆系统（协调性）（β=0.18，p<0.01）之间呈正相关。此简单斜率分析的结果进一步验证了关系感知为正向调节变量，这也证明假设3得到了支持。

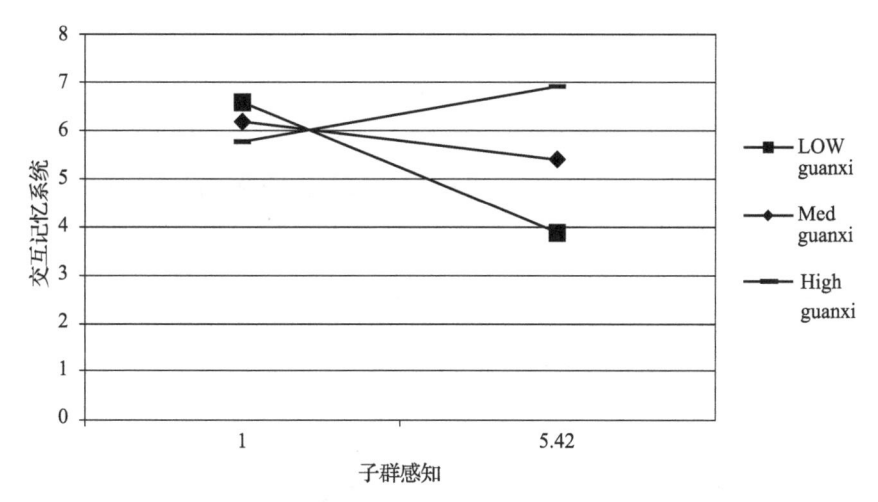

图 6-2 子群感知和关系感知对交互记忆系统的调节作用

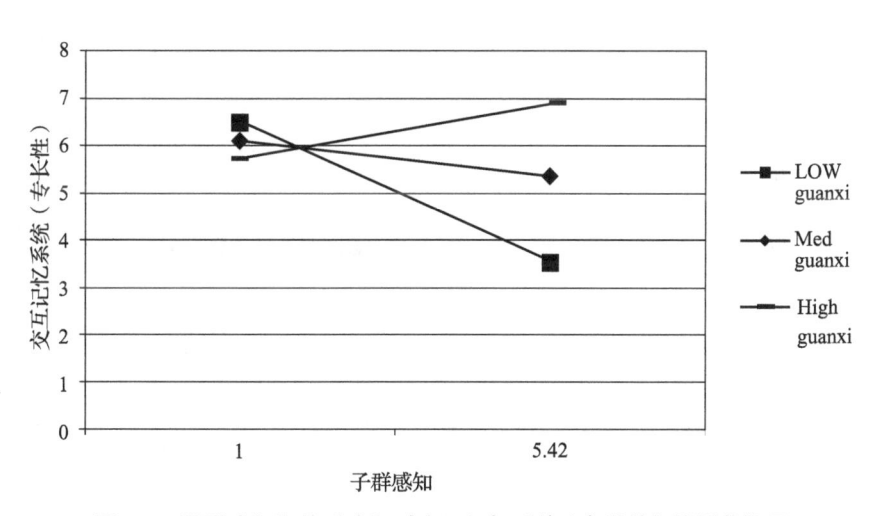

图 6-3 子群感知和关系感知对交互记忆系统（专长性）的调节作用

· 201 ·

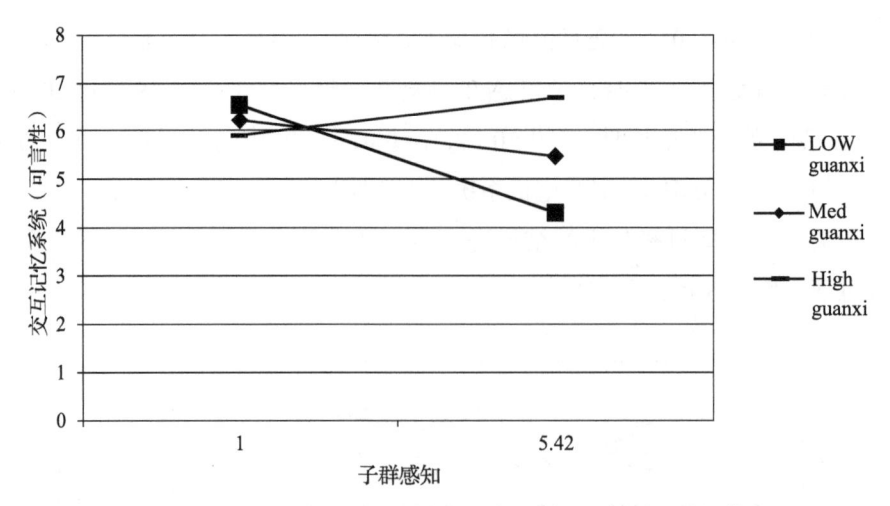

图 6-4　子群感知和关系感知对交互记忆系统（可信性）的调节作用

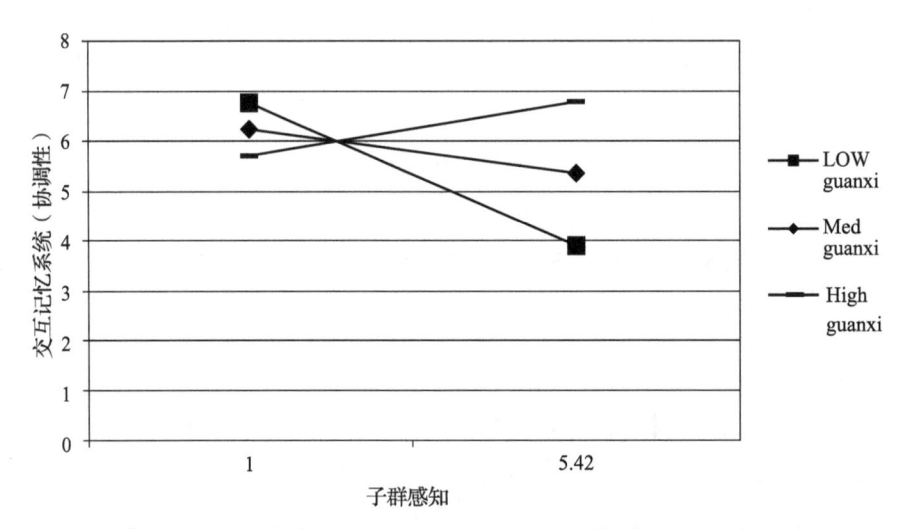

图 6-5　子群感知和关系感知对交互记忆系统（协调性）的调节作用

表 6-17 子群感知、关系感知与团队绩效关系的线性模型

解释变量	步骤 1	步骤 2	步骤 3	步骤 4	步骤 5	步骤 6	步骤 7
控制变量							
身份断裂带	−0.71	0.11	0.12	0.48	0.47	0.30	0.50
知识断裂带	−1.00	−1.37	−1.40	−1.90	−2.07	−1.71	−1.67
年龄异质性	0.01	0.05	0.05	0.11	0.12	0.11	0.09
性别异质性	0.94	0.95	0.96	1.08*	1.12*	1.01	1.05
任职期限异质性	0.04	0.01	0.01	−0.03	−0.03	−0.03	−0.02
教育异质性	−0.88	−0.85	−0.83	−0.61	−0.62	−0.64	−0.66
团队规模	−0.08*	−0.10*	−0.10*	−0.12**	−0.12**	−0.12**	−0.11**
子群感知（T1）		−0.34**	−0.31*	−0.22	−0.23	−0.23	−0.23
关系感知（T1）			−0.06	−0.10	−0.12	−0.09	−0.07
交互记忆系统（T1）				0.52**			
专长性（T1）					0.48**		
可信性（T1）						0.46*	
协调性（T1）							0.41*
Overall R^2	0.10	0.21	0.21	0.28	0.29	0.27	0.25
Adjusted R^2	0.02	0.12	0.12	0.19	0.20	0.17	0.15
ΔR^2		0.10	0.00	0.07	0.08	0.05	0.03
Overall F	1.27	2.57*	2.27*	2.98**	3.17**	2.76**	2.56*
df	79	78	77	76	76	76	76

注：*p<0.05；**p<0.01。

表 6-18 子群感知、关系感知与交互记忆系统关系的线性模型

Standardized regression coefficients

解释变量	步骤 1	步骤 2	步骤 3	步骤 4	步骤 5	步骤 6	步骤 7	步骤 8	步骤 9	步骤 10	步骤 11	步骤 12	步骤 13	步骤 14	步骤 15	步骤 16
控制变量					交互记忆系统（专长性）				交互记忆系统（可信性）				交互记忆系统（协调性）			
身份断裂带	-0.59	-0.31	-0.27	-0.11	-0.70	-0.47	-0.41	-0.24	-0.36	-0.08	-0.05	-0.07	-0.68	-0.31	-0.29	-0.14
知识断裂带	0.75	0.64	0.68	0.71	1.07	0.99	1.06	1.09	0.59	0.49	0.52	0.55	0.47	0.33	0.35	0.38
年龄异质性	-0.14**	-0.12**	-0.12**	-0.09*	-0.15	-0.13**	-0.13*	-0.10*	-0.14**	-0.12**	-0.12**	-0.10*	-0.12*	-0.10*	-0.09*	-0.07
性别异质性	-0.21	-0.21	-0.22	-0.27	-0.30	-0.30	-0.32	-0.37	-0.06	-0.06	-0.07	-0.11	-0.23	-0.23	-0.23	-0.28
任职期限异质性	0.08**	0.07*	0.07*	0.05	0.09*	0.08*	0.07*	0.05	0.09**	0.08**	0.08**	0.06*	0.08**	0.06*	0.06*	0.04
教育异质性	-0.17	-0.21	-0.21	-0.10	-0.20	-0.23	-0.23	-0.10	-0.20	-0.24	-0.24	-0.15	-0.11	-0.16	-0.16	-0.04
团队规模	0.04*	0.03*	0.04*	0.04	0.04*	0.05	0.05*	0.04	0.04	0.03	0.04	0.03	0.04	0.03	0.03	0.03
子群感知 (T1)		-0.15**	-0.18*	-0.76***		-0.12*	-0.18*	-0.83**		-0.14*	-0.17*	-0.62**		-0.19***	-0.21**	-0.79***
关系感知 (T1)			0.07	-0.28			0.11	-0.29			0.06	-0.22			0.04	-0.33*
子群感知 * 关系感知				0.15**				0.17**				0.11**				0.15**
Overall R²	0.13	0.19	0.20	0.27	0.13	0.16	0.17	0.24	0.13	0.19	0.19	0.23	0.10	0.20	0.21	0.27
Adjusted R²	0.07	0.12	0.12	0.19	0.06	0.09	0.09	0.15	0.07	0.12	0.12	0.15	0.03	0.14	0.14	0.20
Δ R²		0.05	0.00	0.07		0.03	0.00	0.06		0.05	0.00	0.03		0.11	0.00	0.06
Overall F	2.07*	2.8**	2.57*	3.31**	1.96	2.18*	2.09*	2.81**	2.03	2.67*	2.41*	2.75**	1.58	3.00**	2.66**	3.45***
df	94	93	92	91	94	93	92	91	94	93	92	91	94	93	92	91

注：*p<0.05；**p<0.01；***p<0.001。

4. 整合模型的调节中介分析

研究 3 还进行了"被调节的中介作用"测试，测试了子群感知通过交互记忆系统与团队绩效之间的间接效应是否决定于关系感知（见表 6-19）。该方法能够检验理论预测的中介作用模型中受调节的路径，在组织行为学研究中得到广泛应用（隋杨等，2012）。调节中介分析支持第一阶段的交互效应（Preacher 等，2007）。使用 SAS PROCESS version 2.16.3 进行赋条件的间接效应检验（Hayes，2017），结果如表 6-19 所示，在关系感知分别为低水平（-1 s.d）、中等水平和高水平（+1 s.d）的情况下，子群感知通过交互记忆系统对团队绩效有显著且负向的间接影响；95% CI 不包含零。

综上所述，研究 3 模型的全部假设都得到了支持，即子群感知与团队绩效呈负相关关系。子群感知通过交互记忆系统对团队绩效产生的间接效应取决于关系感知的程度。

6.4.10　采用结构方程的补充研究

由于不同的方法在具体系数上会有不一致之处，所以一般来说不宜采用不同的方法体系，但是鉴于结构方程在模型整体验证上的优势，所以再以结构方程的方式从模型整体上做一个补充研究，而不追究各个变量之间的具体系数。在线性回归方程中研究 3 提出的全部假设都得到了验证，但从表 6-17 步骤 4 中可以看到，在对团队绩效的回归当中，交互记忆系统与团队绩效（T2）呈显著正相关，回归系数为 0.52；与此同时，子群感知与团队绩效（T2）之间虽然没有显著的相关关系，但回归系数达到了 -0.22。考虑团队研究的样本量普遍偏小，如果增大样本量，可能会得出子群感知与团队绩效（T2）呈显著负相关的结论。同时，既然证明了关系感知的调节作用，在不加证明的情况下，不能否认关系感知直接同时作用于子群感知和交互记忆系统的假设一定不成立，也就是关系感知以交互记忆系统和子群感知为中介作用于团队绩效。本书试图用结构方程模型验证子群感知与交互记忆系统是否平行的影响团队绩效，建立模型之后采用

表 6-19 被调节的中介模型结果

被调节的中介模型

	交互记忆系统				交互记忆系统（专长性）				交互记忆系统（可信性）				交互记忆系统（协调性）			
	Effect	Boot SE	Boot LLCI	Boot ULCI	Effect	Boot SE	Boot LLCI	Boot ULCI	Effect	Boot SE	Boot LLCI	Boot ULCI	Effect	Boot SE	Boot LLCI	Boot ULCI
附条件的间接效应																
低关系感知	-0.17	0.09	-0.40	-0.04	-0.16	0.08	-0.38	-0.04	-0.14	0.08	-0.35	-0.02	-0.15	0.09	-0.36	-0.01
中关系感知	-0.11	0.06	-0.26	-0.02	-0.10	0.06	-0.25	-0.02	-0.10	0.05	-0.23	-0.01	-0.10	0.06	-0.24	-0.01
高关系感知	-0.05	0.04	-0.15	0.01	-0.04	0.04	-0.14	0.02	-0.04	0.03	-0.13	0.01	-0.05	0.04	-0.15	0.01
被调节的中介模型指标	Effect	Boot SE	Boot LLCI	Boot ULCI	Effect	Boot SE	Boot LLCI	Boot ULCI	Effect	Boot SE	Boot LLCI	Boot ULCI	Effect	Boot SE	Boot LLCI	Boot ULCI
关系感知	0.07	0.04	0.01	0.16	0.06	0.03	0.01	0.15	0.05	0.03	0.01	0.14	0.06	0.03	0.01	0.14

结构方程软件（Amos17.0）验证，结果是 P=0.006<0.05，模型不成立（见图 6-6）。再以此方法验证子群感知以交互记忆系统为中介对团队绩效的影响模型（见图 6-7），p=0.301，远大于 0.05，模型成立，从另一个角度证实了假设 2 "交互记忆系统中介子群感知和团队绩效之间的关系"。如果同时加上子群感知的直接作用和间接作用，由于模型的卡方和自由度均等于 0 而无法计算 p 值，但是从系数上仍可以判断中介作用有效。如图 6-8 所示。直接作用系数 = −0.04，间接作用 = −0.18 × 1.03 = −0.185，间接作用远大于直接作用，说明中介变量有效。

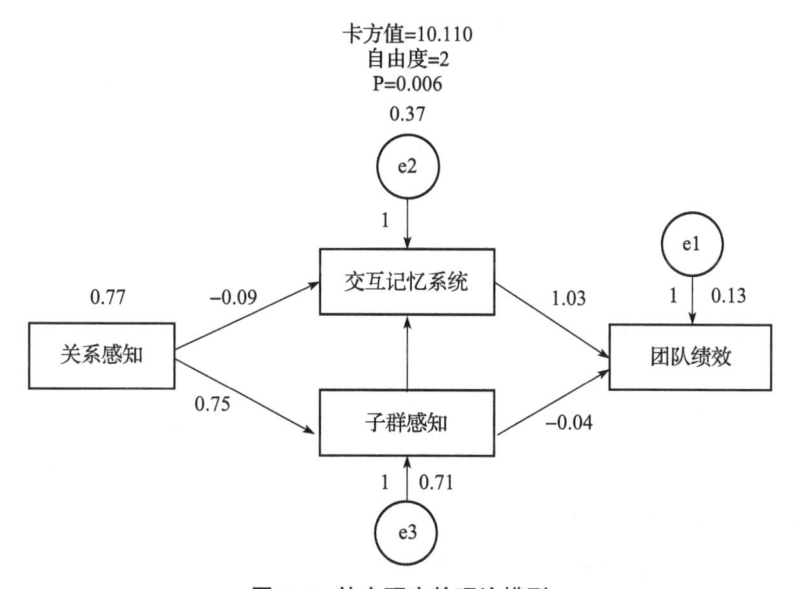

图 6-6　补充研究的理论模型

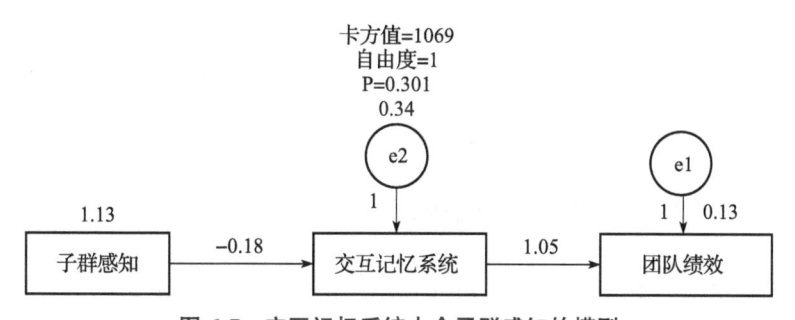

图 6-7　交互记忆系统中介子群感知的模型

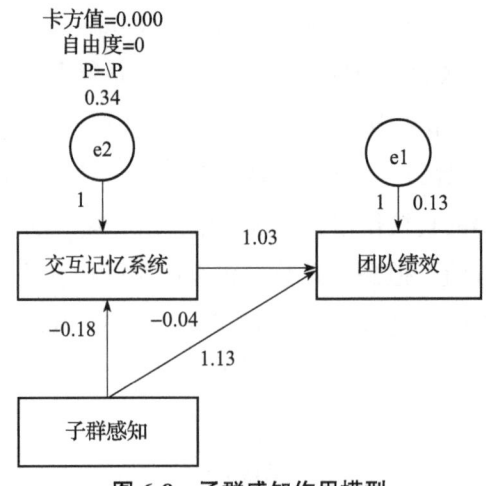

```
                卡方值=0.000
                自由度=0
                 P=\P
                 0.34
                  ↓
                 (e2)            (e1)
                  │1           1│ 0.13
                  ↓             ↓
            ┌─────────┐  1.03  ┌────────┐
            │交互记忆系统│──────→│ 团队绩效 │
            └─────────┘        └────────┘
                 ↑↓   -0.04 ↗
             -0.18│  │1.13
                 ┌────────┐
                 │ 子群感知 │
                 └────────┘
```

图 6-8　子群感知作用模型

6.5　研究结论

6.5.1　基本结论

研究3从子群的角度出发，试图理解在中国情境下某大型中央企业工作团队的结构和功能。特别探究了子群感知和关系感知对交互记忆系统和团队绩效的影响。研究发现，子群感知损害团队交互记忆系统和团队绩效。然而，关系感知作为调节因素，能够减轻子群感知对团队交互记忆系统的不良影响，继而影响团队绩效。为避免同源误差，采用多元数据，提供了误差较小的研究证据。研究得出以下模型（见图6-9）。

从上图看出，交互记忆系统的三个维度的因子相差不大，因此可以将原模型简化为下图形式（见图6-10）。

6.5.2　团队断裂带的负向影响

团队断裂带和团队子群给研究者提供了一条探究团队构成动态过程的途径。团队断裂带和基于人口特征的子群对团队产出带来的负面影响基

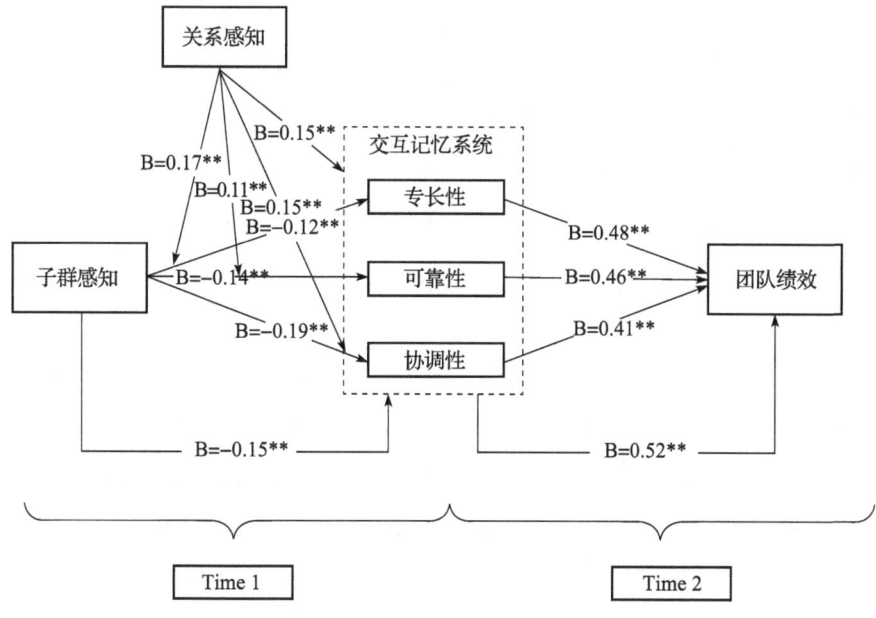

第 6 章 研究 3：子群感知与交互记忆系统的关系研究

图 6-9 研究结果的可视化模型

注：*p<0.05、**p<0.01、***p<0.001。

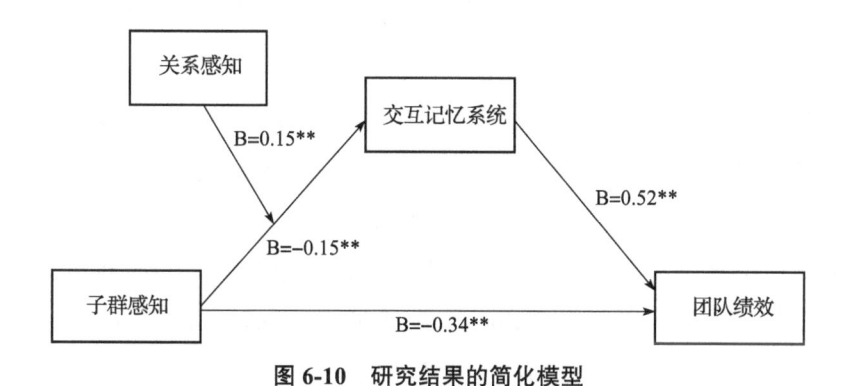

图 6-10 研究结果的简化模型

注：*p<0.05、**p<0.01、***p<0.001。

于社会分类理论和同性相吸理论（Byrne 等 1971；Tajfel，1981）。具体来说，研究者常常依赖团队成员人口特征的同质性（Homophily）作为依据推理出团队子群会损害团队绩效的结论。然而，人们对事物的感知可能并不能反映出人口统计特征的同质性（Reagans 等，2004；Ren 等，2015）。

· 209 ·

研究3认为，无论团队成员以何种理由形成子群，一旦感知到子群存在，就会对团队过程和产出造成影响。子群感知会负向影响交互记忆系统和团队绩效。研究3的发现验证了Jehn和Bezrukova（2010）的断言，即激活的断裂带（Activated Fault Lines）更容易制造合作障碍。因此，想提高多样化团队的绩效，必须将团队成员对子群分裂的感知降至最低。

6.5.3 交互记忆系统的正向作用

交互记忆系统被誉为团队中宝贵的无形资产，可以提高团队有效性和团队效率（Zhang等，2007）。研究3将交互记忆系统作为团队机制，认为交互记忆系统能够中介子群感知与团队绩效之间的关系。当团队中存在对于子群分裂的感知时，自我归类的观念将会阻碍跨子群间的信息分享，使团队成员更不易察觉、信任、利用整个团队的全部知识。从实证结果可以看出，子群感知对团队绩效的回归系数是（$\beta=-0.34$，$p<0.01$），而交互记忆系统对于团队绩效的回归系数是（$\beta=0.52$，$p<0.01$），后者比前者的绝对值大0.18，意味着交互记忆系统每提升一个单位，团队绩效就会提升0.52个单位。这说明相对于改变团队构成（团队分裂），改变交互记忆系统能够为团队产出提供更明显的效果。此结论为子群感知对团队造成的负面结果提供了一个全新的角度。此外，研究3证实，交互记忆系统的三个维度对团队绩效的作用基本平衡，而将交互记忆系统视为整体时对团队绩效的作用分别大于三个维度，表明不同维度之间既有独立性也有交互作用。这一结论否定了Kanawattanachai和Yoo（2007）关于团队交互记忆系统三个维度对团队绩效具有不同影响的说法。

6.5.4 关系感知的正向作用

中国社会的人际交往关系需要研究者将此作为重要的因素纳入研究设计。具体来说，情境在团队设定中是一个非常重要的因素，因为情境可以为行为的塑造提供目的、资源、社交线索、约定俗成的社交规范和特定行为的含义（Jackson等，2003）。大部分团队研究只将个体层面或团队层

第 6 章 研究 3：子群感知与交互记忆系统的关系研究

面的情境作为影响因素，研究 3 将一个更宏观的社会体系，即关系，纳入考量。中国人将自己视为与周围社会环境互相依赖的个体，这与西方人在看待自我（Self）有所区别。不同的自我观念意味着不同的行为方式和心理过程（包括感知、情绪和动机），也形成了不同的社会关系。某种视角下，相较于西方社会，在中国社会中人与人之间的关系更重要。一些研究中国关系的观察家表示（Butterfield，1983），比起西方国家，中国人更倾向于将人群划分为不同子群并区别对待内外群。这也是为什么关系在中国社会如此重要。研究 3 的结论支持了 Insko 等（1993）的判断，即子群对团队的影响依赖于团队中存在的非正式社交模式。关系感知关注团队成员对于建立跨子群人际关系的敏感性。有趣的是，关系感知本身与交互记忆系统或团队绩效都没有显著的相关关系。这表明人们所说的"你认识谁比知道什么更重要"的说法在解决多样性团队问题时是远远不够的（Yeung 和 Tung，1996）。然而，子群感知与关系感知的交互项对交互记忆系统的影响却是显著的。这也就是说，存在子群的团队中，更重要的是团队成员是否珍视关系和人际交往。如果答案是肯定的，这些团队成员就能够克服子群造成的障碍。事实上，研究 3 的结果预示着当团队珍视关系时，每一个子群都能因团队多样性获益。这一结果与 Ren 等（2015）的研究结论相似，即友谊连接能够帮助团队成员增进团队断裂带对团队绩效的积极作用。跳出中国情境，其他东亚国家（如日本、韩国等）在人际互动交往中也有类似于中国的人际关系（Yum，1988）。因此，研究 3 的结论也可以延伸至其他与中国有相似文化传统的国家。

总之，研究 3 发现，子群对于团队产出的影响机制非常复杂，仅仅研究子群对团队结果的直接影响是远远不够的，而是要加入调节变量，嵌入不同情境来揭示子群对团队绩效影响的间接影响特征。还要加入中介变量，探讨导致团队产出变化的影响因素。从研究 3 的实证结果来看，交互记忆系统对团队绩效具有主要正向作用。而交互记忆系统的三个子维度（即专长性、可信性、协调性）对团队绩效的影响大体平衡。总结起来，研究 3 在探究团队构成及其结果的过程中，利用认知整合模型，从新的角度阐述了人际关系网络作用于交互记忆系统的模式，具有理论价值和实践意义。

6.6 本章小结

子群研究在最近几十年里并没有得到一致结论，亟须引入不同研究方法和不同研究对象来揭示团队子群与团队产出之间关系的发生机制。站在子群的视角，研究 3 分析了某中央企业工作团队的结构和功能，强调在研究中国情境的团队构成及其结果时将中国式关系纳入考虑范围的重要性。研究结果表明，子群感知阻碍了交互记忆系统和团队绩效。然而，关系感知起到了正向调节的作用，减轻了子群感知对交互记忆系统及团队绩效的负面影响。首先，感知提供了一种研究子群对团队构成影响的方法，如果想在一个多样化的团队中发展交互记忆系统，需要将子群感知的程度尽量降低。其次，关系感知弥合了团队子群间的鸿沟，起到了团队"稳定器"的作用，减轻了子群感知对团队过程的不利影响。再次，交互记忆系统被认为是团队的无形资产，可以提高团队的有效性。研究 3 的发现再次证实了已有文献关于交互记忆系统与团队结果之间正相关关系的结论。最后，通过被调节的中介效应分析，研究 3 验证并支持了交互记忆系统在中介子群感知与团队绩效之间关系的作用。

团队动态问题持续受到学者关注，团队成员的动作和反馈往往不是基于现实本身（Reality Perse），而是基于对现实的感知（Perception of Reality）（Shemla 等，2016）。将关系感知纳入团队子群的研究只是将情境因素（Contextual Factors）纳入团队研究领域迈出的第一步，希望在不久的将来，在团队研究中看到更多情境因素的引入，为团队研究的发展做出更大贡献。

第7章
CHAPTER 7

结 论

7.1 主要结论

随着以团队为单位的组织模式日益盛行，团队成员的多样性问题日益引发研究者和企业管理者的关注。通过对国内外文献的系统回顾和梳理，以社会分类理论、同性相吸理论、跨越分类模型等理论为基础，将不同维度的团队断裂带、团队冲突、子群感知、交互记忆系统、团队绩效等理论变量整合至同一个理论框架内，建构团队动力学的理论模型。综合利用数据聚合分析（ICC 和 R_{wg} 检验）、信效度分析、描述性统计、回归分析、调节效应分析、整合模型的调节中介分析、图形分析等统计方法，充分验证研究设计中所提及的假设。基于实证结果检验，前期研究设计中的 23 个假设中有 17 得到了纵向数据的支持，如表 7-1 所示。

表 7-1 研究假设汇总

子研究序号	假设序号	假设内容	假设是否支持（纵向数据）
研究 1（模型 1）	1a	团队断裂带强度与任务冲突呈 U 形关系	否
	1b	团队断裂带强度与关系冲突呈 U 形关系	是
	2a	友谊网络密度负向调节团队断裂带强度与任务冲突之间的关系	是
	2b	友谊网络密度负向调节团队断裂带强度与关系冲突之间的关系	是
	3a	任务冲突与团队绩效呈负相关关系	是
	3b	关系冲突与团队绩效呈负相关关系	是
研究 1（模型 2）	4a	团队断裂带强度与任务冲突不对称性呈倒 U 形关系	否
	4b	团队断裂带强度与关系冲突不对称性呈倒 U 形关系	是
	5a	友谊网络密度削弱团队断裂带强度与任务冲突不对称性之间的关系	否

第7章 结 论

续表

子研究序号	假设序号	假设内容	假设是否支持（纵向数据）
研究1（模型2）	5b	友谊网络密度削弱团队断裂带强度与关系冲突不对称性之间的关系	是
	6a	任务冲突不对称性与团队绩效呈负相关关系	是
	6b	关系冲突不对称性与团队绩效呈负相关关系	否
研究2	1a	表层团队断裂带与团队激活的断裂带呈正相关关系	是
	1b	深层团队断裂带与团队激活的断裂带呈正相关关系	是
	2a	团队集体心理资本负向调节表层团队断裂带与激活的团队断裂带的正向相关关系	是
	2b	团队集体心理资本负向调节深层团队断裂带与激活的团队断裂带的正向相关关系	否
	3a	表层加深层团队断裂带与激活的团队断裂带呈正相关关系	是
	3b	表层加深层团队断裂带与激活的团队断裂带无相关关系	否
	4	激活的团队断裂带与团队绩效呈负相关关系	是
	5	休眠的断裂带通过激活对团队绩效的影响取决于团队集体心理资本	是
研究3	1	团队子群感知与团队绩效呈负相关关系	是
	2	交互记忆系统中介子群感知和团队绩效之间的关系	是
	3	关系感知削弱子群感知与交互记忆系统之间的负相关关系	是

本书得出的主要结论如下。

第一，研究 1 表明，团队断裂带强度与关系冲突呈 U 形关系。当团队断裂带的强度较低时，团队成员无法识别团队中的全部信息，对团队中存在的问题及其解决方法也无法达成一致意见，此时关系冲突程度较高。根据跨越分类理论，随着团队断裂带强度的增加，某些团队成员同时拥有两个子群的共同特征，出现同时归属于两个子群的双重身份，此时信息可以通过那些跨子群的个体在两个子群中传播。随着信息流通越来越顺畅，关系冲突的程度也将有所下降。本书将关系冲突最低点对应的团队断裂带强度称作"团队断裂带的极值点"。在研究 1 中，此极值点出现在团队断裂带强度为 0.2 处。但当团队断裂带强度非常高时，整个团队倾向于分裂为两个对立的子群，出于内群偏爱，此时团队成员更倾向于为子群目标效力，出现对内集体主义，对外个人主义的局面，此时子群间关系冲突的程度也随之升高。团队断裂带与任务冲突之间的关系是线性递增的。这一结论验证了关系冲突和任务冲突的本质区别。关系冲突主要涉及人际交往问题中团队成员产生的不良情绪，但任务冲突仅限于团队成员对完成任务的方法、过程、进度等产生的不同观点。跨子群成员在不同子群间的自由流动能够降低团队成员间厌恶、沮丧或愤怒的情绪，减少关系冲突，但无法缓解团队成员对完成任务的理解差异，因此无法缓解团队断裂带对任务冲突造成的压力。

研究 1 还表明，团队断裂带强度与关系冲突不对称性呈倒 U 形关系，但与任务冲突不对称性没有显著相关关系。这一结果表明，团队断裂带的存在并不会使团队成员对任务冲突的程度出现不同感知，但会使团队成员对关系冲突的程度出现不同感知。结合研究 1 调查对象的团队特性，课堂中的临时学生团队需要共同完成任务目标，取得较高的期末成绩。因此，团队成员间彼此的差异会对人际关系产生困扰，但这种困扰会随着某些跨越边界的团队成员传回的消息逐渐减少，这样就形成了团队成员对关系冲突的程度具有统一认识的局面。基于完成共同目标的实际需要，团队成员会就如何完成任务的问题进行充分沟通，所以团队成员对彼此的观点都有充分的认识，虽然无法说服彼此，但都清楚争论的焦点在哪里。也就是说，团队成员对任务冲突的来源和程度具有相同的认知。值得注意的是，虽然研究 1 证明任务冲突不对称性的前置因素并非团队断裂带，但如果团队成员关于任务冲突的感知出现差异，就会对团队绩效造成显著的负面影响。

第二，研究 2 从不同维度将团队断裂带划分为表层和深层的断裂带及休眠的和激活的断裂带。研究结果表明，以年龄和性别为划分依据的表层团队断裂带和以时间紧迫性和目标承诺为划分依据的深层团队断裂带都能够对团队断裂带的激活造成直接影响。表层和深层断裂带的叠加将进一步增加团队断裂带激活的可能性。这也充分验证了断裂带理论的基本思想，个体在将自己与他人进行分类时，并不是仅依靠某一属性的异质性来判断，而是同时考虑表层属性和深层属性综合判断的结果。当表层与深层断裂带的划分重合时，团队成员将对子群产生更强烈的认同和依赖。此外，研究 2 还证明，处于休眠状态的团队断裂带（无论是表层的还是深层的）都不会对团队结果产生直接影响，而必须经过激活的过程。一旦处于休眠的团队断裂带在内力和外力的共同作用下被触发激活，团队成员将更加倾向于认同自己的子群身份，对子群内成员表现出积极偏好，而对子群外成员表现出消极的偏见，负面影响团队绩效。

第三，研究 3 表明，无论团队断裂带以何种理由被激活，一旦所有团队成员都对所在团队存在分裂的事实形成共同感知以后，都将对团队绩效产生负面效应。子群感知除了与团队绩效存在直接负向关系以外，还可以通过交互记忆系统间接影响团队绩效。交互记忆系统对团队发挥作用的前提是团队成员能够充分识别其他团队成员具备的专业知识（也即知道"谁知道什么"），子群感知的出现则阻碍了团队成员间信息共享的渠道，使整个团队所拥有的知识库不容易被轻易察觉、信任或利用，从而造成团队绩效的降低。此外，研究 3 的结论还表明，交互记忆系统对团队绩效产生的正向作用要远远大于子群感知对团队绩效产生的负向作用，这也意味着，改善团队绩效的出发点应从改善交互记忆系统开始。以前研究关于子群感知影响团队绩效的结论可能高估了子群感知的实际作用。研究3为正确识别团队断裂带的激活和子群感知对团队结果的影响作用提供了新的研究视角。

第四，研究1、研究2和研究3中均依照团队属性和团队任务的实际情况加入了不同调节变量。研究1的结果证实，友谊网络密度能够削弱由团队断裂带引发的任务冲突和关系冲突。不仅如此，友谊网络密度还能削弱关系冲突不对称性，提高团队成员识别关系冲突的能力，以便更好地解决冲突。在研究团队断裂带与友谊网络密度的交互作用对任务冲突不对称性影响的过程中发现，团队断裂带不会直接导致任务冲突不对称性，与友谊网络密度的交互也不会对任务冲突不对称性造成显著影响。这说明，团队成员对任务冲突的感知具有统一性，并不随友谊网络密度的变化而变化。

研究2的结果证实，团队集体心理资本能够削弱因表层团队断裂带造成的断裂带激活，但不能削弱因深层团队断裂带或表层与深层断裂带叠加对断裂带激活的影响。这一结论说明，表层团队断裂带最容易被识别，但也最容易被改变。随着团队成员合作的不断加深，由年龄和性别异质性划分的表层断裂带因团队存在积极的心理氛围而一直处于休眠状态，不会被激活，因此表层断裂带也不会直接导致团队绩效的降低。但与表层断裂带不同，由团队成员时间紧迫性和目标承诺异质性划分的深层团队断裂带对团队过程和团队结果的影响更为深远，而且并不会因为团队集体心理资本的存在而有所改变。这一结果证明，与表层团队断裂带相比，深层团队断裂带在团队建立之初更不容易被识别，但由于深层团队断裂带涉及团队成员的性格、态度和价值观，深层断裂带一旦形成，很难通过注入外界因素而得到缓解。此外，表层加深层团队断裂带与团队集体心理资本的交互也不会对团队断裂带的激活产生显著作用，这表明涉及团队成员多种异质性叠加的问题可能由更深层次的原因所造就，并不会因为团队中形成了积极乐观的团队氛围就得到改善。

研究3的结果证明，除关注团队内部的情境因素外，应更加关注团队所处的特定社会的文化背景。团队成员对关系重要性和价值的共同感知能够削弱已经分裂的团队对交互记忆系统和团队绩效造成的负面影响。关系感知的行为机制是面子、人情和互惠，这使得团队成员即便意识到整个团队已经分为两个对立的子群，但仍然受此文化背景的影响保持着子群间的积极互动。

综上所述，通过大样本实证研究，本书系统地刻画了团队断裂带引发团队内部分裂的过程及其对团队绩效的影响。同时引入团队冲突、团队冲突不对称性、团队断裂带的激活（子群感知）、交互记忆系统等中介变量，探究了团队断裂带对团队绩效影响的中介机制。在研究1中建立了团队断裂带和团队冲突之间的线性和非线性模型，验证了团队冲突不对称性的前置因素和作用机理，为分析团队研究中"冲突的冲突"的问题提供了新的实证证据。在研究2中区分了表层和深层团队断裂带，验证了表层和深层团队断裂带的叠加对子群分裂的影响，并且证明休眠的断裂带是激活的断裂带的前置因素。在研究3中探究了子群感知对团队绩效影响的机理。不仅如此，还验证了友谊网络密度、团队集体心理资本和关系感知等调节因素在团队研究中的积极作用和制衡机制，为全面、真实地揭示团队内部的动力学过程提供新的思路。

7.2 管理启示

本书从团队的核心要素（团队构成、团队结构和团队过程）出发，从团队分裂的视角梳理了团队动力学过程。除了识别团队多样性对团队过程和团队结果造成的影响以外，更重要的是总结出可供团队管理者操作的团队问题应对策略。O'Leary和Sandberg（2017）为团队多样性的管理提供了实践指导，包括无视多样性、同化少数人群、接纳多样性及将多元化的人才与多元化的任务相匹配等，为管理者选拔人才、与多元化人才互动，为多元化人才安排任务和职业发展提出管理建议。类似的，本书从研究涉及的理论变量出发，为企业管理者、团队领导者及个体团队成员提供了管理启示,为应对团队分裂提供了全过程解决方案,如图 7-1 所示。应当识别团队断裂带的属性和极值点,通过发展友谊网络和团队集体心理资本,避免团队断裂带的激活。如果团队断裂带已经被激活,应当关注团队断裂带可能带来的积极效应,关注可能抑制子群感知对团队绩效影响的情境因素(如关系和交互记忆系统)。本书还对跨文化团队管理和修复团队冲突提出管理启示,为充分发挥人力资本在企业管理中的作用提供了有益参考。

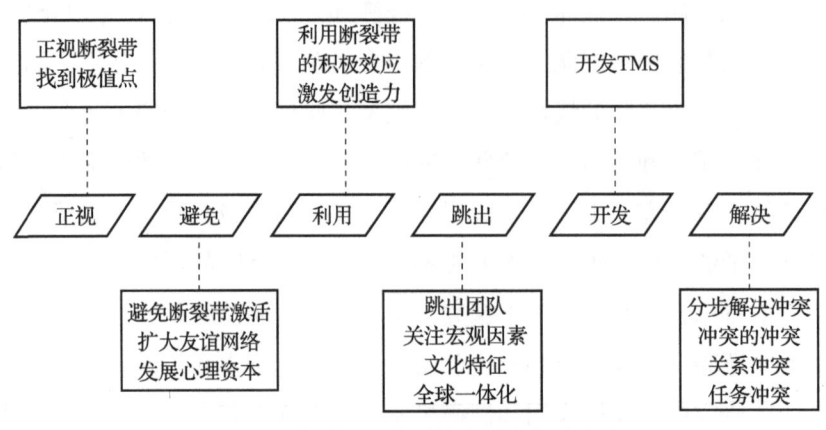

```
┌──────────┐           ┌──────────┐           ┌──────────┐
│ 正视断裂带 │           │ 利用断裂带 │           │          │
│ 找到极值点 │           │ 的积极效应 │           │ 开发TMS   │
│          │           │ 激发创造力 │           │          │
└────┬─────┘           └────┬─────┘           └────┬─────┘
     ┆                      ┆                      ┆
  ╱正视╱  ╱避免╱   ╱利用╱   ╱跳出╱    ╱开发╱   ╱解决╱
                ┆           ┆                      ┆
         ┌──────────┐  ┌──────────┐         ┌──────────┐
         │避免断裂带激活│ │ 跳出团队  │         │分步解决冲突│
         │扩大友谊网络 │ │关注宏观因素│         │ 冲突的冲突 │
         │发展心理资本 │ │ 文化特征  │         │  关系冲突 │
         │          │ │ 全球一体化 │         │  任务冲突 │
         └──────────┘  └──────────┘         └──────────┘
```

图 7-1 应对团队分裂的全过程解决方案

第一,正视团队断裂带的存在,找到团队断裂带的极值点。团队断裂带因任务属性、关系属性等原因呈现出对团队过程和团队结果不同的影响。因此,企业首先应当重视团队断裂带的存在,找到最适合自身发展的团队断裂带极值点,并努力将团队断裂带控制在这一点附近。具体做法包括与高校或培训机构合作,通过培训使企业员工认识到团队断裂带可能带来的后果,避免造成对外群成员的消极偏见。通过提升员工信息精细化加工的技巧,促进员工积极利用团队断裂带的价值。企业也可以通过完善人才储备库,及时调整人员及分工,把控团队断裂带的程度。

第二,如果不能控制团队断裂带的强度,就尽量避免团队断裂带的激活。在实践中,真正控制团队断裂带的程度是具有一定难度的,正是如此,企业管理者应当通过外力干预,减少团队断裂带的激活,尽量避免团队成员形成势均力敌的两个阵营。可行的做法包括扩建团队成员间的友谊网络及发展团队成员的团队集体心理资本。一是通过扩建团队成员间的友谊网络，团队成员可以共同建立关于"群体包容"的规则，增加对合作关系的承诺（Park 和 Luo，2001）。为了鼓励团队成员发展跨子群网络，管理者可以奖励利用个人网络达到团队目的的成员，如颁发奖金或提供晋升通道。此外，管理者可以通过招聘和重用在整个团队中拥有广泛人脉的员工，提高团队的友谊网络密度。但应注意避免拥有广泛人脉的员工利用关系恶意操纵，使团队形成新的派系格局。二是通过发展团队成员的心理资本，培养乐观积极的团队氛围。团队成员的表现及组织的可持续性，在一定程度上取决于管理者管理团队成员心理和营造团队氛围的能力。Luthans 等（2007）的研究表明，不同于性格特征的稳定性，心理资本可以通过学习获得，也可以通过他人的影响而改变。这意味着企业管理者应当积极开发和管理团队的集体心理资本。例如，在选择和招聘员工时，可以对候选人的心理资本进行评估，选择具有较高心理资本的候选人，并将其作为企业重要的人力资本。在管理企业现有员工和团队时，应当通过培训等手段使企业员工的心理资本不断增值，为提高企业绩效打下坚实的心理基础（Luthans 等，2008）。

第三，探索团队断裂带的积极效应。以上两点提出了减少或避免团队断裂带激活的方案，但如果团队断裂带的强度不容易被减小或者团队已经分裂为不同的子群，企业管理者也不应该将其视作一种威胁和挑战，而应该探索团队断裂带对组织的积极效应。例如，对于需要完成复杂任务的团队，团队断裂带将有可能促进团队成员不断反思，重构个人信念，激发团队创造力（Ellis，2013）。根据跨越分类理论和信息精细化加工理论，团队断裂带也有可能促进团队学习。企业管理者应当增强对团队断裂带的敏感性，充分利用团队断裂带的特性，为企业绩效的提升带来积极效应。

第四，充分利用中国式关系，减少子群对团队产出的负面影响。研究 3 的研究结果表明，即便存在可感知的子群，如果团队成员重视关系的价值，那么子群也能够被重新整合为一个功能完整的团队。研究 3 中的关系不同于研究 1 中的团队社会网络,因为关系是超越组织范围的文化特征,而团队社会网络是组织内部的社会连接。企业管理者应当鼓励员工开发个人的关系网络,为员工创造通畅的沟通渠道,重点关注影响企业内部和企业与外部利益相关者(如客户、供应商等)沟通的障碍和节点,促进信息的充分融合,促进企业绩效和团队绩效的提升。

第五,为跨文化团队管理提供重要启示。研究 3 的结论表明,了解中国文化可以帮助外国成员更有效地与中国成员互动。随着全球一体化的不断深入,来自不同文化的团队成员不可避免地要在一起工作。因此,了解不同的文化可以促进跨文化团队的交流。以往的研究认为,文化差异使团队成员之间的理解和合作更具挑战性(Bond,2003)。然而,在跨文化团队中,理解不同的文化可以促进对话和知识转移。例如,Chen 和 Tjosvold(2007)认为,在中外合资企业中,外国管理者对中国关系的理解可以促进其与当地员工进行开放的讨论。因此,维持关系也是本书为西方文化情境中的团队管理提供的重要启示。

第六,重视交互记忆系统的作用。为了提高团队绩效,企业管理者要重视交互记忆系统的开发。根据研究 3 的结论可知,子群感知和关系感知对团队绩效的作用小于交互记忆系统。本着优化配置资源,"有所为有所不为"的管理原则,把资源用于交互记忆系统的建设,其效果会明显优于克服子群感知。研究 3 的回归结果显示,交互记忆系统的三个要素——专长性、可信性和协调性的作用大体相当,因此,搭建交互记忆系统平台时要同时考虑这三个因素。开发高质量的交互记忆系统可以减少信息重叠,帮助整个团队完成复杂的任务,还有助于诊断效率低下和团队失败的原因。要建立有效的交互记忆系统,企业管理者可以在建立团队之前盘点和整合团队成员的知识库,选择具有互补知识的成员,加速交互记忆系统的建立,为削弱子群分裂对团队绩效的负面影响提供解决方案。

第七,提高冲突管理能力。企业管理者应当意识到,团队成员对团队当中正在发生的情况的感知有时候并不能形成整个团队的共同感知。管理冲突的第一步,就是要识别团队成员是否都正在经历团队冲突,或者每个团队成员对冲突的感知是否一致。企业管理者应当意识到，即便团队中仅有一人感知到冲突也会传染至整个团队。最先感知冲突的团队成员可能会离职、降低参与度、煽动他人相信团队中具有破坏性的冲突存在。因此，企业管理者应当调查冲突不对称性的真实情况，以便实施管理决策。具体的冲突管理决策应当是，先将冲突不对称的情况在整个团队公开，让所有人都意识到团队的真实情况及团队成员间对彼此的态度。Jehn 等（2010）的研究表明，即便团队中存在非常激烈的冲突，对团队绩效的消极影响也小于冲突不对称。当团队成员对存在冲突的程度达成共识后，管理冲突的手段才可能真正开始奏效。冲突管理的必要手段是要区分团队冲突的类型，先解决关系冲突，后解决任务冲突。因为关系冲突有可能造成彼此间的不尊重甚至人身攻击，但仅仅针对完成任务而产生的冲突则有可能带来思想的碰撞和创新。但当任务冲突和关系冲突同时存在时，任务冲突将无法发挥其积极作用。与前人的研究结论相似，本书也证明了关系冲突比任务冲突更能造成负面结果。对于中国和其他集体主义文化背景下的团队，处理关系冲突的手段包括邀请第三方调和、创造机会使各方表达对彼此的关心（Ren 和 Gray，2009）、设立关系修复培训课程引导团队成员从冲突走向合作、补偿受伤害的一方等。通过关系冲突的管理，实现团队成员的共同利益，提高团队效率。对于尚未出现的冲突，企业管理者应当做到防微杜渐，营造开放和谐的团队氛围。在建设团队过程中，应当重点关注团队建设初期的关系模式，Jehn（2001）的研究证实了初期团队冲突将伴随团队的整个周期，因此企业管理者应当重点防控初期冲突，合理安排有限的管理资源。

7.3 研究局限性及未来研究方向

本书还存在一些值得注意的局限性，本节通过对研究局限性的梳理，对团队断裂带的未来研究方向提出展望。

第一，研究样本的团队断裂带强度普遍较低。研究 1 和研究 2 是基于学生样本的准领域研究（Quasi-field Study），因此样本的多样性差异化程度比较有限，导致团队断裂带的范围也相对较小（范围从0到0.6，均值为0.2），并不是从0到1的均匀分布。这一点与Thatcher等（2003）的样本非常类似。Thatcher等（2003）解释道，在现实情境中，也很难找到完全同质的团队或恰好被完美分为两个子群的团队，大部分团队是存在成员间属性的重叠和交叉的。所以，采集的样本特征与现实世界中的工作团队的分布情况具有相似之处，对真实团队的管理具有指导意义。但研究中涉及的样本未能证明团队分裂的必然性。例如，研究3中子群感知的团队平均值仅为2.50，得分普遍偏低。就延伸团队断裂带理论而言，本书的样本特征未能反映团队断裂带的不同情形。未来可以考虑用实验的方法，人工操控每个团队的不同形态和团队断裂带强度，也可以借助模糊数学等研究方法，细化团队断裂带的计算方法，得出更有说服力的结论。

第二，没有考虑不同任务目标对团队合作模式的不同影响。在研究1和研究2中，研究对象所处的情境相对简单，任务目标为完成课堂作业并在期末考试中取得高分。在学生团队的情境设定中，不管团队成员被指定完成什么样的任务或作业，他们需要承担的来自整个组织的压力和后果都很有限。这一点不同于企业中的真实团队，也不同于需要完成特殊任务的医疗决策团队、灾难应急响应团队、研发团队、视频游戏团队、创业团队等（严亚兰等，2019）。未来可以研究不同任务目标对团队断裂带的不同影响，考察在特定情境中团队成员的多样性和断裂带是否有助于创新能力的增强、是否有助于优化问题解决方案，提高团队效率。此外，团队原本的合作模式也与后来的团队绩效紧密相关。有的团队可能建立于人与人之间的良性互动，而另外一些团队可能建立于人与人之间的不信任、厌恶或不尊重。因此，有必要进一步研究团队的基础和子群形成的前提。最后，随着新技术的发展，越来越多的组织通过虚拟团队的互动来实现组织目标，因此需要研究虚拟团队中空间位置的隔绝对团队互动形成的影响，特别是跨国虚拟团队由于文化价值观、偏好、时差、语言、禁忌等原因导致的团队断裂对团队进程的影响。以往研究认为虚拟团队因无法进行面对面

第 7 章 结　　论

交流而产生沟通障碍、偏见或误解，但随着人工智能和 5G 技术的快速发展，虚拟团队的交流也展现出越来越强的可见度（Visibility）。不同的交流可见度会给团队成员带来不同的心理感知，未来的研究可以区分不同的交流可见度对团队更新和进化模式的不同影响。

第三，对休眠和激活的团队断裂带的测量都存在一定局限性。首先，为简化和明确问题，对于休眠的断裂带的划分，只讨论了将团队分为两个子群的情况，未来研究可以检验团队断裂带将团队成员分为三个或三个以上子群的情形。对团队断裂带的测量采用团队断裂带的强度，未来还可以研究团队断裂带的距离及子群的规模差异对团队结果的影响。其次，对激活的断裂带（或子群感知）的测量也存在局限性。例如，Carton 和 Cummings（2012）进行的子群类型学研究概述了三个表征子群的潜在因素，分别是身份（如价值观）、资源（如权力、地位）和知识（如专业知识、经验）。在本书中，将可感知的子群定义为团队成员对子群分裂的一般感知，而没有考虑子群的具体类型。然而，虽然对子群感知的整体评估能够把握判断的总体效价，但也必须认识到，对子群感知的整体衡量是一个相对生硬和概览型的工具。更具体的关于感知所基于的子群类型的度量更适合预测特定的团队行为。最后，研究 3 对于工作团队的调研并没有获得所有团队成员的完整调查数据。研究 3 采用了团队内回复率超过 80% 的团队。尽管本书也对 100% 回复率的团队进行了回归分析（面板数据分析 n=85，纵向数据分析 n=69），结果与 80% 回复率的结果相似。但这样做势必减少样本量和探讨调节中介效应的能力。

第四，提供的情境因素有限，未来应当从不同层面探讨不同调节变量对团队断裂带的影响。本书考虑的情境因素包括友谊网络密度、团队集体心理资本和关系感知。未来的研究应当关注其他情境因素，以总结团队动态的规律（Joshi 和 Roh，2009）。例如，宏观层面，经济危机作为一个重要的压力源，对工人的心理健康产生负面影响（Mucci 等，2016）。因此，在不确定的国际形势下，可以考虑将团队成员对全球危机的恐惧（Giorgi 等，2015）作为潜在的调节因素。又如，在组织层面，组织培训、组织支持、组织文化、组织环境等都是影响团队断裂带在组织中发挥作用的调节因素（Joshi 和 Roh，2009）。另外在团队层面，本书对相同地位的团队成员对团队动态的感知做了调查研究。未来研究可以考察将成员的不同地位作为团队管理的干预手段。例如，权利配置可能会加强团队断裂带的激活，并可能降低团队绩效和个人满意度（Jehn 和 Bezrukova，2010），因此可以考察团队中是否存在权利追逐者。如果团队中有两个或两个以上的权利追逐者，是否会引领团队形成不同子群，造成团队资源内耗，降低企业绩效。领导力作为影响他人实现目标而持续努力的过程或活动（郝旭光，2016），应当考察其是否能够缓解团队分裂对团队过程和绩效的负面影响。还可以考察不同类型的领导对团队管理的不同影响，例如，平台型领导可以通过对事业范围的扩展，激发团队成员的积极性和创造力，弥合团队分裂的程度（郝旭光，2016）。权变型领导能够在团队中创造共同的社会认知，为不同子群提供更广阔的视野，引领团队成员实现更大的目标（Kunze 和 Bruch，2010）

综上所述，经过60多年的发展，以组织多样性和断裂带为代表的团队动力研究取得了丰硕的成果。总体看，团队断裂带对团队的消极作用大于积极作用。根据不同的认知过程和团队属性，可将团队多样性、团队断裂带和子群划分为不同的维度。不仅如此，不同层面的情境因素的引入，也极大地丰富了多样性和断裂带研究的解释力度。更多更新的调节变量和中介变量也进一步解释了团队断裂带给组织带来的不一致结果的原因。未来的研究趋势应当考虑将团队断裂带的划分维度进一步细化，以期取得更加丰硕的研究成果。

参考文献

[1] 曾五一，黄炳艺. 调查问卷的可信度和有效度分析［J］. 统计与信息论坛，2005，20（6）：11-15.

[2] 陈莞，张佳瑶. 技术多元化对企业创新绩效的影响：高管团队社会资本的调节作用［J］. 技术经济，2016，35（3）：24-30+94.

[3] 陈帅. 团队断裂带对团队绩效的影响：团队交互记忆系统的作用［J］. 心理学报，2016，48（1）：84-94.

[4] 陈玉明，崔勋. 代际差异理论与代际价值观差异的研究评述［J］. 中国人力资源开发，2014，13（1）：43-48.

[5] 戴勇，朱桂龙，肖丁丁. 内部社会资本、知识流动与创新：基于省级技术中心企业的实证研究［J］. 科学学研究，2011（7）：1046-1055.

[6] 董建华. 知识型团队异质性，集体心理所有权对团队绩效的影响研究［D］. 辽宁大学，2019.

[7] 杜智敏. 抽样调查与SPSS应用［M］. 北京：电子工业出版社，2010.

[8] 范合君，杜博. 多样化团队群体断裂带研究综述［J］. 经济管理，2015（7）：182-190.

[9] 方杰，邱皓政，张敏强，等. 我国近十年来心理学研究中HLM方法的应用述评［J］. 心理科学，2013，36（5）：1194-1200.

[10] 费孝通. 乡土中国：生育制度［M］. 北京：北京大学出版社，1998.

[11] 韩立丰，王重鸣，许智文. 群体多样性研究的理论述评：基于群体断层理论的反思［J］. 心理科学进展，2010，18（2）：374-384.

[12] 郝旭光. 平台型领导：一种新的领导类型［J］. 中国人力资源开发, 2010, (4): 6-11.

[13] 侯烜方, 李燕萍, 涂乙冬. 新生代工作价值观结构, 测量及对绩效影响［J］. 心理学报, 2014, 46 (6): 823-840.

[14] 李超平. 万千心理. 心理资本：打造人的竞争优势［M］. 北京：中国轻工业出版社, 2007.

[15] 李敏, 刘雨梦, 徐雨森. 科学学会的组织资本与知识活动绩效的关系——以学科成长性为调节变量［J］. 技术经济, 2019, 38 (1): 38-47+80.

[16] 廖萌. "一带一路"建设背景下我国企业"走出去"的机遇与挑战［J］. 经济纵横, 2015 (9): 30-33.

[17] 林筠, 闫小芸. 共享领导与团队知识共享的关系研究：基于交互记忆系统的视角［J］. 科技管理研究, 2011, 31 (10): 133-137.

[18] 龙静. 创业团队内、外社会网络对创新的交互效应［J］. 科学学与科学技术管理, 2015 (5): 148-159.

[19] 栾茗乔, 郝旭光, 张士玉. 子群感知, 交互记忆系统与团队创新能力的关系——基于大型国有企业的多工作团队实证［J］. 技术经济, 2019, 38 (8): 1-9.

[20] 彭伟, 金丹丹, 朱晴雯. 团队社会网络研究述评与展望［J］. 中国人力资源开发, 2017, (3): 57-68.

[21] 隋杨, 陈云云, 王辉. 创新氛围、创新效能感与团队创新：团队领导的调节作用［J］. 心理学报, 2012, 44 (2): 237-248.

[22] 汪金爱, 李丹蒙. 高管团队动力研究述评［J］. 外国经济与管理, 2017 (10): 53-71.

[23] 王传荣, 钱乃余. 经济全球化进程中世界就业的规律性特征［J］. 世界经济研究, 2005, 8 (1): 34-38.

[24] 王曦若, 迟巍. 高管团队人力资本异质性与企业创新投入的关系：高管团队地位不平等的调节作用［J］. 技术经济, 2018, 37 (8):

35-42+86.

［25］ 卫武, 易志伟. 高管团队异质性、断层线与创新战略注意力配置的调节作用［J］. 技术经济, 2017, 36（1）: 35-40.

［26］ 谢小云, 张倩. 国外团队断裂带研究现状评介与未来展望［J］. 外国经济与管理, 2011, 33（1）: 34-42.

［27］ 谢小云, 张政晓, 王唯梁. 团队背景下的子群体关系研究进展评析［J］. 外国经济与管理, 2012, 34（10）: 22-29.

［28］ 徐细雄, 梁巧转, 万迪昉. 国外组织构成多样性研究综述［J］. 外国经济与管理, 2005（7）: 2-7+15.

［29］ 严亚兰, 廖梦晗, 查先进. 国外交互记忆系统研究进展［J］. 情报理论与实践, 2019（11）: 27.

［30］ 尤佳, 孙遇春, 雷辉. 中国新生代员工工作价值观代际差异实证研究［J］. 软科学, 2013, 27（6）: 83-88+93.

［31］ 张宏如. 心理资本对创新绩效影响的实证研究［J］. 管理世界, 2013（10）: 170-171.

［32］ 张志学, 韩玉兰, 邱静. 高技术工作团队的交互记忆系统及其效果［J］. 心理学报, 2006（2）: 271-280.

［33］ 甄美荣. 组织创新气氛对员工创新行为的影响［D］. 南京大学, 2012.

［34］ 仲理峰. 心理资本对员工的工作绩效、组织承诺及组织公民行为的影响［J］. 心理学报, 2007（2）: 328-334.

［35］ 周建, 李小青. 董事会认知异质性对企业创新战略影响的实证研究［J］. 管理科学, 2012, 25（6）: 1-12.

［36］ Abbink K, Brandts J, Herrmann B, et al. Parochial Altruism in Inter-Group Cnflicts［J］. Economics Letters, 2012, 117(1): 45-48.

［37］ Aiken L S, West S G, Reno R R. Multiple Regression: Testing and Interpreting Interactions［J］. Journal of the Operational Research Society, 1991, 45(1): 119-120.

[38] Alston, J P Wa, Guanxi, et al. Managerial Principles in Japan, China, and Korea [J]. Business Horizons, 1989, 32(2): 26-32.

[39] Ancona D G, Caldwell D F. Demography and Design: Predictors of New Product Team Performance [J]. Organization Science, 1992, 3(3): 321-341.

[40] Ashforth B E, Mael F. Social Identity Theory and the Organization [J]. Academy of Management Review, 1989, 14(1): 20-39.

[41] Avey J B, Hughes L W, Norman S M, et al. Using Positivity, Transformational Leadership and Empowerment to Combat Employee Negativity [J]. Leadership Organization Development Journal, 2008, 29(2): 110-126.

[42] Avey J B, Nimnicht J L, Pigeon N G. Two FIeld Studies Examining the Association Between Positive Psychological Capital and Employee Performance [J]. Leadership Organization Development Journal, 2010, 31(5): 384-401.

[43] Bachrach D G, Lewis K, Kim Y, et al. Transactive Memory Systems in Context: A Meta-Analytic Examination of Contextual Factors in Transactive Memory Systems Development and Team Performance [J]. Journal of Applied Psychology, 2019, 104(3): 464.

[44] Balkundi P, Harrison D A. Ties, Leaders, and Time in Teams: Strong Inference about Network Structure'S Effects on Team Viability and Performance [J]. Academy of Management Journal, 2006, 49(1): 49-68.

[45] Bandura A. Social Cognitive Theory in Cultural Context [J]. Applied Psychology, 2002, 51(2): 269-290.

[46] Bandura A. Self-EffIcacy [J]. The Corsini Encyclopedia of Psychology, 2010(1):1-3.

[47] Susman G I. Brokers'Roles in Knowledge Management in Teams:

Expertise, Influence and Schema Conflicts [J]. Academy of Management Annual Meeting Proceedings, 2005(1): B1-B5.

[48] Barkema H G, Shvyrkov O. Does Top Management Team Diversity Promote or Hamper Foreign Expansion [J]. Strategic Management Journal, 2007, 28(7): 663-680.

[49] Bell S T. Deep-Level Composition Variables as Predictors of Team Performance: A Meta-Analysis [J]. Journal of Applied Psychology, 2007, 92(3): 595.

[50] Bergheim K, Eid J, Hystad S W, et al. The Role of Psychological Capital in Perception of Safety Climate Among Air Traffic Controllers [J]. Journal of Leadership Organizational Studies, 2013, 20(2): 232-241.

[51] Bernerth Jeremy B, Aguinis H. A Critical Review and Best-Practice Recommendations for Control Variable Usage [J]. Personnel Psychology, 2015, 69(1): 229-283.

[52] Bezrukova K, Jehn K A, Zanutto E L, et al. Do Workgroup Faultlines Help or Hurt? A Moderated Model of Faultlines, Team Identification, and Group Performance [J]. Organization Science, 2009, 20(1): 35-50.

[53] Bezrukova K, Spell C S, Perry J L. Violent Splits or Healthy Divides? Coping with Injustice Through Faultlines [J]. Personnel Psychology, 2010, 63(3): 719-751.

[54] Blau P M. Inequality and Heterogeneity: A Primitive Theory of Social Structure [M]. New York: Free Press, 1977.

[55] Blickensderfer E, Cannon-Bowers J A, Salas E. Theoretical Bases for Team Self-Correction: Fostering Shared Mental Models [J]. Advances in Interdisciplinary Studies of Work Teams, 1997, 4(1): 249-279.

[56] Böhm R, Rusch H, Baron J. The Psychology of Intergroup Conflict: A Review of Theories and Measures [J]. Journal of Economic Behavior Organization, 2018(1): 20.

[57] Bond M. Cross-Cultural Social Psychology and the Real World of Culturally Diverse Teams and Dyads [M]. Cross-Cultural Foundations: Traditions for Managing in a Cross-Cultural World, 2003.

[58] Bourdieu P. The Forms of Capital Handbook of Theory and Research for the Sociology of Education [M]. The Power Broker: Robert Moses and the Fall of New York, 1986(1): 241-258.

[59] Boyraz M. How to Break the "Invisible Walls": The Role of Communicative Practices for Overcoming Challenges of Subgroups in Global Teams [D]. New Brunswick: Rutgers, The State University of New Jersey, 2016.

[60] Brandon D P, Hollingshead A B. Transactive Memory Systems in Organizations: Matching Tasks, Expertise, and People [J]. Organization Science, 2004, 15(6): 633-644.

[61] Brass D J, Galaskiewicz J, GreveH R, et al. Taking Stock of Networks and Organizations: A Multilevel Perspective [J]. Academy of Management Journal, 2004, 47(6): 795-817.

[62] Brewer M B. The Social Self: On Being the Same and Different at the Same Time [J]. Personality and Social Psychology Bulletin, 1991, 17(5): 475-482.

[63] Brown L D. Managing Conflict at Organizational Interfaces [M]. Boston: Addison Wesley Publishing Company, 1983.

[64] Burnam MA, Pennebaker J W, Glass D C. Time Consciousness, Achievement Striving, and the Type a Coronary-Prone Behavior Pattern [J]. Journal of Abnormal Psychology, 1975, 84(1): 76.

[65] ButterfIeld F. China, Alive in the Bitter Sea [M]. New York: Bantam Books, 1983.

[66] Buttery E A, Wong Y. The Development of a Guanxi Framework [J]. Marketing Intelligence Planning, 1999, 17(3): 147-155.

[67] Byrne D, Gouaux C, GriffItt, W, et al. The Ubiquitous Relationship: Attitude Similarity and Attraction: A Cross-Cultural Study [J]. Human Relations, 1971, 24(3): 201-207.

[68] Carton A M, Cummings J N. A Theory of Subgroups in Work Teams [J]. Academy of Management Review, 2012, 37(3): 441-470.

[69] Carton A M, Cummings J N. The Impact of Subgroup Type and Subgroup Conf Igurational Properties on Work Team Performance [J]. Journal of Applied Psychology, 2013: 98(5).

[70] Chatman J A, Polzer J T, Barsade S G, et al. Being Different Yet Feeling Similar: The Influence of Demographic Composition and Organizational Culture on Work Processes and Outcomes [J]. Administrative Science Quarterly, 1998, 43(4): 749-780.

[71] Chen M H, Agrawal S. What Leads to Effective Team Learning Performance Within University Students? The Moderating Effects of 'Guanxi' [J]. The International Journal of Management Education, 2018, 16(3): 432-445.

[72] Chen N Y, Tjosvold, D. Guanxi and Leader Member Relationships Between American Managers and Chinese Employees: Open-Minded Dialogue as Mediator [J]. Asia PacifIc Journal of Management, 2007, 24(2): 171-189.

[73] Chen S, Wang D, Zhou Y, et al. When Too Little or Too Much Hurts: Evidence for a Curvilinear Relationship between Team Faultlines and Performance [J]. Asia PacifIc Journal of Management, 2017, 34(4): 931-950.

[74] Chi N W, Huang Y M, Lin S C. A Double-Edged Sword? Exploring the Curvilinear Relationship between Organizational Tenure Diversity and Team Innovation: The Moderating Role of Team-Oriented HR Practices [J]. Group Organization Management, 2009, 34(6): 698-726.

[75] Choi H S, Thompson L. Old Wine in a New Bottle: Impact of Membership Change on Group Creativity [J]. Organizational Behavior and Human Decision Processes, 2005, 98(2): 121-132.

[76] Choi S Y, Lee H, Yoo Y. The Impact of Information Technology and Transactive Memory Systems on Knowledge Sharing, Application, and Team Performance: A Field Study [J]. MIS Quarterly, 2010, 34(4): 855-870.

[77] Chrobot-Mason D, Ruderman M N, WeberT J, et al. The Challenge of Leading on Unstable Ground: Triggers That Activate Social Identity Faultlines [J]. Human Relations, 2009, 62(11): 1763-1794.

[78] Chung Y, Liao H, Jackson S E, et al. Cracking But Not Breaking: Joint Effects of Faultline Strength and Diversity Climate on Loyal Behavior [J]. Academy of Management Journal, 2015, 58(5): 1495-1515.

[79] Chung Y, Shaw J, Jackson S. Faultline Index for Groups: A Guide for SAS Users, Version 1.0 (For Categorical Attributes). Piscataway [D]. New Brunswick: Rutgers University, 2006.

[80] Churchill Jr, G A. A Paradigm for Developing Better Measures of Marketing Constructs [J]. Journal of Marketing Research, 1979, 16(1): 64-73.

[81] Clapp-Smith R, Vogelgesang G R, Avey J B. Authentic Leadership and Positive Psychological Capital: The Mediating Role of Trust at the Group Level of Analysis [J]. Journal of Leadership Organizational

Studies, 2009, 15(3): 227-240.

[82] Cramton C D, Hinds P J. Subgroup Dynamics in Internationally Distributed Teams: Ethnocentrism or Cross-National Learning [J]. Research in Organizational Behavior, 2004(26): 231-263.

[83] Crisp R J, Hewstone M. Differential Evaluation of Crossed Category Groups: Patterns, Processes, and Reducing Intergroup Bias [J]. Group Processes Intergroup Relations, 1999, 2(4): 307-333.

[84] Cronin M A, Bezrukova K, Weingart L R, et al. Subgroups Within a Team: The Role of Cognitive and Affective Integration [J]. Journal of Organizational Behavior, 2011, 32(6): 831-849.

[85] Cronin M A, Weingart L R. Representational Gaps, Information Processing, and Conflict in Functionally Diverse Teams [J]. Academy of Management Review, 2007, 32(3): 761-773.

[86] Cunningham G B. Opening the Black Box: The Influence of Perceived Diversity and a Common In-Group Identity in Diverse Groups [J]. Journal of Sport Management, 2007, 21(1): 58-78.

[87] Cunningham Q W. The Effects of Surface-Level and Deep-Level Team Faultline Strength on Information Elaboration and Effectiveness: Examining The Moderating Role of Leader Sensemaking and Team Prosocial Motivation and the Mediating Role of Transactive Memory Systems. [D]. Philadelphia: Drexel University, 2015.

[88] Cur Eu P L, Janssen S E, Raab J. Connecting the Dots: Social Network Structure, Conflict, and Group Cognitive Complexity [J]. Higher Education, 2012, 63(5): 621-629.

[89] De Dreu C K, Balliet D, Halevy N. Parochial Cooperation in Humans: Forms and Functions of Self-Sacriflce in Intergroup Conflict [J]. In Advances in Motivation Science, 2014(1): 1-47.

[90] De Dreu C K, Greer L L, Handgraaf M J, et al. The Neuropeptide

Oxytocin Regulates Parochial Altruism in Intergroup Conflict Among Humans [J]. Science, 2010, 328(5984): 1408-1411.

[91] De Dreu C K, Kret M E, Sligte I G. Modulating Prefrontal Control in Humans Reveals Distinct Pathways to Competitive Success and Collective Waste [J]. Social Cognitive and Affective Neuroscience, 2016, 11(8): 1236-1244.

[92] De Dreu C K, Weingart L R. Task Versus Relationship Conflict, Team Performance, and Team Member Satisfaction: A Meta-Analysis [J]. Journal of Applied Psychology, 2003, 88(4): 741.

[93] Deschamps J C, Doise W. Crossed Category Memberships in Intergroup Relations. Differentiation Between Social Groups [J]. Studies in the Social Psychology of Intergroup Relations, 1978(1): 141-158.

[94] Deutsch M. The Resolution of Conflict: Constructive and Destructive Processes [M]. City of New Haven: Yale University Press, 1973.

[95] Devine D J, Clayton L D, Philips J L, et al. Teams in Organizations: Prevalence, Characteristics, and Effectiveness [J]. Small Group Research, 1999, 30(6): 678-711.

[96] Drach-Zahavy A, Erez M. Challenge Versus Threat Effects on the Goal-Performance Relationship [J]. Organizational Behavior and Human Decision Processes, 2002, 88(2): 667-682.

[97] Dunning J H, Kim C. The Cultural Roots of Guanxi: An Exploratory Study [J]. The World Economy, 2007, 30(2): 329-341.

[98] Earley P C, Mosakowski E. Creating Hybrid Team Cultures: An Empirical Test of Transnational Team Functioning [J]. Academy of Management Journal, 2000, 43(1): 26-49.

[99] Eckes G. Six Sigma Team Dynamics. The Elusive Key to Project [M]. Hoboken: John Wiley & Sons Inc, New Jersey, 2003.

[100] Edmondson A. Psychological Safety and Learning Behavior in Work Teams [J]. Administrative Science Quarterly, 1999, 44(2): 350-383.

[101] Ellis A P. System Breakdown: The Role of Mental Models and Transactive Memory in the Relationship Between Acute Stress and Team Performance [J]. Academy of Management Journal, 2006, 49(3): 576-589.

[102] Ellis A P, Mai K M, Christian J S. Examining the Asymmetrical Effects of Goal Faultlines in Groups: A Categorization-Elaboration Approach [J]. Journal of Applied Psychology, 2013, 98(6): 948.

[103] Elsass P M, Graves L M. Demographic Diversity in Decision-Making Groups: The Experiences of Women and People of Color [J]. Academy of Management Review, 1997, 22(4): 946-973.

[104] Emich K J, Vincent L C. Shifting Focus: The Influence of Affective Diversity on Team Creativity [J]. Organizational Behavior and Human Decision Processes, 2020 (156): 24-37.

[105] Epitropaki O. A Multi-Level Investigation of Psychological Contract Breach and Organizational Identif Ication Through the Lens of Perceived Organizational Membership: Testing a Moderated-Mediated Model [J]. Journal of Organizational Behavior, 2013, 34(1): 65-86.

[106] Farh J L, Tsui A S, Xin K, et al. The Influence of Relational Demography and Guanxi: The Chinese Case [J]. Organization Science, 1998, 9(4): 471-488.

[107] Gaertner S L, Dovidio J F, Banker B S, et al. Reducing Intergroup Conflict: From Superordinate Goals to Decategorization, Recategorization, and Mutual Differentiation [J]. Group Dynamics: Theory, Research, and Practice, 2000, 4(1): 98.

[108] Gersick C J. Time and Transition in Work Teams: Toward a New Model of Group Development [J]. Academy of Management Journal, 1988, 31(1): 9-41.

[109] Gibson C, Earley P. Collective Cognition in Action: Accumulation, Interaction, Examination and Accommodation in the Development and Operation of Group EffIcacy Beliefs in the Workplace [J]. Academy of Management Review, 2007,(1)32: 438-458.

[110] Gibson C, Vermeulen F. A Healthy Divide: Subgroups as a Stimulus for Team Learning Behavior [J]. Administrative Science Quarterly, 2003, 48(2): 202-239.

[111] Giordano A P, Patient D, Passos A M, et al. Antecedents and Consequences of Collective Psychological Ownership: The Validation of a Conceptual Model [J]. Journal of Organizational Behavior, 2020, 41(1): 32-49.

[112] Giorgi G, Arcangeli G, Mucci N, et al. Economic Stress in the Workplace: The Impact of Fear of the Crisis On Mental Health [J]. Work, 2015, 51(1): 135-142.

[113] Greer L L, Jehn K A. Where Perception Meets Reality: The Effects of Different Types of Faultline Perceptions, Asymmetries, and Realities On Intersubgroup Conflict and Workgroup Outcomes [J]. Academy of Management Proceedings, 2007(1): 1-6.

[114] Harrison D A, Klein K J. What's the Difference? Diversity Constructs as Separation, Variety, Or Disparity in Organizations [J]. Academy of Management Review, 2007, 32(4): 1199-1228.

[115] Harrison D A, Mohammed S, Mcgrath J E, et al. Time Matters in Team Performance: Effects of Member Familiarity, Entrainment, and Task Discontinuity on Speed and Quality [J]. Personnel Psychology, 2003, 56(3): 633-669.

[116] Harrison D A, Price K H, Gavin J H, et al. Time, Teams, and Task Performance: Changing Effects of Surface-and Deep-Level Diversity On Group Functioning [J]. Academy of Management Journal, 2022, 45(5): 1029-1045.

[117] Hayes A F. Introduction to Mediation, Moderation, and Conditional Process Analysis: A Regression-Based Approach [M]. New York: Guilford Publications, 2017.

[118] Hollenbeck J R, Klein H J. Goal Commitment and the Goal-Setting Process: Problems, Prospects, and Proposals for Future Research [J]. Journal of Applied Psychology, 1987, 72(2): 212.

[119] Hollenbeck J R, Klein H J, O'Leary A M, et al. Investigation of the Construct Validity of a Self-Report Measure of Goal Commitment [J]. Journal of Applied Psychology, 1989, 74(6): 951.

[120] Hollingshead A B. Perceptions of Expertise and Transactive Memory in Work Relationships [J]. Group Processes Intergroup Relations, 2000, 3(3): 257-267.

[121] Hollingshead A B, Fraidin S N. Gender Stereotypes and Assumptions about Expertise in Transactive Memory [J]. Journal of Experimental Social Psychology, 2003, 39(4): 355-363.

[122] Homan A C, Greer L L, Jehn K A, et al. Believing Shapes Seeing: The Impact of Diversity Beliefs on the Construal of Group Composition [J]. Group Processes Intergroup Relations, 2010, 13(4): 477-493.

[123] Homan A C, Hollenbeck J R, Humphrey S E, et al. Facing Differences With an Open Mind: Openness to Experience, Salience of Intragroup Differences, and Performance of Diverse Work Groups [J]. Academy of Management Journal, 2008, 51(6): 1204-1222.

[124] Homan A C, Van Knippenberg D, Van KleefG A, et al. Bridging Faultlines by Valuing Diversity: Diversity Beliefs, Information

Elaboration, and Performance in Diverse Work Groups [J]. Journal of Applied Psychology, 2007, 92(5): 1189.

[125] Huang Q, Liu H, Zhong X. The Impact of Transactive Memory Systems on Team Performance [J]. Information Technology People, 2013, 26(2): 191-212.

[126] Huang Y, Luo Y, Liu Y, et al. An Investigation of Interpersonal Ties in Interorganizational Exchanges in Emerging Markets: A Boundary-Spanning Perspective [J]. Journal of Management, 2016, 42(6): 1557-1587.

[127] Huber G P, Lewis K. Cross-Understanding: Implications for Group Cognition and Performance [J]. Academy of Management Review, 2010, 35(1): 6-26.

[128] Ilgen D R, Hollenbeck J R, Johnson M, et al. Teams in Organizations: from Input-Process-Output Models to IMOI Models [J]. Annu. Rev. Psychol, 2005(56): 517-543.

[129] Inkpen A C, Tsang E W K. Social Capital, Networks, and Knowledge Transfer [J]. The Academy of Management Review, 2005, 30(1): 146-165.

[130] Insko C A, Schopler J, Drigotas S M, et al. The Role of Communication in Interindividual-Intergroup Discontinuity [J]. Journal of Conflict Resolution, 1993, 37(1): 108-138.

[131] Jackson S E, Joshi A, Erhardt N L. Recent Research on Team and Organizational Diversity: SWOT Analysis and Implications [J]. Journal of Management, 2003, 29(6): 801-830.

[132] James L R. Aggregation Bias in Estimates of Perceptual Agreement [J]. Journal of Applied Psychology, 1982, 67(2): 219.

[133] Jehn K A. A Multimethod Examination of the Benefits and Detriments of Intragroup Conflict [J]. Administrative Science Quarterly, 1995,

40(2): 256-282.

[134] Jehn K A, Bendersky C. Intragroup Conflict in Organizations: A Contingency Perspective on the Conflict-Outcome Relationship [J]. Research in Organizational Behavior, 2003(25): 187-242.

[135] Jehn K A, Bezrukova K. The Faultline Activation Process and the Effects of Activated Faultlines on Coalition Formation, Conflict, and Group Outcomes [J]. Organizational Behavior and Human Decision Processes, 2010, 112(1): 24-42.

[136] Jehn K A, Chadwick C, Thatcher S M. To Agree or Not to Agree: The Effects of Value Congruence, Individual Demographic Dissimilarity, and Conflict on Workgroup Outcomes [J]. International Journal of Conflict Management, 1997(8): 287-305.

[137] Jehn K A, Chatman J A. The Influence of Proportional and Perceptual Conflictcomposition on Team Performance [J]. International Journal of Conflict Management, 2000, 11(1): 56-73.

[138] Jehn K A, Greer L L, Rupert J. Diversity, Conflict, and Their Consequences [J]. Diversity At Work, 2008(1): 127-174.

[139] Jehn K A, Mannix E A. The Dynamic Nature of Conflict: A Longitudinal Study of Intragroup Conflict and Group Performance [J]. Academy of Management Journal, 2001, 44(2): 238-251.

[140] Jehn K A, Northcraft G B, Neale M A. Why Differences Make a Difference: A FIeld Study of Diversity, Conflict and Performance in Workgroups [J]. Administrative Science Quarterly, 1999, 44(4): 741-763.

[141] Jehn K A, Rispens S, Thatcher S M B. The Effects of Conflict Asymmetry on Work Group and Individual Outcomes [J]. Academy of Management Journal, 2010, 53(3): 596-616.

[142] Joshi A, Roh H. The Role of Context in Work Team Diversity

Research: A Meta-Analytic Review [J]. Academy of Management Journal, 2009, 52(3): 599-627.

[143] Klein H J. Further Evidence on the Relationship Between Goal Setting and Expectancy Theories [J]. Organizational Behavior and Human Decision Processes, 1991, 49(2): 230-257.

[144] Klein H J, Wesson M J, Hollenbeck J R, et al. The Assessment of Goal Commitment: A Measurement Model Meta-Analysis [J]. Organization Behavior and Human Decision Processes, 2001, 85(1): 32-35.

[145] Kluwer E, Mikula G. Gender-Related Inequalities in the Division of Family Work in Close Relationships: A Social Psychological Perspective [J]. European Review of Social Psychology, 2003, 13(1): 185-216.

[146] Kotabe M, Martin X, Domoto H. Gaining from Vertical Partnerships: Knowledge Transfer, Relationship Duration, and Supplier Performance Improvement in The U.S. and Japanese Automotive Industries [J]. Strategic Management Journal, 2003, 24(4): 293-316.

[147] Krackhardt D, Kilduff M. Friendship Patterns and Culture: The Control of Organizational Diversity [J]. American Anthropologist, 1990, 92(1): 142-154.

[148] Kunze F, Bruch H. Age-Based Faultlines and Perceived Productive Energy: The Moderation of Transformational Leadership [J]. Small Group Research, 2010, 41(5): 593-620.

[149] Labianca G, Brass D J. Exploring the Social Ledger: Negative Relationships and Negative Asymmetry in Social Networks in Organizations [J]. Academy of Management Review, 2006, 31(3): 596-614.

[150] Labianca G, Brass D J, Gray B. Social Networks and Perceptions of Intergroup Conflict: The Role of Negative Relationships and Third Parties [J]. Academy of Management Journal, 1998, 41(1): 55-67.

[151] Landy F J, Rastegary H, Thayer J, et al. Time Urgency: The Construct and Its Measurement [J]. Journal of Applied Psychology, 1991, 76(5): 644.

[152] Latham G P, Locke E A. New Developments in and Directions for Goal-Setting Research [J]. European Psychologist, 2007, 12(4): 290-300.

[153] Lau D C, Murnighan J K. Demographic Diversity and Faultlines: The Compositional Dynamics of Organizational Groups [J]. Academy of Management Review, 1998, 23(2): 325-340.

[154] Lau D C, Murnighan J K. Interactions Within Groups and Subgroups: The Effects of Demographic Faultlines [J]. Academy of Management Journal, 2005, 48(4): 645-659.

[155] Leonardelli G J, Pickett C L, Brewer M B. Optimal Distinctiveness Theory: A Framework for Social Identity, Social Cognition, and Intergroup Relations [J]. In Advances in Experimental Social Psychology, 2010, (43): 63-113.

[156] Lewis K. Measuring Transactive Memory Systems in the FIeld: Scale Development and Validation [J]. Journal of Applied Psychology, 2003, 88(4): 587-604.

[157] Lewis K. Knowledge and Performance in Knowledge-Worker Teams: A Longitudinal Study of Transactive Memory Systems [J]. Management Science, 2004, 50(11): 1519-1533.

[158] Lewis K, Belliveau M, Herndon B, et al. Group Cognition, Membership Change, and Performance: Investigating the BenefIts and Detriments of Collective Knowledge [J]. Organizational

Behavior and Human Decision Processes, 2007, 103(2): 159-178.

[159] Li J, Hambrick D C. Factional Groups: A New Vantage on Demographic Faultlines, Conflict, and Disintegration in Work Teams [J]. Academy of Management Journal, 2005, 48(5): 794-813.

[160] Li M, Hsu C. In-Group Favoritism and Development of Communal Identity: The Case of College Students in Taiwan [J]. Indigenous Psychological Research in Chinese Societies, 1995(4):150-182.

[161] Li P P. Guanxi As the Chinese Norm for Personalized Social Capital: Toward an Integrated Duality Framework of Informal Exchange [J]. Handbook of Research on Asian Business, 2007(2): 62-83.

[162] Liang D W, Moreland R, Argote L. Group Versus Individual Training and Group Performance: The Mediating Role of Transactive Memory [J]. Personality and Social Psychology Bulletin, 1995, 21(4): 384-393.

[163] Liao H, Chuang A, Joshi A. Perceived Deep-Level Dissimilarity: Personality Antecedents and Impact on Overall Job Attitude, Helping, Work Withdrawal, and Turnover [J]. Organizational Behavior and Human Decision Processes, 2008, 106(2): 106-124.

[164] Lin L H. Cultural and Organizational Antecedents of Guanxi: The Chinese Cases [J]. Journal of Business Ethics, 2011, 99(3): 441-451.

[165] Lipponen J, Helkama K, Juslin M. Subgroup IdentifIcation, Superordinate IdentifIcation and Intergroup Bias Between the Subgroups [J]. Group Processes Intergroup Relations, 2003, 6(3): 239-250.

[166] Liu L, Chang Y, Fu J, et al. The Mediating Role of Psychological Capital on the Association Between Occupational Stress and Depressive Symptoms Among Chinese Physicians: A Cross-Sectional Study [M]. BMC Public Health, 2012, 12(1): 219.

[167] Locke E A, Latham G P. A theory of Goal Setting and Task Performance [M]. Englewood Cliffs: Prentice Hall, 1990.

[168] Locke E A, Latham G P, Erez M. The Determinants of Goal Commitment [J]. Academy of Management Review, 1988, 13(1): 23-39.

[169] Luan M, Ren H, Hao X. Perceived Subgroups, TMS, and Team Performance: The Moderating Role of Guanxi Perception [J]. Frontiers in Psychology, 2019(10):2655.

[170] Luo Y. Guanxi and Business [J]. World ScientifIc, 2007(5) : 1-25.

[171] Luthans F. The Need for and Meaning of Positive Organizational Behavior [J]. Journal of Organizational Behavior, 2002, 23(6): 695-706.

[172] Luthans F, Avey J B, Avolio B J, et al. Psychological Capital Development: Toward a Micro-Intervention [J]. Journal of Organizational Behavior: The International Journal of Industrial, Occupational and Organizational Psychology and Behavior, 2006, 27(3): 387-393.

[173] Luthans F, Avolio B J, Avey J B, et al. Positive Psychological Capital: Measurement and Relationship with Performance and Satisfaction [J]. Personnel Psychology, 2007, 60(3): 541-572.

[174] Luthans F, Avolio B J, Walumbwa F O, et al. The Psychological Capital of Chinese Workers: Exploring the Relationship with Performance [J]. Management and Organization Review, 2005, 1(2): 249-271.

[175] Luthans F, Jensen S M. Hope: A New Positive Strength for Human Resource Development [J]. Human Resource Development Review, 2002, 1(3): 304-322.

[176] Luthans F, Luthans K W, Luthans B C. Positive Psychological Capital:

Beyond Human and Social Capital [J]. Business Horizons, 2004, 47(1): 45-50.

[177] Luthans F, Norman S M, Avolio B J, et al. The Mediating Role of Psychological Capital in the Supportive Organizational Climate—Employee Performance Relationship [J]. Journal of Organizational Behavior, 2008, 29(2): 219-238.

[178] Magni M, Angst C M, Agarwal R. Everybody Needs Somebody: The Influence of Team Network Structure on Information Technology Use [J]. Journal of Management Information Systems, 2012, 29(3): 9-42.

[179] Marcus Newhall A, Mille N, Holtz R, et al. Cross-Cutting Category Membership with Role Assignment: A Means of Reducing Intergroup Bias [J]. British Journal of Social Psychology, 1993, 32(2): 125-146.

[180] Marks M A, Sabella M J, Burke C S, et al. The Impact of Cross-Training on Team Effectiveness [J]. Journal of Applied Psychology, 2002, 87(1): 3-13.

[181] Mcgrath J E, Berdahl J L, Arrow H. Traits, Expectations, Culture, and Clout: The Dynamics of Diversity in Work Groups [M] // Shared Cognition in Organizations. Mahwah: Lawrence Erlbaum Associates, 1995.

[182] Mcguire F A. Leisure Co-Participant Preferences of the Elderly: Age-Homogeneity Versus Ageheterogeneity [J]. Leisure Sciences, 1985, 7(2): 203-223.

[183] Mckenny A F, Short J C, Ayne G T. Using Computer-Aided Text Analysis to Elevate Constructs: An Illustration Using Psychological Capital [J]. Organizational Research Methods, 2013, 16(1): 152-184.

[184] Meyer B, Glenz A. Team Faultline Measures: A Computational

Comparison and a New Approach to Multiple Subgroups [J]. Organizational Research Methods, 2013, 16(3): 393-424.

[185] Meyer B, Glenz A, Antino M, et al. Faultlines and Subgroups: A Meta-Review and Measurement Guide [J]. Small Group Research, 2014, 45(6): 633-670.

[186] Milliken F J, Martins L L. Searching for Common Threads: Understanding the Multiple Effects of Diversity in Organizational Groups [J]. Academy of Management Review, 1996, 21(2): 402-433.

[187] Minichilli A, Corbetta G, Macmillan I C. Top Management Teams in Family-Controlled Companies: 'Familiness', 'Faultlines', and Their Impact on FInancial Performance [J]. Journal of Management Studies, 2010, 47(2): 205-222.

[188] Mitchell R, Boyle B, Von Stieglitz S. Professional Commitment and Team Effectiveness: A Moderated Mediation Investigation of Cognitive Diversity and Task Conflict [J]. Journal of Business and Psychology, 2019, 34(4): 471-483.

[189] Mohammed S, Harrison D A. The Clocks that Time Us Are Not the Same: A Theory of Temporal Diversity, Task Characteristics, and Performance in Teams [J]. Organizational Behavior and Human Decision Processes, 2013, 122(2): 244-256.

[190] Molleman E. Diversity in Demographic Characteristics, Abilities and Personality Traits: Do Faultlines Affect Team Functioning [J]. Group Decision and Negotiation, 2005, 14(3): 173-193.

[191] Mollica K A, Gray B, Trevino L K. Racial Homophily and Its Persistence in Newcomers' Social Networks [J]. Organization Science, 2003, 14(2): 123-136.

[192] Moreland R L. Transactive Memory: Learning Who Knows What

in Work Groups and Organizations [J]. Shared Cognition in Organizations: The Management of Knowledge, 1999(3): 31.

[193] Moses A. Managerial Social Capital, Strategic Orientation, and Organizational Performance in an Emerging Economy [J]. Strategic Management Journal, 2007, 28(12): 1235-1255.

[194] Mucci N, Giorgi G, Roncaioli M, et al. The Correlation Between Stress and Economic Crisis: A Systematic Review [J]. Neuropsychiatric Disease and Treatment, 2016(12): 983.

[195] Nadkarni S, Chen T, Chen J. The Clock is Ticking! Executive Temporal Depth, Industry Velocity, and Competitive Aggressiveness [J]. Strategic Management Journal, 2016, 37(6): 1132-1153.

[196] Nelson R E. The Strength of Strong Ties: Social Networks and Intergroup Conflict in Organizations [J]. Academy of Management Journal, 1989, 32(2): 377-401.

[197] Newman A, Ucbasaran D, Zhu F, et al. Psychological Capital: A Review and Synthesis [J]. Journal of Organizational Behavior, 2014, 35(S1):S120-S138.

[198] Ng E S, Sears G J. CEO Leadership Styles and the Implementation of Organizational Diversity Practices: Moderating Effects of Social Values and Age [J]. Journal of Business Ethics, 2012, 105(1): 41-52.

[199] O'Leary J, Sandberg J. Managers' Practice of Managing Diversity Revealed: A Practice-Theoretical Account [J]. Journal of Organizational Behavior, 2017, 38(4): 512-536.

[200] O'Reilly C A, Caldwell D F, Barnett W P. Work Group Demography, Social Integration, and Turnover [J]. Administrative Science Quarterly, 1989, 34(1): 21-37.

[201] O'Reilly III C A, Chatman J, Caldwell D F. People and Organizational

Culture: A ProfIle Comparison Approach to Assessing Person-Organization FIt [J]. Academy of Management Journal, 1991, 34(3): 487-516.

[202] Oh H, Labianca G, Chung M H. A Multilevel Model of Group Social Capital [J]. Academy of Management Review, 2006, 31(3): 569-582.

[203] Park S, Grosser T J, Roebuck A A, et al. Understanding Work Teams From a Network Perspective: A Review and Future Research Directions [J]. Journal of Management, 2020, 46(6): 1009-1045.

[204] Park S H, Luo Y. Guanxi and Organizational Dynamics: Organizational Networking in Chinese Firms [J]. Strategic Management Journal, 2021, 22(5): 455-477.

[205] Pearsall M J, Ellis A P, Evans J M. Unlocking the Effects of Gender Faultlines on Team Creativity: Is Activation the Key [J]. Journal of Applied Psychology, 2008, 93(1): 225.

[206] Pelled L H. Relational Demography and Perceptions of Group Conflict and Performance: A FIeld Investigation [J]. International Journal of Conflict Management, 1996, 7(3): 230-246.

[207] Peng M W, Luo Y. Managerial Ties and Firm Performance in a Transition Economy: The Nature of a Micro-Macro Link [J]. The Academy of Management Journal, 2000, 43(3): 486-501.

[208] Peterson S J, Luthans F, Avolio B J, et al. Psychological Capital and Employee Performance: A Latent Growth Modeling Approach [J]. Personnel Psychology, 2011, 64(2): 427-450.

[209] Phillips K W, Loyd D L. When Surface and Deep-Level Diversity Collide: The Effects on Dissenting Group Members [J]. Organizational Behavior and Human Decision Processes, 2006, 99(2): 143-160.

[210] Phillips K W, Mannix E A, Neale M A, et al. Diverse Groups and Information Sharing: The Effects of Congruent Ties [J]. Journal of Experimental Social Psychology, 2004, 40(4): 497-510.

[211] Polzer J T. How Subgroup Interests and Reputations Moderate the Effect of Organizational IdentifIcation on Cooperation [J]. Journal of Management, 2004, 30(1): 71-96.

[212] Polzer J T, Crisp C B, Jarvenpaa S L, et al. Extending the Faultline Model to Geographically Dispersed Teams: How Colocated Subgroups can Impair Group Functioning [J]. Academy of Management Journal, 2006, 49(4): 679-692.

[213] Polzer J T, Milton L P, Swarm Jr W B. Capitalizing on Diversity: Interpersonal Congruence in Small Work Groups [J]. Administrative Science Quarterly, 2002, 47(2): 296-324.

[214] Portes A, Sensenbrenne J. Embeddedness and Immigration: Notes on the Social Determinants of Economic Action [J]. American Journal of Sociology, 1993, 98(6): 1320-1350.

[215] Preacher K J, Rucke D D, Hayes A F. Addressing Moderated Mediation Hypotheses: Theory, Methods, and Prescriptions. Multivariate Behavioral Research [J]. Multivariate Behavioral Research, 2007, 42(1): 185-227.

[216] Presslee A, Vance T W, Webb R A. The Effects of Reward Type on Employee Goal Setting, Goal Commitment, and Performance [J]. The Accounting Review, 2013, 88(5): 1805-1831.

[217] Qian L, Yang P, Li Y. Does Guanxi in China Always Produce Value? The Contingency Effects of Contract Enforcement and Market Turbulence [J]. The Journal of Business Industrial Marketing, 2016, 31(7): 861-876.

[218] Ren H. Surface and Deep Level Faultlines and Network Ties in

Multicultural Teams [D]. State College: The Pennsylvania State University, 2008.

[219] Ren H, Gray B. Repairing Relationship Conflict: How Violation Types and Culture Influence the Effectiveness of Restoration Rituals [J]. The Academy of Management Review, 2009, 34(1): 105-126.

[220] Ren H, Gray B, Harrison D A. Triggering Faultline Effects in Teams: The Importance of Bridging Friendship Ties and Breaching Animosity Ties [J]. Organization Science, 2015, 26(2): 390-404.

[221] Richard O C, Wu J, Markoczy L A, et al. Top Management Team Demographic-Faultline Strength and Strategic Change: What Role Does Environmental Dynamism Play [J]. Strategic Management Journal, 2019, 40(6): 987-1009.

[222] Rico R, Molleman E, SÁNchez-Manzanares M, et al. The Effects of Diversity Faultlines and Team Task Autonomy on Decision Quality and Social Integration [J]. Journal of Management, 2007, 33(1): 111-132.

[223] Rink F A, Jehn K A. How Identity Processes Affect Faultline Perceptions and the Functioning of Diverse Teams [J]. Psychology of Social and Cultural Diversity, 2010(2): 281-296.

[224] Roberson Q, Ryan A M, Ragins B R. The Evolution and Future of Diversity at Work [J]. Journal of Applied Psychology, 2017, 102(3): 483-499.

[225] Rupert J, Blomm R J, Dragt M J, et al. Being Different, But Close: How and When Faultlines Enhance Team Learning [J]. European Management Review, 2016, 13(4): 275-290.

[226] Salancik G R, Pfeffer J. A Social Information Processing Approach to Job Attitudes and Task Design [J]. Administrative Science Quarterly, 1978, 23(2): 224-253.

［227］Salas E, Reyes D L, Wood A L. The Assessment of Team Performance: Observations and Needs［J］. Innovative Assessment of Collaboration, 2017(1): 21-36.

［228］Saunders C, Van Slyke C, Vogel D R. My Time or Yours? Managing Time Visions in Global Virtual Teams［J］. Academy of Management Perspectives, 2004, 18(1): 19-37.

［229］Sawyer J E, Houlette M A, Yeagley E L. Decision Performance and Diversity Structure: Comparing Faultlines in Convergent, Crosscut, and Racially Homogeneous Groups［J］. Organizational Behavior and Human Decision Processes, 2006, 99(1): 1-15.

［230］Scheier M F, Carver C S, Bridges M W. Optimism, Pessimism, and Psychological Well-Being［M］. Oxford: Oxford University Press, 2001.

［231］Seong J Y, Kristof-Brown A L, Park W W, et al. Person-Group FIt: Diversity Antecedents, Proximal Outcomes, and Performance at the Group Level［J］. Journal of Management, 2015, 41(4): 1184-1213.

［232］Shaw J B. The Development and Analysis of a Measure of Group Faultlines［J］. Organizational Research Methods, 2004, 7(1): 66-100.

［233］Shemla M, Meyer B, Greer L, et al. A Review of Perceived Diversity in Teams: Does How Members Perceive Their Team'S Composition Affect Team Processes and Outcomes［J］. Journal of Organizational Behavior, 2016, 37(S1): S89-S106.

［234］Shemla M, Wegge J. Managing Diverse Teams by Enhancing Team IdentifIcation: The Mediating Role of Perceived Diversity［J］. Human Relations, 2019, 72(4): 755-777.

［235］Shen Y. The Influence of Subgroup Dynamics on Knowledge Coordination in Distributed Teams: A Transactive Memory System and Group Faultline Perspective［D］. Ann Arbor: Georgia State University, 2009.

［236］Shen Y, Gallivan M J, Tang X. The Impact of Perceived Subgroup Formation on Transactive Memory Systems and Performance in Distributed Teams［J］. International Journal of E-Collaboration (Ijec), 2016, 12(1): 44-66.

［237］Sherif M. In Common Predicament: Social Psychology of Intergroup Conflict and Cooperation［M］. Boston: Houghton Mifflin, 1966.

［238］Sinha R, Janardhanan N S, Greer L L, et al. Skewed Task Conflicts in Teams: What Happens When a Few Members See More Conflict Than the Rest［J］. Journal of Applied Psychology, 2016, 101(7): 1045.

［239］Song J H, Joo B K B, Chermack T J. The Dimensions of Learning Organization Questionnaire (DLOQ): A Validation Study in a Korean Context［J］. Human Resource Development Quarterly, 2009, 20(1): 43-64.

［240］Stephan W S, Stephan C W. An Integrated Threat Theory of Prejudice in Reducing Prejudice and Discrimination［M］. Mahwah: Psychology Press, 2013.

［241］Swann Jr W B, Polzer J T, Seyle D C, et al. Finding Value in Diversity: Verification of Personal and Social Self-Views in Diverse Groups［J］. Academy of Management Review, 2004, 29(1): 9-27.

［242］Tajfel H. Social Psychology of Intergroup Relations［J］. Annual Review of Psychology, 1982, 33(1): 1.

［243］Tajfel H, Billig M G, Bundy R P, et al. Social Categorization and Intergroup Behaviour［J］. European Journal of Social Psychology, 1971, 1(2): 149-178.

［244］Tajfel H, Turner J C. An Integrative Theory of Intergroup Conflict［J］. The Social Psychology of Intergroup Relations, 1979, 33(47): 74.

[245] Taylor S E, Fiske S T, Etcoff N L, et al. Categorical and Contextual Bases of Person Memory and Stereotyping [J]. Journal of Personality and Social Psychology, 1978, 36(7): 778.

[246] Thatcher S, Jehn K, Zanutto E. Cracks in Diversity Research: The Effects of Diversity Faultlines on Conflict and Performance [J]. Group Decision and Negotiation, 2003, 12(3): 217-241.

[247] Thatcher S M. The Contextual Importance of Diversity: The Impact of Relational Demography and Team Diversity on Individual Performance and Satisfaction [J]. Performance Improvement Quarterly, 1999, 12(1): 97-112.

[248] Thatcher S M, Patel P C. Group Faultlines: A Review, Integration, and Guide to Future Research [J]. Journal of Management, 2012, 38(4): 969-1009.

[249] Tsui A S, Farh J L. Where Guanxi Matters: Relational Demography and Guanxi in the Chinese Context [J]. Work and Occupations, 1997, 24(1): 56-79.

[250] Tsui A S, et al. Beyond Simple Demographic Effects: The Importance of Relational Demography in Superior-Subordinate Dyads [J]. Academy of Management Journal, 1989, 32(2): 402-423.

[251] Turner J C, Hogg M A, Oakes P J, et al. Rediscovering the Social Group: A Self-Categorization Theory [M]. Oxford: Basil Blackwell, 1987.

[252] Turner R N, Hewstone M, Voci A, et al. A Test of the Extended Intergroup Contact Hypothesis: The Mediating Role of Intergroup Anxiety, Perceived Ingroup and Outgroup Norms, and Inclusion of the Outgroup in the Self [J]. Journal of Personality and Social Psychology, 2008, 95(4): 843.

[253] Tushman M L, Nadler D A. Information Processing as an Integrating

Concept in Organizational Design [J]. Academy of Management Review, 1978, 3(3): 613-624.

[254] Van Boven L, Thompson L. A Look Into the Mind of the Negotiator: Mental Models in Negotiation [J]. Group Processes Intergroup Relations, 2003, 6(4): 387-404.

[255] Van Der Vegt G S, Janssen O. Joint Impact of Interdependence and Group Diversity on Innovation [J]. Journal of Management, 2003, 29(5): 729-751.

[256] Van Knippenberg D, et al. Work Group Diversity and Group Performance: An Integrative Model and Research Agenda [J]. Journal of Applied Psychology, 2004, 89(6): 1008-1022.

[257] Van Knippenberg D, Schippers M C. Work Group Diversity [J]. Annual Review of Psychology, 2006, 58(1): 515-541.

[258] Van Knippenberg D, Van Ginkel W P. The Categorization-Elaboration Model of Work Group Diversity: Wielding the Double-Edged Sword [M]. Bingley: Emerald Group Publishing, 2010.

[259] Wall Jr J A, Callister R R. Conflict and Its Management [J]. Journal of Management, 1995, 21(3): 515-558.

[260] Waller M J, Franklin A E, Parcher D B. Time Perspective Balance and Team Adartation in Dynamic Task Contexts [J]. Journal of Organizational Behavior, 2020, 41(5): 441-460.

[261] Waller M J, Giambatista R C, ZellmerBruhn, M E. The Effects of Individual Time Urgency On Group Polychronicity [J]. Journal of Managerial Psychology, 1999, 14(3): 244-257.

[262] Walumbwa F O, Luthans F, Avey J B, et al. Retracted: Authentically Leading Groups: The Mediating Role of Collective Psychological Capital and Trust [J]. Journal of Organizational Behavior, 2011, 32(1): 4-24.

[263] Walumbwa F O, Peterson S J, Avolio B J, et al. An Investigation of the Relationships Among Leader and Follower Psychological Capital, Service Climate, and Job Performance [J]. Personnel Psychology, 2010, 63(4): 937-963.

[264] Wang J, Chen G H L, Chen T, et al. Team Creativity/Innovation in Culturally Diverse Teams: A Meta-Analysis [J]. Journal of Organizational Behavior, 2019, 40(6): 693-708.

[265] Wegner D M. Transactive Memory: A Contemporary Analysis of the Group Mind [J]. In Theories of Group Behavior, 1987(1):185-208.

[266] Wegner D M, Erber R, Raymond P. Transactive Memory in Close Relationships [J]. Journal of Personality and Social Psychology, 1991, 61(6): 923-929.

[267] WilliamsK, O'Reilly C. Demography and Diversity in Organizations: A Review of 40 Years of Research [J]. Greenwich: JAI Press, 1998 (20):77-140.

[268] Wood R E, Mento A J, Locke E A. Task Complexity as a Moderator of Goal Effects: A Meta-Analysis [J]. Journal of Applied Psychology, 1987, 72(3): 416-425.

[269] Wuchty S, Jones B F, Uzz B. The Increasing Dominance of Teams in Production of Knowledge [J]. Science, 2007, 316(5827): 1036-1039.

[270] Yamagishi T, Jin N, Kiyonari T. Bounded Generalized Reciprocity: Ingroup Boasting and Ingroup Favoritism [J]. Advances in Group Processes, 1999, 16(1): 161-197.

[271] Yeung I Y, Tung R L. Achieving Business Success in Confucian Societies: The Importance of Guanxi (Connections) [J]. Organizational Dynamics, 1996, 25(2): 54-65.

[272] Yum J O. The Impact of Confucianism on Interpersonal Relationships and Communication Patterns in East Asia [J]. Communications

Monographs, 1988, 55(4): 374-388.

[273] Zellmer-Bruhn M E, Maloney M M, Bhapp A D, et al. When and How Do Differences Matter? An Exploration of Perceived Similarity in Teams [J]. Organizational Behavior and Human Decision Processes, 2008, 107(1): 41-59.

[274] Zhang Z X, Han Y L, Hempel P S, et al. Transactive Memory System Links Work Team Characteristics and Performance [J]. Journal of Applied Psychology, 2007, 92(6): 1722-1730.